MODERN HUMANITIES RESEARCH ASSOCIATION
CRITICAL TEXTS
VOLUME 30

EDITOR
BRIAN RICHARDSON
(ITALIAN)

DIALOGO DELLA INSTITUZION DELLE DONNE, SECONDO LI TRE STATI CHE CADONO NELLA VITA UMANA

LODOVICO DOLCE

Dialogo della instituzion delle donne,
secondo li tre stati che cadono nella
vita umana

by
Lodovico Dolce

Edited by
Helena Sanson

Modern Humanities Research Association
2015

Published by

*The Modern Humanities Research Association
Salisbury House
Station Road
Cambridge CB1 2LA
United Kingdom*

© *The Modern Humanities Research Association, 2015*

Helena Sanson has asserted her right under the Copyright, Designs and Patents Act 1988 to be identified as the author of this work. Parts of this work may be reproduced as permitted under legal provisions for fair dealing (or fair use) for the purposes of research, private study, criticism, or review, or when a relevant collective licensing agreement is in place. All other reproduction requires the written permission of the copyright holder who may be contacted at rights@mhra.org.uk.

First published 2015

ISBN 978-1-907322-24-2

Copies may be ordered from www.criticaltexts.mhra.org.uk

CONTENTS

Figures	vi
Acknowledgements	vii
Introduction. Teaching and Learning Conduct in Lodovico Dolce's *Dialogo della instituzion delle donne* (1545): An 'Original' Plagiarism?	1
Lodovico Dolce, 'operaio della letteratura'	1
Lodovico Dolce: His Life and his Work in the Venetian Publishing World	4
Promoting the Vernacular, Translating, and Editing	13
From Vives's 'De institutione' to Dolce's 'Dialogo'	23
Book I: 'Della instituzion della vergine'	35
Book II: 'Della instituzion della maritata'	50
Book III: 'Della instituzion della vedova'	57
Conclusion	62
Note on the Text	69
Dialogo della instituzion delle donne, secondo li tre stati che cadono nella vita umana	77
Libro primo, nel quale si ragiona della instituzion della vergine	83
Libro secondo, nel quale si ragiona della instituzion della maritata	126
Libro terzo et ultimo, nel quale si ragiona della instituzion della vedova	157
Bibliography	179
Index of Names	195

FIGURES

FIGURE 1. Title page of the first edition of Dolce's *Dialogo* [...] *della institution delle donne. Secondo li tre stati, che cadono nella vita humana* (Venice: Gabriele Giolito De Ferrari, 1545). Archivio Storico Civico e Biblioteca Trivulziana — copyright © Comune di Milano, all rights reserved.

FIGURE 2. Posthumous woodcut portrait of Lodovico Dolce in *L'Achille ed Enea di messer Lodovico Dolce dove egli tessendo l'historia della Iliade d'Homero a quella dell'Eneide di Vergilio ambedue l'ha divinamente ridotte in ottava rima* (Venice: Gabriele Giolito De Ferrari, 1572), fol. a6^v. Reproduced by kind permission of the Syndics of Cambridge University Library.

FIGURE 3. Lodovico Dolce, *De gli ammaestramenti pregiatissimi, che appartengono alla educatione, & honorevole, e virtuosa vita virginale, maritale, e vedovile. Libri tre* (Venice: Barezzo Barezzi, 1622), pp. 120–21. Private collection.

ACKNOWLEDGEMENTS

I would like to thank my academic editor, Brian Richardson, for his careful reading and useful suggestions, and for his invaluable and constant support.

My warm thanks to Antonio Lanza for his precious help in clarifying some more obscure sentences of the text. I am grateful to Letizia Panizza for kindly lending me her personal copy of the 1622 edition of Dolce's work.

This volume is one of the outcomes of the research project 'Conduct Literature for and about Women in Italy, 1470–1900: Prescribing and Describing Life', funded by the Leverhulme Trust and the Isaac Newton Trust. To Francesco Lucioli, my research associate on the project, a special thank you for the very fruitful and pleasant collaboration.

The privilege of a Philip Leverhulme Prize has made research for this edition possible: my sincerest gratitude to the Trust for their support and generosity.

Helena Sanson

For my parents

INTRODUCTION

Teaching and Learning Conduct in Lodovico Dolce's *Dialogo della instituzion delle donne* (1545): An 'Original' Plagiarism?

Lodovico Dolce, 'operaio della letteratura'

Lodovico Dolce is one of the most prolific examples of a polygraph in Renaissance Italy,[1] 'polygraph' being a term generally used to designate 'quegli autori che produssero letteratura volgare in stretta collaborazione con le officine tipografiche veneziane'.[2] The number and variety of books Dolce saw into print, mostly through his collaboration with the Venetian publisher Gabriele Giolito, both original works, adaptations, and works by other authors that he edited or translated, is indeed astonishing and suggests an industriousness which is hard to match. His literary and editorial talents extend across a number of fields. As Girolamo Tiraboschi wrote, Dolce was 'uomo di rara fecondità nel produrre opere nuove ogni giorno. Egli fu Storico, Oratore, Gramatico, Retore, Filosofo Fisico ed Etico, Poeta Tragico, Comico, Epico, Lirico, Editore, Traduttore, Raccoglitore, Comentatore: scrisse insomma di ogni cosa'. But as has often been the case with Dolce, the observation is followed by a less positive remark: 'ma di niuna cosa scrisse con eccellenza'.[3] Similarly, closer to our time, Carlo Dionisotti observed that 'Ludovico Dolce fu mai un artista: era per natura e sempre fu un operaio della letteratura'.[4]

---

[1] For general information on Cinquecento polygraphs, see Paul F. Grendler, *Critics of the Italian World (1530–1650): Anton Francesco Doni, Nicolò Franco and Ortensio Lando* (Madison: University of Wisconsin Press, 1969); Giovanni Aquilecchia, 'Pietro Aretino e altri poligrafi a Venezia', in *Storia della cultura veneta*, III.2: *Dal primo Quattrocento al Concilio di Trento*, ed. by Manlio Pastore Stocchi and Girolamo Arnaldi (Vicenza: Neri Pozza, 1980), pp. 61–98; Claudia di Filippo Bareggi, *Il mestiere di scrivere: lavoro intellettuale e mercato librario a Venezia nel Cinquecento* (Rome: Bulzoni, 1988); Paul Larivaille, 'Pietro Aretino', in *Storia della letteratura italiana*, IV: *Il primo Cinquecento*, ed. by Enrico Malato (Rome: Salerno Editrice, 1996), pp. 755–85; Renzo Bragantini, '"Poligrafi" e umanisti volgari', ibid., pp. 681–754.
[2] Aquilecchia, p. 91.
[3] Girolamo Tiraboschi, *Storia della letteratura italiana* […]. VII.3: *Dall'anno MD all'Anno MDC* (Modena: Società Tipografica, 1792), p. 1028.
[4] Carlo Dionisotti, 'La guerra d'Oriente nella letteratura veneziana del Cinquecento', in *Geografia e storia della letteratura italiana* (Turin: Einaudi, 1967), pp. 163–82 (pp. 172–73).

FIGURE 1. Title page of the first edition of Lodovico Dolce's *Dialogo*, which was published by Giolito in Venice in 1545. The printer's mark depicts a phoenix above flames rising from a winged urn: it bears the initials GGF, that is, Gabriele Giolito De Ferrari, and his motto. The format chosen for the volume is the portable and practical octavo.

'Mediocre' and 'minore' are some of the other adjectives scholars associate with his name, but Lodovico Dolce was nevertheless a pre-eminent figure, if not for the quality at least for the quantity of his publications on the Venetian publishing market. There has been a surge of interest in his figure in recent years, with a monograph dedicated to him, as well as modern editions of some of his works ranging from plays to dialogues and works on language.[5] Within Dolce's wide œuvre, his *Dialogo della institution delle donne* (Fig. 1),[6] published for the first time in Venice, in 1545 with Gabriele Giolito De Ferrari, represents an interesting example of his way of operating. It is a vernacular translation, adapted, and reworked into dialogue form, of the Latin treatise by the Spanish humanist Juan Luis Vives, *De institutione fœminae Christianae*. Vives's *De institutione* had been commissioned by Catherine of Aragon (1485-1536), queen of England.[7] It was first published in 1524 and then again, in a revised version, in 1538.[8] Dolce drew his own *Dialogo* from this later version without openly acknowledging his

---

[5] See, for instance, Ronnie H. Terpening, *Lodovico Dolce: Renaissance Man of Letters* (Toronto: University of Toronto Press, 1997); Anne Neuschäfer, *Lodovico Dolce als dramatischer Autor im Venedig des 16. Jahrhunderts* (Frankfurt: Klostermann, 2004); Stefano Giazzon, *Venezia in coturno: Lodovico Dolce tragediografo (1543-1557)* (Rome: Aracne, 2011). Among modern editions of his plays, see, for instance, Lodovico Dolce, *Didone, terza tragedia del Dolce*, ed. by Stefano Tomassini (Parma: Zara, 1996); Lodovico Dolce, *Medea*, ed. by Ottavio Saviano (Turin: RES, 2005); Lodovico Dolce, *Tieste*, ed. by Stefano Giazzon (Turin: RES, 2010). Modern editions of Dolce's other works include, among his dialogues, his *Dialogo della pittura intitolato l'Aretino*, in *Trattati d'arte del Cinquecento: fra Manierismo e Controriforma*, I, ed. by Paola Barocchi (Bari: Laterza, 1960), pp. 141-206, and Lodovico Dolce, *Dolce's 'Aretino' [=Dialogue on Painting] and Venetian Art Theory of the Cinquecento* (including his letters to Gasparo Ballini and Alessandro Contarini), with the original Italian, trans. and ed. by Mark W. Roskill (New York: Published for the College Art Association of America by New York University Press, 1968). See also Lodovico Dolce, *Der Dialog über die Malerei: Lodovico Dolces Traktat und die Kunsttheorie des 16. Jahrhunderts*, ed. by Gudrun Rhein (Cologne: Böhlau, 2008). For his grammatical production, see Lodovico Dolce, *I quattro libri delle Osservationi*, ed. by Paola Guidotti (Pescara: Libreria dell'Università, 2004). For his verse, Lodovico Dolce, *Terzetti per le 'Sorti': poesia oracolare nell'officina di Francesco Marcolini*, ed. by Paolo Procaccioli (Rome: Fondazione Benetton, 2006).
[6] Lodovico Dolce, *Dialogo [...] della institution delle donne. Secondo li tre stati, che cadono nella vita humana* (Venice: Gabriele Giolito De Ferrari, 1545). Henceforth *Dialogo*.
[7] Catherine was the daughter of Queen Isabel I of Castile and King Ferdinand II of Aragon. At the age of three she was betrothed to Prince Arthur, heir apparent to the English throne, whom she married in 1501, only to be widowed a few months later, in 1502. She then remarried, in 1509, with Arthur's younger brother, Henry, who had recently become king as Henry VIII. They had one daughter, Mary. Henry's desire to see his marriage annulled to marry his mistress Anne Boleyn sparked the chain of events that led to the schism with the Catholic Church. Catherine died in 1536, after having been banished from court and having lived the last years of her life at Kimbolton Castle. She was a patroness of the arts and letters.
[8] Juan Luis Vives, *De institutione fœminae Christianae, [...] libri tres, [...] vere Christiani, Christianae in primis virgini, deinde maritae, postremo viduae* (Antwerp: apud Michaelem Hillenium Hoochstratanum, 1524); *De institutione fœminae Christianae ad Inclytam*

source, but instead transforming the original didactic treatise into a dialogue in which the character Flaminio teaches the widow Dorotea rules of conduct (as we shall see, the term 'institutione' stands for 'education, instruction', as well as 'guidance for one's conduct in life') for the three stages of lay women's lives, that is, as unmarried girls, married women, and widows. Adopting a skilful narrative device, Dolce has Flaminio in turn draw his precepts from a Latin 'libro' that a friend had recently brought him from abroad, and has him translate it into the vernacular and expound it for the benefit of Dorotea, who cannot read Latin. Soon after publishing his dialogue, as we shall see, Dolce was openly accused of having plagiarized Vives's treatise. Yet the *Dialogo* went on to become one of the most successful works on female conduct of Cinquecento Italy, with a further four editions before the end of the century and another in 1622.[9]

The text of the 1545 *princeps* of the *Dialogo* is made available here for the first time to modern readers, with commentary and notes.[10]

Lodovico Dolce: His Life and his Work in the Venetian Publishing World

Emmanuele Cicogna, the author of a bio-bibliographical study that remains the main source of information about Lodovico Dolce's life, summarized the existence of the Venetian man of letters in these words:

> Puossi dire che la vita sua, condotta sempre in patria, fu un continuo studio, diretto principalmente a coltivare la italiana favella, a trasportare in essa le classiche opere degli antichi greci e latini, ad illustrare con note e commenti quelle degli italiani, a scrivere egli stesso poemi, e commedie, e tragedie, e rime d'ogni fatta e dotte prose.[11]

D. Catharinam Hispanam Angliae Reginam, Libri tres (Basel: per Robertum Winter, 1538). For a critical edition (with facing English translation), based on the 1538 revised text, see Juan Luis Vives, *De institutione feminae Christianae, Liber primus*, ed. by Charles Fantazzi and Constant Matheeussen (Leiden: Brill, 1996), and *De institutione feminae Christianae, Liber secundus et Liber tertius*, ed. by Charles Fantazzi and Constant Matheeussen (Leiden: Brill, 1998). For an English translation, see Juan Luis Vives, *The Education of a Christian Woman: A Sixteenth-Century Manual*, ed. and trans. by Charles Fantazzi (Chicago: University of Chicago Press, 2000).

[9] On the *Dialogo*, see Adriana Chemello, 'L'*Institution delle donne* di Lodovico Dolce ossia l'"insegnar virtù et honesti costumi alla Donna"', in *Trattati scientifici nel Veneto fra il XV e XVI secolo* (Vicenza: Neri Pozza, 1985), pp. 103-34.

[10] A transcription of the text of the *Dialogo* (based on Valentina Pampanelli's *La figura della donna nella trattatistica rinascimentale: gli interventi del Dolce e del Domenichi*, Tesi di Laurea, Università degli Studi di Roma "La Sapienza", 1998-99) is available online at www.bibliotecaitaliana.it.

[11] Emmanuele A. Cicogna, 'Memoria intorno alla vita e gli scritti di Messer Lodovico Dolce letterato veneziano del secolo XVI', *Memorie dell'I.R. Istituto Veneto di Scienze, Lettere ed Arti*, 11 (1862), 93-200 (pp. 93-94). On Dolce's life, see also Di Filippo Bareggi, *Il mestiere,*

Dolce was born in Venice in 1508 (or more likely in 1510),[12] and died there in 1568. His ancestors might originally have moved to the Venetian Republic from Lombardy. Lodovico Dolce's father, Fantino, we read in the dedicatory letter to Ieronimo Loredan in the *Dialogo della pittura* (1557), had been given the 'Castaldia, onoratissimo ufficio a' cittadini' by Leonardo Loredan.[13] Centuries earlier, a branch of the Dolce family had been part of the 'Maggior Consiglio' of the city. That line was extinguished in 1248 and Dolce's family did not belong to the patrician class, but to that of the 'cittadini'.[14] This meant that, owing to regulations introduced by Pietro Gradenigo, doge between 1289 and 1311, his family was excluded from civic and political life. It was only in 1657 that the descendants of Daniele Dolce, one of Lodovico's three brothers (the others were Angelo and Agostino), was again admitted to the patriciate.

Orphaned at the age of two, Lodovico Dolce's childhood was likely to have been marked by hardship, although we do not know much of the actual financial conditions he had to face. Dolce apparently benefited from the patronage of wealthy patrician families (the Loredan and the Corner), but undoubtedly also had to work for a living, and after his studies in Padua, he returned to Venice and 'si pose ad ammaestrare la gioventù',[15] before entering the strongly competitive Venetian book market, 'privo essendo di familiari fortune'.[16] He collaborated with several printers in the city, such as Bernardino Vitali, Francesco Bindoni and Maffeo Pasini, Niccolò di Aristotile de' Rossi called lo Zoppino, Curzio Troiano Navò, Paolo Manuzio, the brothers Sessa, Francesco Marcolini, Giovanni Andrea Valvassori, and Giovanni Antonio Nicolini da Sabbio. In particular, from 1542 onwards, Dolce became an assiduous collaborator of the publisher Gabriele Giolito De Ferrari.[17]

---

passim; Terpening, pp. 8–24; Giazzon, *Venezia in coturno*, pp. 9–16. See also Giovanna Romei, 'Dolce, Lodovico', in *Dizionario biografico degli italiani* (Rome: Istituto dell'Enciclopedia Italiana, 1960–), 40 (1991), 399–405.

[12] The latter date was indicated by Dolce himself when interrogated for the first time by the Santo Uffizio in March 1558 in the trial against Alfonso de Ulloa. On this occasion, Dolce declared himself to be forty-eight (Di Filippo Bareggi, pp. 206–08). See below, n. 208.

[13] Lodovico Dolce, *Dialogo della pittura [...] intitolato l'Aretino. Nel quale si ragiona della dignità di essa pittura, e di tutte le parti necessarie, che a perfetto pittore si acconvengono, con esempi di pittori antichi, & moderni: e nel fine si fa mentione delle virtù e delle opere del divin Titiano* (Venice: Gabriele Giolito, 1557), fol. A3ᵛ.

[14] On the patrician class in Venice, see Donald E. Queller, *The Venetian Patriciate: Reality Versus Myth* (Urbana: University of Illinois, 1986).

[15] Cicogna, p. 93.

[16] Ibid.

[17] See Paolo Trovato, *Con ogni diligenza corretto: la stampa e le revisioni editoriali dei testi letterari italiani (1470–1570)* (Bologna: Il Mulino, 1991), pp. 67–69. On Giolito's press, see also Angela Nuovo and Christian Coppens, *I Giolito e la stampa nell'Italia del XVI secolo* (Geneva: Droz, 2005).

Venice in the sixteenth century was one of the liveliest centres of book production in Italy. A number of concomitant factors had contributed to this fact. It was geographically placed in a favourable position. It was economically prosperous, politically stable, and intellectually lively. Venice supplied books all over Italy (as well as abroad) and was a magnet for any individual interested in making a fortune in the printing business, and who had the necessary skills and ambition to do so. Gabriele Giolito was a case in point. In 1536, his father, Giovanni Giolito, had moved from Trino (near Casale Monferrato) to Venice and after his death in 1539 Gabriele and his brothers became his heirs. Gabriele Giolito established himself as one of most prominent and successful publishers of his time, in Venice itself and in the entire peninsula. His success was due no doubt also to his ability and desire to respond effectively to the demands of the reading public.

Throughout the sixteenth century, more books continued to be published in Latin than in Italian, despite the growing importance of the vernacular as a language of culture. Latin still dominated several fields of learning, such as theology, philosophy, medicine, and mathematics (with few exceptions), as well as any high academic subject.[18] But Pietro Bembo's *Prose della volgar lingua* of 1525 established once and for all the prestige of the literary vernacular (Trecento Tuscan), alongside Latin. The lively debates on the nature and definition of the literary language, the so-called *Questione della lingua*, which had enflamed the peninsula in the early decades of the sixteenth century, did not die out, however. They continued for the entire century and, in other forms and with other concerns, remained alive throughout the Italian linguistic and literary tradition. With the unstoppable spread of the printing press, the establishment and recognition of the literary vernacular, and the progressive dissolution of the court system, from the 1530s a new type of reader began to emerge. This new readership now extended to include wider social circles, which were not, unlike the more traditional elitist groups, necessarily familiar with Latin. For them, translations and adaptations of ancient and contemporary Latin works into the vernacular represented a very welcome production.[19] So did, for instance, as we shall see, the editions of literary classics enriched with annotations and commentaries, and other paratexts that made the content more easily accessible even to those who had not had the benefit of a more refined education. The new reading public was

---

[18] The influence and predominance of Latin as a language of culture, as well as the language of daily activity of a bilingual élite of lawyers, physicians, notaries, and clerics continued well into the nineteenth century. See on this Françoise Waquet, *Latin or the Empire of a Sign: From the Sixteenth to the Twentieth Centuries* (London and New York: Verso, 2002).

[19] Carlo Dionisotti, 'Tradizione classica e volgarizzamenti', in *Geografia e storia*, pp. 125–78. On the practice of vernacular translations, see also Gianfranco Folena, *Volgarizzare e tradurre* (Turin: Einaudi, 1991). See also Bodo Guthmüller, 'Letteratura nazionale e traduzione dei classici nel Cinquecento', *Lettere italiane*, 45 (1993), 501–18.

eager for suitable books, both useful and entertaining. Publishers and printers were eager to provide them.

Among the many printing centres that existed in Italy, Florence and Venice stood out for focusing upon the production of vernacular books. In the 1550s in Venice, for instance, between 25 and 31 per cent of the total book production was of vernacular literature, a figure which decreased to 20 per cent in the following decade against the background of the Counter-Reformation.[20] Quick to see the changes in market forces and attentive to readers' aspirations, Giolito decided, as part of his editorial strategy, to focus precisely upon vernacular book production, and between 1536 and 1560 submitted to the presses numerous classical texts in vernacular translation, as well as vernacular literary works by contemporary authors. The percentage of Latin books published by Giolito accounts for only 5 per cent of his total output.[21]

Acceptance of the vernacular as a language of culture and the wider availability of books at reduced cost were crucial factors in expanding literacy in sixteenth-century Italy. But the new type of less learned reader with little knowledge of Latin also called for a new type of 'author'. Pietro Aretino inaugurated the trend of this 'new' man of letters, the polygraph, who devoted his energy and commitment almost entirely to vernacular literature and language across a range of different literary genres. Dolce too undertook this role. As a man of letters by chosen profession, his industriousness across so many fields might of course also be due to dire financial conditions that required unstoppable entrepreneurship to make ends meet.[22] Dolce was, after all, living and working within a system that was structured in accordance with specific economic laws and forces. He was not operating in the context of the Italian courts, writing on commission, or under the patronage of an influential figure. Hence, for his editorial activity to be profitable, it had to respond to the tastes and needs of contemporary readers. Yet this also meant that, in turn, Dolce, like other polygraphs of his time, had an important role of 'mediazione culturale',[23] and played 'una parte decisiva nello sviluppo e nella formazione del gusto dei lettori'.[24] In the lively publishing market of the time, he was faced with new, seemingly endless, opportunities in terms of editorial production, distribution, and sale of books: and the vastness of his

---

[20] Paul Grendler, *The Roman Inquisition and the Venetian Press, 1540–1605* (Princeton: Princeton University Press, 1983), p. 133.
[21] Claudio Marazzini, *Il secondo Cinquecento e il Seicento* (Bologna: Il Mulino, 1993), p. 37.
[22] Di Filippo Bareggi, p. 39, indicates that, despite being professionally very active, Dolce did not accumulate any real wealth and he did not own any properties at the Savi delle Decime.
[23] Paola Guidotti, 'Nota bio-bibliografica', in Dolce, *I quattro libri delle Osservationi*, pp. 15–61 (p. 28).
[24] Anne Neuschäfer, *'Ma vorrei sol dipingervi il mio core, E haver un stile che vi fosse grato': le commedie e le tragedie di Lodovico Dolce in lingua volgare*, Quaderni, 56 (Venice: Centro Tedesco di Studi Veneziani, 2001), p. 5.

production shows that he did exploit these new possibilities. With their common goals and intents, it is not surprising that the collaboration between Dolce and Giolito turned out to be a very fruitful one: according to Di Filippo Bareggi, during the thirty-six years they worked together, Dolce was behind 358 editions of Giolito's works, a figure which consists of 96 original works, 202 editions of texts, 54 translations, and 6 translations-editions.[25]

The opening up of the reading public to include the less learned extended also to women, the *illiterati* par excellence. In their quest for a broader and more profitable market, authors and publishers did not overlook women and devoted specific sectors of their production to them:[26] this meant books traditionally considered important for women, such as devotional and religious works, as well as a significant number of vernacular texts for those women who wished to expand their knowledge to a variety of fields, from literature to philosophy, health and hygiene, and needlework. Neither did the publishing market overlook women interested in reading and in the vernacular language and its grammar, provision that constituted a step in the process of acquiring skills as authors: in the sixteenth century, a number of editions of vernacular 'classics' — Petrarch, Boccaccio, and Castiglione, for instance — were dedicated to women. In the vernacular grammar production of the time, women made their appearance also as dedicatees or potential readers of some grammars, their authors taking into consideration the needs of this less experienced, less learned public.[27]

As regards women, Giolito and his collaborators seemed to have adopted clear strategies in order to appeal to female readers with books relating, for instance, to the debate about women, the so-called *Querelle des femmes*, on which so many male (and later in the century also female) authors expressed their views.[28] Giolito entered the *Querelle des femmes* in the mid-sixteenth century, on the side of the defenders of the female sex. In 1544 he published *Della nobiltà et eccellenza delle donne*,[29] an Italian translation of Cornelius Agrippa's *De nobilitate et praecellentia*

---

[25] Di Filippo Bareggi, pp. 58–60. For a bibliography of Dolce's works across different literary genres, see Guidotti, pp. 42–61, which is based on Cicogna, pp. 114–200. See also Terpening, pp. 257–69.
[26] See Helena Sanson, *Women, Language and Grammar in Italy, 1500–1900* (Oxford: Oxford University Press for the British Academy, 2011), pp. 45–56.
[27] See Sanson, esp. Chapter 2, pp. 83–125. See also ead., 'Women and Vernacular Grammars in Sixteenth-Century Italy: The Case of Iparca and Rinaldo Corso's *Fondamenti del parlar toscano* (1549)', *Letteratura italiana antica*, 6 (2005), 391–431.
[28] See on this Androniki Dialeti, 'The Publisher Gabriele Giolito de' Ferrari, Female Readers, and the Debate about Women in Sixteenth-Century Italy', *Renaissance and Reformation*, 28.4 (2004), 5–32.
[29] Heinrich Cornelius Agrippa von Nettesheim, *Della nobiltà et eccellenza delle donne, nuovamente dalla lingua francese nella italiana tradotto* (Venice: Gabriele Giolito, 1544). As the subtitle indicates, the text was translated from the French version rather than the Latin original. The first French translation of Agrippa's *De nobilitate et praecellentia fœminei sexus* was the work of Louis Vivant and dates back to 1530 (Paris: Galliot du Pré).

fœminei sexus (1529), which was reprinted the following year together with *[U]na oratione di m. Alessandro Piccolomini in lode delle medesime*.³⁰ In 1547 Giolito gave to the presses Tullia d'Aragona's *Dialogo della signora Tullia d'Aragona della infinità d'amore*,³¹ and in 1548 an edition of *De re uxoria* by the Venetian humanist Francesco Barbaro (*c.* 1390-1454),³² translated into the vernacular by Alberto Lollio with the title *Prudentissimi et gravi documenti circa la elettion della moglie*. Also in 1548 (and again in 1549), Giolito targeted women with the *Lettere di molte valorose donne, nelle quali chiaramente appare non esser né di eloquentia né di dottrina alli huomini inferiori*,³³ Ortensio Lando's collection of letters which he claimed had been composed by women and which dealt with a variety of everyday topics. The following year Giolito published Lodovico Domenichi's *La nobiltà delle donne*,³⁴ in which Domenichi tellingly remarked how Giolito was 'oggimai conosciuto affezionatissimo et devoto delle donne, per tutte le sue

---

³⁰ Heinrich Cornelius Agrippa von Nettesheim, *Della nobiltà et eccellenza delle donne, dalla lingua francese nella italiana tradotto. Con una oratione di m. Alessandro Piccolomini in lode delle medesime* (Venice: Gabriele Giolito, 1545); reprinted also in 1549. The year before Giolito had already published a dialogue on love by Giuseppe Betussi, *Il Raverta, dialogo* [...] *nel quale si ragiona d'amore, et degli effetti suoi* (Venice: Gabriele Giolito, 1544). For a modern edition, see *Trattati d'amore del Cinquecento*, ed. by Giuseppe Zonta (Bari: Laterza, 1912), pp. 1-150. The literary production of works on women was enriched, the following year, by Giuseppe Betussi's own translation of Boccaccio's *De mulieribus claris*, the *Libro di m. Gio. Boccaccio delle donne illustri, tradotto per Giuseppe Betussi. Con una additione fatta dal medesimo delle donne famose dal tempo di m. Giovanni fino a i giorni nostri & alcune altre state per inanzi; con la vita del Boccaccio & la tavola di tutte l'historie et cose principali che nell'opra si contengono* (Venice: Comin da Trino a instanza di Andrea Arrivabene, 1545).
³¹ Tullia d'Aragona's *Dialogo* [...] *della infinità d'amore* (Venice: Gabriele Giolito, 1547). For a modern edition, see Zonta (ed.), *Trattati d'amore del Cinquecento*, pp. 185-248. For an English translation, see Tullia d'Aragona, *Dialogue on the Infinity of Love*, ed. and trans. by Rinaldina Russell and Bruce Merry (Chicago and London: University of Chicago Press, 1997).
³² Francesco Barbaro, *Prudentissimi et gravi documenti circa la elettion della moglie; dello eccellente & dottissimo m. Francesco Barbaro gentilhuomo venitiano* [...] *nuovamente dal latino tradotti per m. Alberto Lollio ferrarese* (Venice: Gabriele Giolito, 1548). See also Francesco Barbaro, *De re uxoria*, in *Prosatori latini del Quattrocento*, ed. by Eugenio Garin (Milan: Ricciardi, 1952), pp. 101-37. An English translation of the text is due to appear in 'The Other Voice in Early Modern Europe' (Toronto Series), ed. and trans. by Margaret King.
³³ [Ortensio Lando], *Lettere di molte valorose donne, nelle quali chiaramente appare non esser né di eloquentia né di dottrina alli huomini inferiori* (Venice: Gabriele Giolito, 1548).
³⁴ Lodovico Domenichi, *La nobiltà delle donne* (Venice: Gabriele Giolito, 1549). The polygraph Domenichi collaborated with Giolito in Venice and Torrentino in Florence. *La nobiltà delle donne* has also been considered, like Dolce's *Dialogo*, a plagiarism, but in this case of Agrippa's *De nobilitate* and Galeazzo Flavio Capella's 1525 *Della eccellenza et dignità delle donne* (Rome: Francesco Minizio Calvo). Domenichi's *La donna di corte* (Lucca: Vincenzo Busdraghi, 1564) too is at times considered an unacknowledged translation of Book II of Agostino Nifo's *De re aulica ad Phausinam libri duo* (Naples: Giovanni Antonio De Caneto, 1534). See Ruth Kelso, *Doctrine for the Lady of the Renaissance* (Urbana: University of Illinois Press, 1956), p. 359.

costumate azioni, specialmente per procurare ogni dì che dalle sue bellissime stampe escano in luce et nelle mani del mondo le lodi del sesso donnesco'.[35]

Throughout the sixteenth century, the prose production of treatises, which originally focused upon philosophy, politics, and the arts, extended to the 'intero campo delle problematiche emergenti dai mutamenti della vita sociale e dalla crescita di bisogni culturali', so as to 'soddisfare i nuovi bisogni (teorici e di comportamento civile e di convenienze culturali) della massa crescente di "alfabeti"'.[36] An important part of this production on proper and regulated social and cultural conduct had women as their addressees. These texts were 'direttamente orientati a fornire strumenti tecnico-pedagogici per la "istituzione delle donne"', as well as 'come predicazione della loro "nobiltà"'.[37] Non-specialist treatise production was one of the fields to which printers and publishers devoted their attention in the hope of meeting the growing demands of literate people, among them women. Changes in the historical and cultural context generated an urgent need for practical tools that would help readers find their place in, and adapt to, the new type of social relations that had come to the fore and which required knowledge as to what was legitimate and appropriate to say and do. The literary world responded to this need by making available more and more works on social roles and duties.[38] Giolito was on the front line. An analysis of the Annals of Gabriele Giolito indicates that, of the overall 208 titles in the field of 'trattatistica' (on philosophy, conduct, rhetoric and language, politics, technical arts, biographies) between 1536 and 1606, 31.3 per cent was devoted specifically to conduct, 'comportamento'.[39] Between 1545 and 1565, the Venetian printer focused upon works of literature (309) and 'trattatistica' of various types (139), followed by religious (73) and history publications (66).[40] But from the 1560s, the Counter Reformation, and the rigid censorship that came with it, together with the role played by the Santo Uffizio, strongly influenced culture. Giolito reduced the number of literary authors he printed (Aretino's works, for instance, were printed for the last time in 1557) and, while still continuing to focus upon vernacular books, he added more religious and devotional texts to his catalogue.[41]

---

[35] Domenichi, *La nobiltà delle donne*, fol. *7ᵛ. The transcription criteria applied to Dolce's edition have also been used for quotations from other sixteenth-century primary sources.
[36] Amedeo Quondam, '"Mercanzia d'onore" "Mercanzia d'utile": produzione libraria e lavoro intellettuale a Venezia nel Cinquecento', in *Libri, editori e pubblico nell'Europa moderna: guida storica e critica*, ed. by Armando Petrucci (Bari: Laterza, 1977), pp. 51–104 (pp. 84 and 85).
[37] Ibid., p. 88.
[38] Ottavia Niccoli, 'Creanza e disciplina: buone maniere per i fanciulli nell'Italia della Controriforma', in *Disciplina dell'anima, disciplina del corpo e disciplina della società tra medioevo ed età moderna*, ed. by Paolo Prodi (Bologna: Il Mulino, 1994), pp. 929–63 (p. 931).
[39] Quondam, p. 86.
[40] Ibid., p. 89.
[41] Grendler, *The Roman Inquisition*, p. 133. See also Marazzini, pp. 29–42; Brian Richardson, *Printing, Writers and Readers in Renaissance Italy* (Cambridge: Cambridge University Press,

It is in the light of this social and cultural background that we should interpret Dolce's adaptation of Vives's Latin treatise into a dialogue which would find favour with a female readership from Venice and beyond.[42] The *Dialogo* was undoubtedly an editorial success. Following the *princeps* of 1545, Dolce revised and enlarged the text in 1547, and there were further editions in 1553, 1559, and 1560. There was also a seventeenth-century edition in 1622, published again in Venice, but by Barezzo Barezzi, and in which, as we shall see, all traces of Dolce's dialogue form were deleted, *de facto* rendering the *Dialogo* a prose treatise once more.

Despite its success, the *Dialogo* did not escape criticism. From the early 1550s, Dolce became embroiled in a fiery dispute with another well-known polygraph, Girolamo Ruscelli, originally from Viterbo, but active in Venice from 1549 until his death in 1566.[43] The competitiveness of the book trade and the nature of the editorial work often led to divergencies and bitter polemics. Typographical matters, editorial criteria of the texts prepared for print, not to mention language issues, could all ignite fierce disputes between competitors. The polemic between Dolce and Ruscelli is a case in point. The dispute must have found its origins at the time of the first edition of Dolce's grammar of the vernacular, the *Osservationi nella volgar lingua*, in 1550, on which Ruscelli had expressed his perplexity, despite being referred to, in the dedicatory letter to 'Giovan Battista D'Azzia, Marchese della Terza', as 'nobilissimo e dottissimo'.[44] It worsened two years later, when Vincenzo Valgrisi published Ruscelli's edition of the *Decameron* with a *Vocabolario generale di tutte le voci usate dal Boccaccio*.[45] Dolce's own edition of

---

1999), p. 138, Table 6. As far as works for women were concerned, between 1565 and 1589, nineteen editions of religious texts by Giolito had women as their dedicatees, as against only seven between 1538 and 1564. See Richardson, pp. 145 and 148.

[42] Giolito, as a printer-publisher who self-financed his activity, had other bookstores of his own in Ferrara, Bologna, and Naples, and was therefore able to reach and supply readers across the peninsula. Salvatore Bongi, *Annali di Gabriel Giolito de' Ferrari da Trino di Monferrato, stampatore in Venezia*, 2 vols (Rome: presso i principali librari, 1890–95), I, pp. lv–lvi.

[43] On the polemic between Dolce and Ruscelli, see Di Filippo Bareggi, pp. 296–301; Trovato, pp. 244–52; Brian Richardson, *Print Culture in Renaissance Italy: The Editor and the Vernacular Text, 1470–1600* (Cambridge: Cambridge University Press, 1994), pp. 112–14; Stefano Telve, *Ruscelli grammatico e polemista: i 'Tre discorsi a Lodovico Dolce'*, 2 vols (Manziana (Rome): Vecchiarelli, 2011), I, 9–38. On Ruscelli, see *Girolamo Ruscelli: dall'Accademia alla corte alla tipografia. Itinerari e scenari per un letterato del Cinquecento*, Atti del Convegno internazionale di studi (Viterbo, 6–8 ottobre 2011), ed. by Paolo Marini and Paolo Procaccioli, 2 vols (Manziana (Rome): Vecchiarelli, 2011).

[44] Lodovico Dolce, *Osservationi nella volgar lingua* (Venice: Gabriele Giolito, 1550), fol. 3ᵛ. The *Osservationi* had numerous further editions, also posthumously, with various publishers, in Venice and beyond.

[45] *Il Decamerone di m. Giovan Boccaccio, nuovamente alla sua intera perfettione, non meno nella scrittura, che nelle parole ridotto, per Girolamo Ruscelli. Con le dichiarationi, annotationi, et avvertimenti del medesimo, sopra tutti i luoghi difficili, regole, modi, et ornamenti della lingua*

Boccaccio's work, produced in collaboration with Francesco Sansovino, but for Gabriele Giolito, had appeared a few weeks before Ruscelli's. Evidence of their reciprocal attacks can be found in the dedications and letters 'Ai lettori' in their works or in their personal correspondence. This polemic constitutes an interesting case of both personal jealousy and professional competition in a cut-throat environment in which one's fortune or failure were easily brought about either by belonging to the right network of connections, or by making a wrong strategic move or choice. Dolce may not have been prepared for Ruscelli's full-scale attack in 1553 when he published, with a then obscure printer, a 'trittico velenoso',[46] his *Tre discorsi [...] a M. Lodovico Dolce*,[47] meant to ridicule Dolce's activity. Ruscelli's criticisms also targeted the *Dialogo*, accusing the Venetian of having purposely omitted to acknowledge his debt towards Juan Luis Vives, and therefore of having *de facto* plagiarized the Latin treatise. He wrote:

> non entrerò a toccare alcuna di quelle coselle che (o padre, o compare che voi ne siate stato) vanno attorno sotto vostro nome. Perché io non voglio ingombrar voi né i lettori con sì lunghe dicerie, né che si possa dire che sien cose fatte in vostra gioventù, quantunque, quando deste fuori la prima d'ogn'una d'esse, fuste pur di maggiore età che io non sono ora. Et così anco non mi curo di ricordarvi come il libro de' tre stati delle donne, che va sotto il nome vostro et per vostra composizione, è tutto del latino di Lodovico Vives, del quale almeno potevate far pure qualche menzione, se non riconoscerlo per autore delle cose sue.[48]

Two years later, in a letter of May 1555 to Benedetto Varchi, Dolce described Ruscelli as 'un gaglioffo, baro, truffatore, ignorante e repieno di tanti vitii, che uno solo basta a fare tenere un huomo tristissimo'.[49] But by 1560 he included Ruscelli among the learned men listed in the sixth edition of his *Osservationi*, claiming that he was 'non men dotto che di finissimo giudicio'.[50] In 1565, in the

---

volgare, et con figure nuove et bellissime, che interamente dimostrano i luoghi, ne' quali si riduceano ogni giornata a novellare. Et con un vocabolario generale (Venice: Vincenzo Valgrisi, 1552).

[46] Trovato, p. 251.

[47] Girolamo Ruscelli, *Tre discorsi [...] a M. Lodovico Dolce* (Venice: Plinio Pietrasanta, 1553). The first discourse is against Dolce's edition of the *Decameron*, the second deals with the *Osservationi*, and the third with Dolce's *Trasformationi*, his translation of Ovid's *Metamorphoses*. Telve, *Ruscelli grammatico e polemista*, vol. II, is a facsimile reproduction of the text.

[48] Ruscelli, *Tre discorsi*, p. 48. The same criteria applied to modernize Dolce's edition have been used for the transcription of other primary sources I quote from directly.

[49] Cited in Bongi, *Annali*, I, 398–99.

[50] Lodovico Dolce, *I quattro libri delle osservationi [...] di nuovo da lui medesimo ricoretti, et ampliati, con le apostille. Sesta editione* (Venice: Gabriele Giolito, 1560), p. 22.

dedicatory letter of his *Libri tre* [...] *ne i quali si tratta delle diverse sorti delle gemme*, he even described him as one of the 'maggiori lumi della nostra età'.[51] The polemic had waned, but the accusation of plagiarism against Dolce's *Dialogo* stuck.

Promoting the Vernacular, Translating, and Editing

To some extent, as we shall see, Ruscelli was right to state that Dolce had plagiarized Vives's *De institutione*. Dolce's dialogue is indeed both a translation, considering its closeness to the original Latin, and a reworking and adaptation of Vives's text in order to meet the taste of the public in general, and of a female readership in particular. Yet Dolce's *modus operandi* does not represent an exception, but rather '[nel]la sensibilità cinquecentesca [...] l'assimilazione e la ripresa di idee e motivi noti nella pratica letteraria, lungi dal configurarsi come "furto", sono indotti dall'osservanza di paradigmi tematici o dall'assunzione di canoni stilistici uniformi'.[52] Referring to authors of the past, quoting them, repeating them, duplicating them, was quite a common phenomenon at the time.[53] The accusation might perhaps partly be moderated if we consider the *Dialogo* within the broader context of Dolce's activity as promoter of the vernacular (including the publication of specifically metalinguistic texts), as translator, and as editor of classical and contemporary vernacular works.

Dolce's promotion of the vernacular goes hand-in-hand with his activity as translator. His vast output comprises several translations, beginning in 1536 with *La poetica d'Horatio tradotta per Messer Lodovico Dolce*.[54] These are often loose renditions and re-elaborations of the original, rather than more literal and faithful works: as Cicogna observed, 'Egli è vero che la maggior parte di esse non sono strettamente fedeli agli originali'.[55] The range of authors Dolce transposed into the vernacular, either directly from Latin or from Greek (but through an intermediary Latin translation), includes Homer, Euripides, Virgil, Seneca, Plautus and Catullus, Cicero and Horace, Ovid, Juvenal, as well as Sextus Rufus

---

[51] Lodovico Dolce, *Libri tre* [...] *ne i quali si tratta delle diverse sorti delle gemme, che produce la natura, della qualità, grandezza, bellezza, & virtù loro* (Venice: Giovanni Battista Sessa et Melchiorre Sessa, et fratelli, 1565), fol. 3r.
[52] Chemello, p. 114.
[53] On plagiarism and 'riscritture' in Cinquecento Italy, see Paolo Cherchi, *Polimatia di riuso: mezzo secolo di plagio (1539–1589)* (Rome: Bulzoni, 1998); *Sondaggi sulla riscrittura del Cinquecento. Seminario 'Susan e Donald Mazzoni'*, ed. by Paolo Cherchi (Ravenna: Longo, 1998); *Furto e plagio nella letteratura del Classicismo*, ed. by Roberto Gigliucci (Rome: Bulzoni, 1998). See also *Scritture di scritture: testi, generi, modelli nel Rinascimento*, ed. by Giancarlo Mazzacurati and Michel Plaisance (Rome: Bulzoni, 1987).
[54] Lodovico Dolce, *La poetica d'Horatio tradotta per Messer Lodovico Dolce* (n.p., n. pub., 1536).
[55] Cicogna, p. 94.

and Cassiodorus, Marcus Antonius Sabellicus, and Galen.[56] From Spanish, he also translated works by important contemporary authors, such as Pedro Mexía,[57] or rewrote in 'ottave' popular chivalric narratives, such as the *Palmerín de Oliva* (as *Palmerino*) and the *Primaleón* (as *Primaleone*).[58]

In its simplest form, translating meant for Dolce making texts available to his readership. For those who lacked the necessary understanding of Latin, translations were indeed a useful means of acquiring otherwise inaccessible knowledge. Needless to say, they played an important role for women, allowing them to finally gain access to major Latin classical works.[59] Dolce often stresses this element of 'accessibility' and 'availability' in relation to those who did not read Latin, in the opening pages of his translations. In the dedicatory letter to Bernardino Ferrario of his *I dilettevoli sermoni, altrimenti satire, e le morali epistole di Horatio [...]. Ridotte [...] dal poema latino in versi sciolti volgari* (1559),[60] we read that he sought to 'ridur nella nostra lingua' Horace's writings, 'essendo ripieni di morali e di filosofici precetti' that could bring 'non picciolo utile [...] a coloro che non gli possono vedere nella sua natía favella'.[61] In another

---

[56] Dolce knew Latin, but apparently not Greek. See Cicogna, p. 94, where we read also that the fact that Dolce translated Greek texts into the vernacular, via Latin translations, 'fa giustamente conghietturare che fedelissime al testo non possono essere state sempre le versioni latine'. In the dedicatory letter to Luigi degli Angeli of Dolce's translation *Amorosi ragionamenti. Dialogo, nel quale si racconta un compassionevole amore di due amanti, tradotto [...] da i fragmenti d'uno scrittor greco* (Venice: Gabriele Giolito, 1546), Giolito explains that the Italian translation had been made from the Latin version of the original Greek (fol. 3^r).

[57] Lodovico Dolce, *Le vite di tutti gl'imperadori da Giulio Cesare insino a Massimiliano, tratte per m. Lodovico Dolce dal libro spagnuolo del nobile cavaliere Pietro Messia, con alcune utili cose in diversi luoghi aggiunte. Con una tavola copiosissima de' fatti piu notabili in esse vite contenuti* (Venice: Gabriele Giolito, 1557). *Le vite* had several other editions in the course of the century, both with Giolito and other publishers.

[58] Lodovico Dolce, *Il Palmerino* (Venice: Giovanni Battista Sessa, 1561); id., *Primaleone, figliuolo di Palmerino* (Venice: Giovanni Battista Sessa et Melchiorre Sessa, 1562). On Dolce and chivalric romances, see Ronnie Terpening, 'Between Ariosto and Tasso: Ludovico Dolce and the Chivalric Romance', *Italian Quarterly*, 27 (1986), 21–37. On the fortune of this type of production in the Italian peninsula, see Giuseppe Galasso, 'L'egemonia spagnola in Italia', in *Storia della letteratura italiana*, v.1: *Nel clima della Controriforma*, ed. by Enrico Malato (Rome: Salerno Editrice, 1997), pp. 371–411. See also Paul F. Grendler, 'Chivalric Romances in the Italian Renaissance', *Studies in Medieval and Renaissance History*, 10 (1988), 59–102. Dolce had also drawn from Italian romances, such as Boiardo's *Orlando Innamorato*, with his *Le prime imprese del conte Orlando di m. Lodovico Dolce. Da lui composte in ottava rima et nuovamente stampate. Con argomenti et allegorie per ogni canto, et una tavola de' nomi & delle cose più notabili* (Venice: Gabriele Giolito, 1572, posthumous).

[59] On the importance of vernacular translations for women, see Sanson, *Women, Language and Grammar*, pp. 39–45.

[60] Lodovico Dolce, *I dilettevoli sermoni, altrimenti satire, e le morali epistole di Horatio [...]. Ridotte da M. Lodovico Dolce dal poema latino in versi sciolti volgari* (Venice: Gabriele Giolito, 1559).

[61] Ibid., fol. 4^v.

dedicatory letter, which precedes the first of the three volumes of Dolce's translation of *Le orationi di Marco Tullio Cicerone*,⁶² the usefulness of his demanding enterprise is again stressed:

> Io confesso avermi posto [...] a grandissima e difficilissima impresa [...] nel tradurre le presenti Orazioni [...] perciò che [...] 'l recare qual si voglia componimento d'una in altra lingua è cosa malagevole per sé [...]. [N]on ne segue però che elle non possano recare al diligente lettore il medesimo giovamento, volgari che latine [...]. E sì come a coloro che non possono vedere le divine pitture di Michele Agnelo, di Rafaello, o di Tiziano basta molte volte un semplice abbozzamento che le appresenti di mano di altrui, [...] così parimente [...] potrà porger frutto questa mia traduzione a chi non può udir Cicerone favellar nella sua natía lingua.⁶³

The vernacular enabled Dolce to reach a wider readership and this was his first concern: 'avendo io fermissima openione di dover giovare a coloro, i quali lettere latine non sanno, ove l'utile comune ne segua, poco debbo curarmi degli invídi e dei maligni, i quali ogni cosa mordono, né vogliono che alcuna sia ben detta'.⁶⁴ Similarly, he translated Ovid's *Trasformationi* 'dalla favella latina nel volgare toscano', because he deemed 'di poter per cotal via, quasi col far nostre le piante levate dal terreno d'altrui, apportare a quelli che cognizione non hanno del sermone latino cibi non meno utili et soavi che cari et piacevoli all'intelletto'.⁶⁵ He saw himself, or at least claimed to be, in the service of his readers. He seems to be incessantly working on making books, and a traditionally elitist conception of culture, accessible to a wider public.

Making this elitist culture more available entailed adopting a more accessible language, one that would enable the wider circulation of books in the vernacular rather than Latin. Translating a text into the vernacular therefore meant also adopting a stance within the lively debates on the *Questione della lingua*: Dolce states, in his translation of Cicero's *Dialogo dell'oratore* that he uses Tuscan, of all vernaculars, as a language 'regolata' and 'men corrotta et più ricca delle altre italiane et barbare'.⁶⁶ In fact, his position is one of 'toscanismo

---

⁶² Lodovico Dolce, *Le orationi di Marco Tullio Cicerone, tradotte da M. Lodovico Dolce*, 3 vols (Venice: Gabriele Giolito, 1562).
⁶³ Ibid., fol. *2ʳ⁻ᵛ.
⁶⁴ Ibid., fol. *2ᵛ.
⁶⁵ Lodovico Dolce, *Il primo libro delle Trasformationi d'Ovidio da M. Lodovico Dolce in volgare tradotto* (Venice: Francesco Bindone et Maffeo Pasini, 1539), fol. †2ʳ.
⁶⁶ Dolce, *Il dialogo dell'oratore di Cicerone. Tradotto per M. Lodovico Dolce. Con la tavola* (Venice: Gabriele Giolito, 1547), fol. *4r. Dolce touched upon this point also in the prologue of his *Il roffiano* (Lodovico Dolce, *Il roffiano, comedia di m. Lodovico Dolce tratta dal Rudente di Plauto* (Venice: Gabriele Giolito, 1551 [the colophon is dated 1552]), when he explains that he had decided to use the vernacular, '[i]l nostro diritto et comune linguaggio italiano', instead of the 'lingua viniziana', which was only used by 'i buffoni', and instead of the language used by the 'fiorentini moderni', because 'quei loro vocaboli [...] noi altri italiani non

eletto',⁶⁷ which follows in this Bembo, but which extends to include also forms used by poets and men of letters in other parts of the peninsula. This is what we read in the short tract entitled 'Se la volgar lingua si dèe chiamare italiana, o toscana', in which Dolce discusses the thorny issue of the name that should be given to the literary language. The tract is part of his own very successful grammar of the vernacular, the *Osservationi*,⁶⁸ mentioned earlier, in which, once again, there is a strong focus upon the 'utile' and 'profitto' that less learned readers can gain from his works. In the dedication to Gabriele Giolito, Dolce explained that, after Bembo and Fortunio, it was not a question of writing another grammar with the aim of 'formar nuove regole', but rather of 'insegnare a coloro che non sanno alquanto più diffusamente et eziandio con chiarezza che essi non fecero'.⁶⁹ If Bembo 'ragionò solamente a' dotti', Dolce, on the contrary, aimed at the less learned.⁷⁰ There were many people, he continued, who 'per non avere alcuno intendimento delle latine lettere, niun frutto possono raccogliere o pochissimo dell'opre loro', and if the grammar of the vernacular was rather presented 'in quel modo che gli antichi grammatici trattarono della latina, senza dubbio essi quel medesimo profitto ne trarrebbono che ne hanno tratto molti appresso i latini, senza niuna contezza aver della greca'.⁷¹

Undertaking translations from Latin into the vernacular also implied entering another *querelle* strictly related to the *Questione*, that is, the debates on translation. These were particularly rife from 1530 to 1540, and in 1556 they saw

---

intendiamo'. The aim was to be 'intesi da tutti' and in particular, and this is a point of great interest, 'spezialmente da voi donne'. I quote from the 1587 edition (Lodovico Dolce, *Il roffiano comedia* [...]. *Tratta dal Rudente di Plauto* (Venice: Bartolomeo Rubin), fols 3ʳ and 2ʳ.
⁶⁷ Romei, p. 403.
⁶⁸ In the 1550 edition, the tract occupies fols 7ʳ-9ʳ.
⁶⁹ Dolce, *Osservationi* [1550], fol. 5ʳ. In his *Tre discorsi*, Ruscelli accused Dolce also of having plagiarized grammars written by other authors, such as Donatus ('nel tutto in se stesso è una pura, per così dirla, tradozione del Donato'), and of having drawn freely from Bembo, Fortunio, Alunno, Liburnio, Jacopo Gabriele, and from the grammar of Giulio Camillo (Delminio), 'prestatavi dal gentilissimo Doni' (p. 48). But, above all, Ruscelli noted, Dolce was heavily indebted to Rinaldo Corso's *Fondamenti del parlar toscano* of 1549 'del quale avete tolti a man salva', he wrote, 'i capitoli interi, come si può vedere, quantunque molto vi siate ingegnato di trasformarli, né mai fattone una minima menzione' (p. 48).
⁷⁰ Dolce, *Osservationi* [1550], fol. 5ᵛ.
⁷¹ Ibid., fol. 5ᵛ. Orazio Lombardelli, in his *I fonti toscani* (Florence: Giorgio Marescotti, 1598) describes Dolce's grammar as 'una facile introduzzione e commoda assai per li principianti' (p. 48). Among Dolce's metalinguistics texts, we find also the *Modi affigurati e voci scelte et eleganti della volgar lingua, con un discorso sopra a mutamenti e diversi ornamenti dell'Ariosto* (Venice: Giovanni Battista Sessa et Melchiorre Sessa, 1564), which had a further edition, at the end of the century, with a title that cleverly recalled his popular grammar: *Nuove osservazioni della lingua volgare co i modi, et ornamenti del dire parole più scelte, et eleganti. [...] Alle quali vi sono aggiunti i più belli artificij usati dall'Ariosto nel suo poema* (Venice: Giovanni Battista Sessa et Giovanni Bernardo Sessa, 1597).

the first Italian work devoted entirely to the theory of translation, Sebastiano Fausto da Longiano's *Dialogo del modo de lo tradurre*, published in Venice.[72] By means of this dialogue, in which the various speakers try to give a definition of translations and offer a categorization of the different forms of rendering a text into another language (Fausto distinguishes between 'metafrasi', 'parafrasi', 'ispianazione', 'compendio', and 'illustrazione'),[73] we become acquainted with the positions within the *querelle* around the middle of the century. Fausto himself took a restrictive view of translation, one in which fidelity to the text was essential, but, between the 1530s and the moment Fausto published his dialogue, views on translation shifted progressively. Earlier, an anti-translation front had prevailed, strongly led by those humanists who saw translations into the vernacular as responsible for the progressive 'impoverimento dell'educazione classica e la decadenza inarrestabile della cultura letteraria latina'.[74] Translating into the vernacular was equated to dumbing down, as it were, the greatness and richness of the Latin tradition. By translating it, the original lost its force and its qualities of style, content, and moral benefit. Therefore, faced with the growing importance of the vernacular as a language of culture, humanists attacked the practice with fervour, as accepting translations would have undermined the value of Latin.

Yet even vernacular humanists such as Bembo, Castiglione, and Ariosto — who all had an excellent training in the Latin language and culture, but ultimately opted for the vernacular and were behind its acceptance and establishment as a language of influence — avoided translations. Nevertheless, they were guided by different motives. With his *Prose della volgar lingua*, Bembo had striven successfully to theorize for the literary vernacular the same dignity, grammatically and stylistically, enjoyed by Latin. From this perspective, close, literal translations from Latin into the vernacular might have indicated the lingering dependence of

---

[72] Sebastiano Fausto da Longiano, *Dialogo del modo de lo tradurre* (Venice: Giovanni Griffio ad instanza di Ludovico Avanzi, 1556). See Bodo Guthmüller, 'Fausto da Longiano e il problema del tradurre: Fausto da Longiano, *Dialogo del modo de lo tradurre d'una in altra lingua segondo le regole mostrate da Cicerone*', *Quaderni veneti*, 12 (1991), 9–152.

[73] According to these categories, one could see Dolce's *Dialogo* falling into the category of 'metafrasi', an adaptation, interpretation, or free translation of a text: 'Metafrasi può essere in una medesima e in istrana lingua. [...] Hoggidì è da molti usata, ma sotto nome di tradottione. Sua vertù è: purch'ella in qualche modo riferisca il senso od ombra di senso, presso o lontano, senza stare nel rigore de le parole, vagando come le piace il meglio, ha fatto l'ufficio suo. Non è obligata a la purità del senso, né de le parole; e però, se voglia le viene, amplifica, sminuisce, confonde, traspone, disturba, adombra di maniera tale che l'autore principale non riconoscerebbe il suo per suo, in quel modo che non potrebbe discernere d'un vaso d'argento o d'altro metallo, toltogli per furto e distrutto e riformato in altra figura tutta da quella diversa, menoma particella che suo fusse il vero padrone; pure io non la biasimo, ma io non m'appago del giudicio di coloro che si vagliano in questo del nome di tradottione' (Fausto da Longiano, *Dialogo*, p. 70).

[74] Guthmüller, 'Fausto da Longiano', p. 11.

the latter upon the former: 'Non quindi la traduzione, ma è l'imitazione che viene ad essere favorita nel primo umanesimo volgare'.[75] Once the prestige of the vernacular was not in question any more, 'si annullano, nel giro di qualche anno, le differenze tra traduzione e rifacimento degli originali antichi' and consequently, '[a] pari diritti e con la medesima coscienza il traduttore diviene autore, un autore che rifà nella proprio lingua il testo latino o greco'.[76] In the name of this newly acquired freedom of the vernacular from its subjection to Latin, translators faced the original texts with what they thought was equally legitimate freedom, their loyalty directed at the expectations of their reading public rather than towards the authors of the past. Dolce, and the publishers he collaborated with, Giolito at the forefront, were clearly in favour of vernacular translations. Readers, we saw earlier, were eager for new books; publishers were constantly looking for books to print; translators could quench this thirst for novelty — especially if they did not strictly adhere to criteria of accuracy and fidelity to the original. They claimed to offer readers 'utile' and 'dilettevole', in return for profit. This is why in the unsigned note 'A i lettori' (written by the printer, Sessa, rather than Dolce, we infer from the content) in Dolce's *Dialogo [...] de i colori* (1565), the objection against those who approved of translations into the vernacular is that these literary enterprises actually brought 'frutto a' belli spiriti che non sanno lettere latine e meno greche'.[77] The issue of debasing the greatness of the Latin culture and language, an issue vehemently defended by those opposed to translation, is turned upside down, becoming a positive element:

> Già pochi giorni a dietro ogni sciocco pedante, con intendere superficialmente i poeti o gl'istorici latini, si pavoneggiava fra ' volgari con l'addurne una sentenza ora di questo, ora di quello autore: le più volte alla rovescia e facendo qualche barbarismo. Ora perdono questi uomini di poco sapere in gran parte l'alterezza, perché spesso trovano chi, mercè di queste tradozioni, intende meglio che essi non fanno et abonda di maggior memoria et intelletto. E veggonsi alle volte molte donnicciuole ragionar più volte sicuramente con uomini dotti di cose gravi e contenute ne' libri di filosofia. Non meritano, adunque, così fatti uomini, che s'affaticano per giovare, riprensione, ma lode.[78]

The use of the vernacular in book production had broken the monopoly of knowledge by the few who knew, or pretended to know, Latin, and at times had allowed even women (the term used is the pejorative 'donnicciuole', indicating women of limited education or of the lower classes) to be able to discuss certain

---

[75] Ibid., p. 13.
[76] Neuschäfer, 'Ma vorrei sol dipingervi il mio core', p. 7.
[77] Lodovico Dolce, *Dialogo [...] nel quale si ragiona delle qualità, diversità, e proprietà de i colori* (Venice: Giovanni Battista Sessa et Melchiorre Sessa, et fratelli, 1565), fol. 5^r.
[78] Ibid., fol. 5^{r-v}.

matters with learned men. 'Utile' and 'dilettevole' are indeed two key concepts animating Dolce's production as a whole, including the *Dialogo*, and which had to be given to the reader in an equally useful and pleasant form.

Dolce's observations on the very nature of the practice of translation and what it implied helps us to understand how he approached Vives's Latin text. In the dedicatory letter, to Giacomo Barbo, of his tragedy *Thyeste* (1543), two years before the *Dialogo* was published, Dolce contended that the translator, above all, needed to understand the original well, and had to be able to interpret it and make it available in a form that allowed for a better grasp of the original author's intentions and aims. The main goal was to provide a text which could be read easily. This required adequately expressing the thoughts and concepts of the original in proper and elegant style:

> Molto più è da credere che difficile cosa sia lo esprimere o con parole o con inchiostri i concetti d'altrui; di maniera che non si offenda né l'intelletto di chi legge, né le orecchie di chi ascolta […]. Non è dunque di sì poca importanza, come alcuni istimano, l'officio di tradurre un libro di una lingua in un'altra in modo che si possa confortevolmente leggere. Perciò che, oltre che ogni lingua ha certe particolarità, che recata in un'altra in gran parte le perde, aviene ancora che molte cose ci si vengono dette altrimente di quello per aventura che furono intese dal loro autore. Onde fa di bisogno che l'interprete sia non pure intendentissimo et accompagnato da un buono et perfetto giudicio, ma ornato et eloquente nel dire.[79]

Dolce seems to have 'un'alta coscienza del significato della traduzione come esercizio nobile e reinventivo'.[80] In the dedicatory letter to Giovanni Lippomanno which precedes his translation of Cicero's *Dialogo dell'oratore* of 1547, acknowledging 'la difficultà del tradurre',[81] he admits privileging, above everything else, 'il senso', that is, implicitly, accessibility, rather than 'le parole', that is, word by word fidelity to the original:

> Avendo io nella magiore parte della mia traduzione atteso a rappresentar più il senso che le parole, temeva d'essere in ciò ripreso da molti, i quali, quanto meno sono capaci a penetrar nelle midolle d'alcuno autore, tanto più accusano di temerità coloro che in questa parte, seguitando il consiglio di Cicerone, s'affaticano di fare a chi legge comprender la mente et l'animo di colui che interpretar vogliono. Il che non si può far gentilmente, se l'interprete non ha riguardo alle proprietà, ai termini e alle figure della lingua nella quale procaccia di ridurlo. Dall'altra parte, considerando l'utile che dalla lezione di questo libro può venire a infiniti uomini, ai quali per qual si voglia difetto è tolto di poter sentir ragionare Cicerone nella sua lingua […], almeno si

---

[79] Lodovico Dolce, *Thyeste: tragedia* […] *tratta da Seneca* (Venice: Gabriele Giolito, 1543), fol. 2^{r-v}.
[80] Elisabetta Selmi, 'Premessa', in Giazzon, *Venezia in coturno*, pp. 7–8.
[81] Dolce, *Il dialogo dell'oratore*, fol. *2^r.

> debbano trovare in lei due parti necessarie: le quali sono (se non m'inganno) chiarezza nei sensi e facilità nello stile.[82]

The same principle is reiterated when he states that: 'Io non mi sono curato di usare la proprietà di alcuni termini, come sono di giuochi e di qualità di monete; pigliando in luogo del latino un vocabolo più generale et più accommodato alla chiarezza del senso'.[83] Extending this approach from single words to sentences and from sentences to entire sections of the text, the translator has the right, and the obligation, to, 'explain' and 'clarify' the content as he sees fit for the benefit of his readers, whether this implies replacing certain words, when translating Cicero, or, as Dolce does with Vives's text, replacing certain culturally specific examples and similes of the original text with others that better fit the Venetian context, introducing new literary references and local anecdotes, or deleting entire sections.

These ideas about translation have several implications. First and foremost, they respond to the taste of the readers and to the requirement that the text should circulate on the market. They also, inherently, justify the fact that the translator may choose to change, and adapt to his own time, at his discretion, and following his own interpretation, certain aspects of the original text. By doing so, the autonomous contribution of the translator ends up overshadowing the actual author and the translator himself becomes intrinsically an 'author' of some sort.[84] The translator acquires authority because he implicitly claims to know what his readers need and decides what to convey and what to omit. Finally, eschewing fidelity to the original text was also a more practical approach for someone like Dolce who had to keep up with his competitors and the hectic rhythms of the Venetian book trade.[85]

---

[82] Ibid., fols *2^v–*3^v.
[83] Ibid., fol. *5^v.
[84] See Luciana Borsetto, 'Scrittura, riscrittura, tipografia: L'"Officio di tradurre": Lodovico Dolce dentro e fuori la stamperia giolitina', in *Culture et professions en Italie (fin XVe–début XVIIe siècles)*, ed. by Adelin Charles Fiorato (Paris: Publications de la Sorbonne, 1989), pp. 99–115 (also in ead., *Il furto di Prometeo: imitazione, scrittura, riscrittura nel Rinascimento* (Alessandria: Edizioni dell'Orso, 1990), pp. 257–76). Specifically on Dolce's translations of Virgil, see ead., '"Riscrivere l'historia", riscrivere lo stile. Il poema di Virgilio nelle riduzioni cinquecentesche di Lodovico Dolce', in *Il furto di Prometeo*, pp. 223–55.
[85] Dolce's 1539 translation of Ovid's *Metamorphoses*, his *Il primo libro delle Trasformationi d'Ovidio*, mentioned earlier, is a case in point. It was pilloried by Ruscelli in his *Tre discorsi* ('Discorso terzo, nel quale si discorrono molte cose intorno, alla tradozione delle Trasformationi dell'Ovidio, da esso M. Lodovico Dolce nuovamente mandate in luce' (pp. 83–287). Dolce took on board the observations, and had a new, corrected edition printed in the same year 1553 (Venice: Gabriele Giolito). He further improved his translation in the subsequent editions of the *Trasformationi* (1555, 1557, 1558, 1561, all with Giolito; there were also two more Venetian editions, in 1568 and 1570, posthumously, respectively with Francesco

This exemplifying tendency, and related didactic intention, in Dolce's translations-adaptations of texts must also be interpreted in relation to his role as editor. Like other polygraphs, such as Ruscelli, Lodovico Domenichi, or Tommaso Porcacchi, Dolce added to the vernacular texts he edited 'dichiarazioni', 'commenti', 'tavole', 'indici', or 'postille', and other extra-textual material that enabled the reader to easily navigate the structure and the information contained in the book in question. From a 'libro d'autore' typical of the Middle Ages, the sixteenth century saw the development of a 'libro d'editore'.[86] Dolce's main readership, we saw earlier, was composed of 'lay', less experienced readers, quite different from the more learned and trained humanist scholars. For them, such paratexts were useful tools with which to find their way around the text.[87] For example, Dolce had been one of the strongest promoters of Ariosto's work in the years immediately following the third edition of the *Furioso* in 1532. In 1535, during the first years of his own activity,[88] and before his collaboration with Giolito began, Dolce edited, for example, the *Furioso* for the Venetian publishers Maffeo Pasini and Francesco Bindoni.[89] He added, the subtitle reads, an 'Apologia contra i detrattori dell'autore, et un modo brevissimo di trovar le cose aggiunte', as well as a 'tavola', and a brief 'esposizione dei luoghi difficili'. This edition had great publishing success and was reprinted in subsequent years by several other firms (even posthumously).[90] Dolce also prepared an edition of the *Furioso*, with the *Cinque canti*, for Giolito himself in 1542, 'ornato di varie figure' and added for each canto 'alcune allegorie', and a 'brieve esposizione et tavola di tutto quello che nell'opera si contiene'.[91] He also edited the great Trecento writers. In 1542 he gave to the

---

Sansovino and Domenico Farri). In this instance, too, Ruscelli accused Dolce of plagiarism, the victim being this time, he claimed, Nicolò degli Agostini and his translation of Ovid. Criticisms and accusations aside, Dolce's *Trasformationi* sold 1800 copies in the first four months since its publication (Borsetto, 'Scrittura, riscrittura, tipografia', p. 107).

[86] Armando Petrucci, 'La scrittura del testo', in *Letteratura italiana*, IV: *L'interpretazione*, ed. by Alberto Asor Rosa (Turin: Einaudi, 1985), pp. 283–308, and id., 'Storia e geografia delle culture scritte (dal secolo XI al secolo XVIII)', in *Letteratura italiana: storia e geografia*, II.2: *L'età moderna*, ed. by Alberto Asor Rosa (Turin: Einaudi, 1988), pp. 1193–292 (pp. 1264–75).

[87] See Richardson, *Printing, Writers and Readers*, pp. 154–55.

[88] According to Trovato, p. 68, Dolce's first work was his 1532 *Il sogno di Parnaso con alcune rime d'amore*, probably printed in Venice by Bernardino Vitali.

[89] Ludovico Ariosto, *Orlando furioso* [...] *con la giunta, novissimamente stampato e corretto. Con una apologia di m. Lodovico Dolcio contra ai detrattori dell'autore, & un modo brevissimo di trovar le cose aggiunte; e tavola di tutto quello, ch'è contenuto nel libro. Aggiuntovi una breve espositione dei luoghi difficili* (Venice: Maffeo Pasini et Francesco Bindoni, 1535). On Dolce's edition of the *Furioso* and its role in presenting the poem as a successor of the classical epic, see Richardson, *Print Culture*, pp. 95–97.

[90] Giazzon, *Venezia in coturno*, p. 13, n. 16, indicates that there were at least another sixty-two editions in the course of the century.

[91] Ludovico Ariosto, *Orlando furioso* [...] *novissimamente alla sua integrità ridotto et ornato di varie figure. Con alcune stanze del s. Alvigi Gonzaga in lode del medesmo. Aggiuntovi per*

presses, Boccaccio's *Amorosa Fiammetta*,[92] and in 1547 *Il Petrarca, corretto* [...], *et alla sua integrità ridotto*, in a small portable duodecimo format.[93] In 1541 he prepared Boccaccio's *Decameron* for Maffeo Pasini and Francesco Bindoni and the *Corbaccio* for Giolito.[94] His 1552 edition of the *Decameron* sparked the polemic with Ruscelli. In 1555 Dante's *Comedia* was for the first time termed 'Divina' in Dolce's edition.[95] Around the same time, he also set his hands to editing contemporary 'classics', such as Castiglione's *Cortegiano*,[96] 'revisto' and enriched with 'postille', 'tavole', and 'argomenti'. He edited Bembo's *Prose* in 1556, accompanied by a 'Tavola',[97] as well as the *Rime* by the famous Vittoria Colonna, whom he elevated to illustrious model of conduct in the pages of the *Dialogo* itself.[98]

In the light of this multifarious activity, one could perhaps imagine how Dolce might have come across Vives's Latin text and, spotting a good editorial

---

ciascun canto alcune allegorie et nel fine una breve espositione et tavola di tutto quello, che nell'opera si contiene (Venice: Gabriele Giolito, 1542). After this quarto format in italic type and a 1543 cheaper octavo format in roman type, Giolito published, until 1559-60, another fifteen quartos and twelve octavos of the poem (Richardson, *Print Culture*, p. 97). See also on this point Ginetta Auzzas, 'La narrativa veneta nella prima metà del Cinquecento', in *Storia della cultura veneta*, III.2: *Dal primo Quattrocento al Concilio di Trento*, ed. by Manlio Pastore Stocchi and Girolamo Arnaldi (Vicenza: Neri Pozza, 1980), pp. 99-138.

[92] Giovanni Boccaccio, *Amorosa Fiammetta nuovamente per M. Lodovico Dolce da ogni errore emendata* (Venice: Gabriele Giolito, 1542).

[93] Francesco Petrarca, *Il Petrarca corretto da m. Lodovico Dolce, et alla sua integrità ridotto* (Venice: Gabriele Giolito, 1547).

[94] Giovanni Boccaccio, *Il Decamerone nuovamente stampato et corretto per Lodovico Dolce* (Venice: Francesco Bindoni et Maffeo Pasini ad instanza di Curzio Navò et fratelli, 1541); *Il Corbaccio, altrimenti Laberinto d'amore di m. Giovanni Boccaccio, di novo corretto da m. Lodovico Dolce, con la tavola delle cose degne di memoria* (Venice: Gabriele Giolito, 1541).

[95] *La Divina Comedia di Dante, di nuovo alla sua vera lettione ridotta con lo aiuto di molti antichissimi esemplari. Con argomenti, et allegorie per ciascun canto, & apostille nel margine. Et indice copiosissimo di tutti i vocaboli più importanti usati dal poeta, con la spositon loro* (Venice: Gabriele Giolito, 1555 [1554 in the colophon]). Also 1578, with Domenico Farri in Venice. On this edition, see Richardson, *Print Culture*, p. 117. See also Carlo Dionisotti, 'Dolce, Lodovico', in *Enciclopedia dantesca*, 6 vols (Rome: Istituto della Enciclopedia Italiana, 1970-78), II (1970), 534-35.

[96] Baldassar Castiglione, *Il libro del cortegiano del conte Baldassar Castiglione. Nuovamente con somma diligenza corretto, & revisto per il Dolce secondo l'essemplare del proprio autore* (Venice: Gabriele Giolito, 1552; in 1556 again with Giolito and also with Girolamo Scoto; in 1562 with Guillaume Rouillé).

[97] Dolce edited, among texts that were of specific relevance in the *Questione* debates, also Mario Equicola's 1525 *Libro di natura d'amore* [...]. *Di nuovo con somma diligenza ristampato e corretto da m. Lodovico Dolce. Con nuova tavola delle cose più notabili, che nell'opera si contengono* (Venice: Gabriele Giolito, 1554).

[98] Vittoria Colonna, *Le rime* (Venice: Gabriele Giolito, 1552); also *Rime* [...]. *Con l'aggiunta delle rime spirituali. Di nuovo ricorrette, per m. Lodovico Dolce* (Venice: Gabriele Giolito, 1559). See below, *Dialogo*, Book I, fol. 18^r and Book III, fol. 80^r.

opportunity, decided, perhaps encouraged or even commissioned by Giolito,⁹⁹ to make the text available for those who did not read Latin, women among them. Translating Latin texts into the vernacular, and exemplifying, clarifying, and making available the content of books for the benefit of less learned readers was what Dolce did on a daily basis. It is also, in essence, what Dolce's *Dialogo* is about. Flaminio who translates, exemplifies, and clarifies the Latin book for Dorotea becomes, therefore, a sort of fictional *alter ego* of Dolce himself.

From Vives's 'De institutione' to Dolce's 'Dialogo'

From the end of the fifteenth century onwards, Italy saw a wide production of texts of conduct for and about women, which aimed to define the nature of women, their role in society, and their behaviour in everyday life.¹⁰⁰ Collectively, these works represent 'una vera e propria grammatica del comportamento applicata ai diversi strati di donne, conforme alle loro diverse funzioni sociali'.¹⁰¹ Alongside the texts of the *Querelle des femmes*, on the superiority or inferiority of women *vis-à-vis* men, in which the use of paradoxes and a gamut of other rhetorical skills seem to point rather to some kind of refined exercises in style, eloquence, and wit,¹⁰² there are also various works which aimed to provide moral, but also practical, guidance to women in the different stages of their lives in general, and in the different moments of their day in particular. They adopt the tripartite division used since the Middle Ages by preachers in their *sermones ad status*, with two first main subgroups of lay and religious women, the former being further subdivided into unmarried girls, married women, and widows (*ad*

---

⁹⁹ Borsetto, 'Scrittura, riscrittura, tipografia', pp. 102–04, points out that, in some instances, Dolce translated works at the request of friends and other people, but also that a number of his translations, which are part of Giolito's catalogue, were actually commissioned by Giolito himself. This, she explains, can be inferred from the texts themselves as they bear direct or indirect trace of Giolito's role as initiator, inspirator, or advisor. In fact, the *Dialogo* might just as well be, one such case.

¹⁰⁰ See *Conduct Literature for and about Women in Italy, 1470–1900: Prescribing and Describing Life*, ed. by Helena Sanson and Francesco Lucioli (Paris: Classiques Garnier, 2015, forthcoming). For a more detailed discussion of conduct literature in sixteenth-century Italy, see Helena Sanson, *Donne, precettistica e lingua nell'Italia del Cinquecento: un contributo alla storia del pensiero linguistico* (Florence: Accademia della Crusca, 2007), pp. 1–23. For a bibliography of printed texts on conduct for women in the vernacular (2.627 titles in total), see *Donne, disciplina, creanza cristiana dal XV al XVII secolo: studi e testi a stampa*, ed. by Gabriella Zarri (Rome: Edizioni di storia e letteratura, 1996).

¹⁰¹ Chemello, p. 114.

¹⁰² See Francine Daenens, 'Superiore perché inferiore: il paradosso della superiorità della donna', in *Trasgressione tragica e norma domestica: esemplari di tipologie femminili dalla letteratura europea*, ed. by Vanna Gentili (Rome: Edizioni di storia e letteratura, 1983), pp. 11–50. One such example is Agrippa's *De nobilitate et praecellentia fœminei sexus* (1529), which, we saw earlier, Giolito had published in vernacular translation in 1544.

virgines et puellas, ad coniugatas, ad viduas, ad moniales et religiosas).[103] Preservation of 'castità' is the overarching virtue that should unite women at whichever stage of their lives. In sixteenth-century Italy, those who wrote on women, and dispensed advice and guidance on their behaviour, were men. We must wait until the turn of the seventeenth century, in 1600, for two Venetian women, Moderata Fonte and Lucrezia Marinelli, to make their voices heard.[104]

Some works on conduct cover all three stages of women's lives, some are concerned in particular with marriage and family life (which often goes hand-in-hand with the characteristically middle-class concern of managing one's household),[105] others focus on one particular *status*. From the 1540s, and after Trent, these works become more diverse and at the same time more specialized, paying more and more attention to offering precepts and rules for specific occasions and moments of the day. We find, for example, the *Ornamenti della gentil donna vedova* (Venice: Cristoforo Zanetti, 1574) by Giulio Cesare Cabei, the *Institutione d'ogni stato lodevole delle donne Christiane* by Agostino Valier (Venice: Bolognino Zaltieri, 1575),[106] the *Dialoghi del matrimonio e vita vedovile* (Turin: Francesco Dolce, 1578) by Bernardo Trotto, the *Ragionamento [...] a D. Lavinia sua figliuola* (Turin: eredi Bevilacqua, 1586) by Annibal Guasco,[107]

---

[103] See Carla Casagrande, *Prediche alle donne del secolo XIII* (Milan: Bompiani, 1978). On the different stages in women's lives, see Caroline P. Murphy, 'Il ciclo della vita femminile: norme comportamentali e pratiche di vita', in *Monaca, moglie, serva, cortigiana: vita e immagine delle donne tra Rinascimento e Controriforma*, ed. by Sarah F. Matthews-Grieco (Florence: Morgana, 2001), pp. 15–47.
[104] Moderata Fonte [Modesta Pozzo], *Il merito delle donne [...] in due giornate. Ove chiaramente si scuopre quanto siano elle degne, e più perfette de gli huomini* (Venice: Domenico Imberti, 1600). For a modern edition, see *Il merito delle donne: ove chiaramente si scuopre quanto siano elle degne e più perfette de gli uomini*, ed. by Adriana Chemello (Mirano: Eidos, 1988); for an English translation, see *The Worth of Women: Wherein Is Clearly Revealed Their Nobility and Their Superiority to Men*, ed. by Virginia Cox (Chicago: University of Chicago Press, 1997). Lucrezia Marinelli, *Le nobiltà, et eccellenze delle donne: et i diffetti, e mancamenti de gli huomini. Discorso [...] In due parti diviso* (Venice: Giovanni Battista Ciotti, 1600); for an English translation, see *The Nobility and Excellence of Women, and the Defects and Vices of Men*, ed. and trans. by Anne Dunhill (Chicago: University of Chicago Press, 1999).
[105] See Daniela Frigo, *Il padre di famiglia: governo della casa e governo civile nella tradizione dell''economica' tra Cinque e Seicento* (Rome: Bulzoni, 1985).
[106] For a modern edition, see Agostino Valier, *Instituzione d'ogni stato lodevole delle donne cristiane (1575)*, ed. by Francesco Lucioli (Cambridge: MHRA, 2015).
[107] For a modern edition, see Annibal Guasco, 'Ragionamento del Sig. Annibal Guasco a D. Lavinia sua figliuola, della maniera del governarsi ella in corte; andando per Dama alla Serenissima Infante D. Caterina, Duchessa di Savoia (1586)', ed. by Helena Sanson, *Letteratura italiana antica*, 11 (2010), 61–140. In English translation, *Discourse to Lady Lavinia, his Daughter: Concerning the Manner in Which She Should Conduct Herself When Going to Court as Lady-in-Waiting to the Most Serene Infanta, Lady Caterina, Duchess of Savoy*, ed. by Peggy Osborn (Chicago: University of Chicago Press, 2003).

INTRODUCTION 25

and the *Institutione della sposa* (Rome: Giovanni Osmarino Gigliotto, 1587) by Pietro Belmonti.[108]

One cannot fail to notice how, at least during the early modern period, these texts on conduct show a relatively high degree of homogeneity in terms of the feminine ideal they present. This is undoubtedly also because their pages embody the static and persistent voice of tradition, rather than simply the voices of individual authors, who were at any rate imbued with the mindset of the time. Sixteenth-century authors who wrote on conduct, and who lacked a more refined humanist education, often made use of *florilegia*, compilations that collected *loci communes*,[109] as well as quotations, examples, and anecdotes from biblical, classical, or medieval sources on a variety of topics, including women. These various types of source all populate conduct texts of the time, as did the writings of other authors who had written on the subject in the past. This is also why they are often full of more or less detailed lists of women, from the ancient and, at times, recent past or even from the present, who acted as models (and anti-models) for certain specific 'female' qualities, virtues, and behaviours.[110] In the case of Vives, a true humanist scholar, in his *De institutione* converged the breadth of his reading and the depth of his knowledge. His sources range from the Bible to the Fathers of the Church, from Quintilian and other Latin and Greek authors, to contemporary Spanish writers who had composed tracts and treatises for and against women.[111] His roll call of female *exempla*, past and present, is seemingly endless. For Dolce, Vives's *De institutione* acted as a *florilegium* in itself, a catalogue of rich and varied material from which he could pick and choose

---

[108] For a modern edition, see Pietro Belmonti, 'L'*Instituzione della sposa del cavalier Pietro Belmonte ariminese* (1587)', ed. by Helena Sanson, *Letteratura italiana antica*, 9 (2008), 17–76.

[109] See, for instance, Giovanni Stobeo's fifth-century Greek literature compilation, reprinted well into the seventeenth century, or the *Catalogus gloriae mundi* by Bartolomeo Cassaneo (Barthelémy de Chasseneux), the *Officina* and the *De memorialibus et claris mulieribus: aliquot diversorum scriptorum* by Giovanni Ravisio Testore (Jean Tixier de Révisy), well known in the Renaissance (and rich in female *exempla*).

[110] See on this Beatrice Collina, 'L'esemplarità delle donne illustri fra Umanesimo e Controriforma', in Zarri (ed.), *Donna, creanza, disciplina cristiana*, pp. 103–19. Boccaccio's own *De mulieribus claris*, which, we saw earlier, had been published in the vernacular translation by Giuseppe Betussi by Comin da Trino in 1545, is a rich source of this kind, with 106 biographies mostly of pagan women, to which Betussi appended his own biographies of more recent illustrious women. In the same year, Domenichi's *La nobiltà delle donne*, mentioned earlier, offered a collection of contemporary illustrious Italian women, presented by cities. Later in the sixteenth century, Tomaso Garzoni da Bagnacavallo contributed to the field with his catalogue of Biblical women, *Le vite delle donne illustri della Scrittura Sacra* [...]. *Con l'aggiunta delle vite delle donne oscure, & laide dell'uno, & l'altro Testamento. Et un discorso in fine sopra la nobiltà delle donne* (Venice: Giovanni Domenico Imberti, 1588).

[111] For a discussion of Vives's sources in his *De institutione*, see Charles Fantazzi, 'Introduction: Prelude to the Other Voice in Vives', in Vives, *The Education*, pp. 1–42 (pp. 23–30).

what to keep and what to exclude. Dolce's *Dialogo* preserves Vives's voice, while Vives's own preserves a long-standing tradition.

Dolce's *Dialogo* covers all three stages of the life of a lay woman. It is divided into three books, the first dedicated to the unmarried girl, the second to the married woman, and the third to the widow. In this structure, Dolce follows that of Vives's *De institutione*, and Vives, in turn, followed the plan of the fourteenth-century Catalan *Lo llibre de les dones* (*The Book on Women*) by the friar Francesc Eiximenis (c. 1340–1409), from Girona, who, in turn, adopted the traditional subdivision *ad status*.[112] Although, as we shall see, Dolce's source is obviously Vives, we find no reference to the Spanish humanist in the body of the text, not even in the dedicatory letter by Gabriele Giolito to Violante da San Giorgio (from Casale Monferrato), an illustrious woman from Giolito's own Monferrato. Rather, Giolito stresses the originality of the work he had decided to see in print. Despite the many ancient authors who addressed 'precetti della vita' to men, he writes that nobody until then had offered the female sex 'particolari regole', if not, by implication, the author of the present dialogue, 'Messer Lodovico Dolce'. Giolito then proceeds to explain the *modus operandi* of the 'author', who 'seguitando in ciò il costume delle api, ha raccolto da molti filosofi gli ammaestramenti che appartengono alla buona et virtuosa vita che de' tenere una donna in qualunque stato che può cadere' (fol. 2ᵛ). It is stated clearly that the dialogue was published specifically for the benefit of female readers: 'Avranno, adunque, le donne nel picciolo volumetto onesti et santi ammaestramenti et in Vostra Signoria l'esempio, anzi, più tosto, l'esempio di tutto quello che in esso legeranno' (fol. 3ᵛ). Virgins, married women, and widows will learn, by reading this book, the value of purity, faith, tolerance, and chastity, all virtues of which Violante da San Giorgio is a living model.

Collecting precepts on women's conduct from past authors was a common way of proceeding for conduct literature authors at the time. Giovan Giorgio Trissino wrote, for example, in his short treatise *Epistola* [...] *de la vita, che dee tenere una donna vedova* (1524), dedicated to Margherita Pia di Sanseverino:

> V'esorto a leggere molti libri e da ciascuno prendere quello che a ben vivere vi consiglia, faccendo come fa colui che vuole fabricarsi un bel palazo, il quale, da varie persone e da diversi artefici, piglia tutto quello che a la sua fabrica fa mestieri. Che così (a dirvi il vero) ho fatto ancor io che da molti antiqui autori ho la maggior parte di queste ch'io vi scrivo raccolte: le quali poste insieme

---

[112] Fantazzi, 'Introduction', (pp. 26–27); id., 'Vives and the *emarginati*', in *A Companion to Juan Luis Vives*, ed. by Charles Fantazzi (Leiden: Brill, 2008), pp. 65–112 (pp. 72–73). For a modern edition of the text, see Francesc Eiximenis, *Lo libre de les dones*, ed. by Frank Naccarato, 2 vols (Barcelona: Curial, 1981). After a first part that deals with what pertains to women in general, the second, in five different tracts, discusses them according to five different status ('maneres d'elles'), because 'alscunes són infantes [...] altres n'hi ha donzelles; altres, maridades; altres, víduhes; e altres, religioses' (I, p. 8). Eiximenis's work was first printed in 1495 in Barcelona, although it was already well known in previous years and circulated in manuscript form.

con alcun'altre, che ho da me stesso trovate, ho composto la presente epistola, la quale ora vi mando.¹¹³

Similarly, Lodovico Domenichi, in a letter to Bartolomeo Gottifredi which is included towards the end of the *La nobiltà delle donne*, describes his way of composing his treatise in imitation of 'l'api, le quali cogliendo fiori amari, ne compongono il dolcissimo mele', and had with this aim in mind wandered 'per diversi campi dell'altrui scritture et, raccogliendo l'openioni et auttorità di questo et di quello auttore antico et moderno, nuovamente composto la nobilità et eccellenza delle donne'.¹¹⁴ Dolce himself acknowledged a similar manner of proceeding in his *Libri tre* [...] *ne i quali si tratta delle diverse sorti delle gemme*, by using a turn of phrase that recalls Giolito's words. Many men of letters, ancient and modern, had written on the subject of precious stones, but not many had done so exhaustively:

> non s'è trovato insino a qui (che io sappia) chi n'abbia scritto compiutamente. Là onde, io leggendo le fatiche di diversi, ho raccolto in questo breve volume quanto per aventura se ne può dire, dividendolo in tre libri, secondo che alla materia richiedeva.¹¹⁵

In fact the 'molti filosofi' that Giolito mentions as the sources of Dolce's work can be more easily reduced mainly to one 'filosofo', that is, Vives. Dolce's and Giolito's failure to acknowledge Vives's authorship should be interpreted keeping in mind what we saw earlier in terms of Giolito's editorial strategy of reaching out to a wider readership and fashioning himself as a 'defender' of women. In the translation he had published in 1544 of Agrippa's treatise, for example, he had purposely omitted the author's name, and had changed the dedicatee of the work from Margaret of Savoy, princess of Austria and Burgundy, to Bona Maria Soarda da San Giorgio, also from his own Monferrato. With no author mentioned, the role of the publisher acquired more prominence.¹¹⁶ Dedications to influential

---

¹¹³ Giovan Giorgio Trissino, *Epistola* [...] *de la vita, che dee tenere una donna vedova* (Rome: Ludovico degli Arrighi et Lautizio Perugino, 1524), fol. C4ᵛ. Trissino's original spelling has not been preserved in the quotation.
¹¹⁴ Domenichi, *La nobiltà delle donne*, fol. MM1ʳ.
¹¹⁵ Dolce, *Libri tre* [...] *ne i quali si tratta delle diverse sorti delle gemme*, fol. 4ʳ. On this work, Girolamo Tiraboschi observed: 'Lodovico Dolce pubblicò nel 1565 in Venezia tre libri intorno alle gemme. Ma egli, come osserva Apostolo Zeno, è tacciato a ragione di essersi fatto bello in gran parte dell'opera di Cammillo Leonardi da Pesaro data alla luce nel secolo precedente, e intitolata *Speculum lapidum*' (Girolamo Tiraboschi, *Storia della letteratura italiana* [...]. VII.2: *Dall'anno MD all'Anno MDC* (Modena: Società Tipografica, 1791), p. 619). Terpening describes it as 'a word-for-word translation of Leonardi's original' (Terpening, *Lodovico Dolce*, p. 150), the only major changes being the updating of contemporary painters and sculptors and the new dedication of the work.
¹¹⁶ There were two versions published by Giolito of Agrippa's translation in 1544, only one of which indicated the name of the translator, Francesco Coccio (*Della nobiltà et eccellenza delle donne nuovamente dalla lingua francese nella italiana, tradotto per Francesco Coccio*), whereas

figures were meant to place the text in the protective hands of a patron, even though Giolito and Dolce were operating beyond the courtly environment. We should also bear in mind that dedications to representatives of the female sex would have encouraged other women to read the book.[117] Books were generally dedicated to members of the upper classes and if books as such cannot provide a realistic picture of women's reading habits as a whole, their dedications to female figures help to cast light upon the expansion of women's reading interests and their aspirations in the field of culture.[118]

Giolito's dedicatory letter in the *Dialogo* also reveals some interesting affinities with Vives's own, notwithstanding the fact that these types of paratexts are of course constructed according to quite a standard and repetitive set of rhetorical skills. In his dedication to Catherine of Aragon, the Spanish humanist explained how his aim was to formulate practical rules for living and encouraged women from all social classes to read his three books. Pointing out the lack, until then, of writers who had devoted their efforts to the education of a Christian woman, while dealing also with lowly matters, Vives hinted at some of his sources. He also explained the need to resort to the testimony of past authorities, when his views did not accord with accepted moral standards and public opinion.[119] For Vives, Queen Catherine is, like Violante da San Giorgio for Giolito, the embodiment of all qualities and virtues discussed in his work, an exemplary model for all three stages of life.[120] All women who read the treatise would therefore find an example in her life and actions, as well as precepts and rules to apply to themselves. Giolito too seems to draw his inspiration from Vives.[121]

Vives's *De institutione* was published for the first time in 1524 in Antwerp by Michael Hillen. Born in 1492, the Spanish humanist moved to Flanders after first studying in his home town of Valencia, and then at the Faculty of Arts and the Faculty of Theology at the Sorbonne in Paris. In 1517 Vives was appointed tutor of Guillaume de Croy, nephew of the powerful Lord of Chièvres, while also giving lectures at the University of Louvain.[122] In 1523 he moved to England where

---

the other did not. This way, Giolito's name then gained even further prominence (Dialeti, p. 9). No reference is made to Coccio in the 1545 and 1549 editions of *Della nobiltà*.

[117] Richardson, *Printing, Writers and Readers*, p. 144.
[118] See Sanson, *Women, Language and Grammar*, pp. 45–82.
[119] Vives, *The Education*, pp. 45–50.
[120] Vives here mentions the fact that Catherine had been widowed and had subsequently remarried. He dedicates an entire section of his work to remarried women (Vives, *The Education*, pp. 283–86).
[121] It is worth pointing out that Dolce might have composed, linguistically and stylistically, some of the dedications and addresses to the reader signed by Giolito. The content, nonetheless, 'non poteva certo discostarsi dal pensiero di chi firmava' (Angela Nuovo, 'Gabriele Giolito, editore (1539–1578): l'organizzazione', in Nuovo and Coppens, pp. 68–123 (p. 102)).
[122] On Vives's life and works, see Fantazzi, 'Introduction', pp. 3–12; Enrique González González, 'Juan Luis Vives: Works and Days', in Fantazzi (ed.), *A Companion to Juan Luis Vives*, pp. 15–64.

INTRODUCTION 29

Cardinal Thomas Wolsey, the king's chancellor, appointed him lecturer in Greek, Latin, and Rhetoric at the new Cardinal College, his own foundation, in Oxford, joining, among other men of letters, Thomas More. After the sudden death in 1521 of his patron Guillaume de Croy, following which Vives moved to Bruges, and before his departure for England in 1523, he wrote his *De institutione fœminae Christianae*, meant for the education of Princess Mary, the daughter of Catherine of Aragon and Henry VIII, and the sole heir to the throne of England. It was finished by April 1523, but published only in January 1524. While at the English court, Vives became a spiritual adviser to Queen Catherine. And no doubt, the composition of *De institutione fœminae Christianae* must have been influential in this respect. The title chosen by the publisher did not convince the Spanish humanist, as he wrote in a letter to the jurist Francis Cranevelt, sent from Oxford on 25 January 1524: 'Mis tres libros sobre la educación de la mujer cristiana el impresor los tiene a punto de sacar al público. Con todo no hay cosa que más me desagrade que el título tan mal visto de la obra'.[123] It seemed to him that the title would only draw more hatred from his enemies and perplex readers who might think the book did not meet 'lo que el título prometía'.[124]

Of his three books,[125] the first in particular is of great importance to the history of education as 'the first systematic study to address explicitly the universal education of women, even those who show no natural aptitude for learning'.[126] This does not mean that the text is not traditional and conservative, placing, as it does, chastity at the top of women's required virtues. But Vives gives unusual emphasis to women's intellectual abilities and (similarly to Erasmus and Thomas More before him) underlines how it is ignorance, rather than the acquisition of knowledge, that brings about 'evil' in them. He then returned to the treatise years later and, after a thorough revision, he published in 1538, with the printer Robert Winter, in Basel, a text that is very different from the original 1524 version.[127] Vives's *De institutione* was influential across Europe and was soon translated into other languages.[128] The Castilian version was published in 1528 as *Instrucción de*

---

[123] Juan Luis Vives, *Epistolario*, ed. José Jimenez Delgado (Madrid: Editora Nacional, 1978), pp. 341–45 (p. 344).
[124] Ibid., p. 344. Later in the same year, Vives also wrote another brief work, commissioned by Queen Catherine of Aragon herself, which outlined a plan of study for younger pupils, the *De ratione studii puerilis* ('On a Plan of Study for Children'): this, in fact, comprises two texts, one meant for girls, specifically for Princess Mary, and the other one for boys, specifically for the benefit of William Blount, fourth Baron Mountjoy, who was chamberlain of the queen. On this text, see Fantazzi, 'Vives and the *emarginati*', p. 69.
[125] For a summary and discussion of Book I of Vives's *De institutione*, see Fantazzi, 'Vives and the emarginati', pp. 73–80; for Book II, pp. 80–84; for Book III, pp. 84–86.
[126] Fantazzi, 'Introduction', p. 1.
[127] See Fantazzi, 'Introduction', pp. 16–23.
[128] Encouraged by its success, in 1525 Vives started composing another tract, *De officio mariti* ('On the Duties of the Husband'), which was published in 1529 (Bruges: apud Simonem de Molendino). We learn from the preface that it was originally written in Spanish, since it was

la muger Christiana, by the Italian Giovanni Giustiniani (also known as Justiniano).[129] The English translation was the work of Richard Hyrde, a tutor in Thomas More's household. His *Instruction of a Christen Woman* (undated but most probably from 1528 or 1529) became 'the most popular conduct book for women during the Tudor period and beyond'.[130] The first French printed translation of the text, the *Livre de l'institution de la femme chrestienne tant en son enfance que mariage et viduité. Aussi de l'Office du mary*, published in Paris in 1542 by Jacques Kerver, is the work of Pierre de Changy, who took a certain liberty in translating it, 'so that it almost constitutes an original work'.[131] The first German translation was by Christopher Bruno in 1544, and the first Dutch translation was based on that of Pierre de Changy and published in Antwerp in 1554.

In Italy a literal translation of Vives's 1538 version of the *De institutione* was published in Venice by Vincenzo Vaugris in 1546, the work of Pietro Lauro from Modena. A second edition was then published in 1561 by Giovanni Antonio degli Antoni in Milan.[132] The translation by Pietro Lauro comprises also other works by Vives, as the title page indicates, beginning with *De l'ufficio del marito* (fols 1^r-64^r). This is preceded by the dedication (fols *1r^v-*2^v) to Eleanor of Toledo, duchess of Florence and wife of Cosimo I de' Medici. Lauro stresses that his intention is to 'giovare a molti, i quai, come che non leggano latinamente, per

---

composed at the request of various friends, among them the merchant Álvaro de Castro, from Burgos, a *converso* (like Vives), who did not know Latin. Fantazzi, 'Introduction', p. 15. For an English translation of the text, see Juan Luis Vives, *De officio mariti*, ed. by Charles Fantazzi (Leiden: Brill, 2006).

[129] Juan Luis Vives, *Libro llamado Instrucción de la muger Christiana* [...] *traduzido aora nuevamente del latin en romance por Juan Justiniano* (Valencia: Jorge Costilla, 1528). The translator pointed out to the reader that he had added a few things to the Latin original, such as further readings that he thought might be suitable for his female public. There were further editions of this translation in 1535, 1539, 1545, 1555, 1539, and 1584, across Spain (Fantazzi, 'Introduction', p. 30).

[130] Fantazzi, 'Introduction', p. 31. It had nine editions, most of which by the presses of Thomas Berthelet, and the last two by the Puritan printers Robert Redgrave and John Danter, respectively in 1585 and 1592. For a modern edition of Hyrde's translation, see Juan Luis Vives, *The Instruction of a Christen Woman*, ed. by Virginia Walcott Beauchamp, Elizabeth H. Hageman, and Margaret Mikesell (Urbana: University of Illinois Press, 2002).

[131] Fantazzi, 'Introduction', p. 32. It had a further five Parisian editions between 1543 and 1579 (this one a new translation sponsored by the publisher Christophe Plantin), together with another three in Lyon (1545, 1547, and 1549). On Changy's translation, see Pollie Bromilow, 'An Emerging Female Readership of Print in Sixteenth-Century France? Pierre de Changy's Translation of the *De institutione feminae Christianae* by Juan Luis Vives', *French Studies*, 67 (2013), 155–69.

[132] Juan Luis Vives, *De l'ufficio del marito, come si debba portare verso la moglie. De l'istitutione de la femina Christiana, vergine, maritata, o vedova. De lo ammaestrare i fanciulli ne le arti liberali* (Venice: Vincenzo Valgrisi, 1546) and *Dell'ufficio del marito verso la moglie, dell'istitutione della femina christiana, vergine, maritata, o vedova, & dello ammaestrare i fanciulli nelle arti liberali* (Milan: Giovanni Antonio degli Antoni, 1561). On the influence and reception of Vives's text in early modern Europe, see Fantazzi, 'Introduction', pp. 30–35.

non aversi a caso dato ad imparare il latino, sono però di eccellente et elevato ingegno' (fol. *2ʳ). The proper *De l'istitutione de la femina Christiana* begins only at fol. 64ᵛ, and is then followed by the shorter tract *De lo ammaestrare i fanciulli ne le arti liberali*, that is, Vives's *De ratione studii puerilis* (fols 195ʳ–200ʳ), although only the letter addressed to William Blount, fourth Baron Mountjoy, is included. This dense book would certainly have been a valuable purchase for those interested in matters of conduct, but it is also a totally different kind of reading from Dolce's dialogue. The translation is a faithful one, also reproducing the paratexts of the original (with some discrepancies), and the text is subdivided into shorter sections with titles such as 'Del nodrire delle vergini et fanciulle', 'Del rimanente de l'infanzia', 'De la dottrina de le fanciulle', and so on. Accessibility is enhanced, as in the Latin original, by the presence of short captions on the margins, such as 'Costume di romane femine', 'Caia Tanaquil', 'Figliuoli et propinqui di Tarquino', and others on most pages. The subtitle boasts that it is 'Opera veramente non pur dilettevole ma anco utilissima'. Yet it did not enjoy the same success as Dolce's dialogue adaptation. Rather than offering a close translation of the Latin text, Dolce transformed it into a work that, whilst heavily indebted to Vives's original in terms of the ideas and precepts exposed, and the many *exempla* used to substantiate them, is also new and original at the same time. While translating it into the vernacular, Dolce also selected, re-worked, and re-organized Vives's material to suit the needs of his own Venetian and, more broadly Italian, readership. A glance at the 'Tavola delle cose nel dialogo contenute' (fols 4ʳ–5ᵛ), which follows the dedicatory letter by Giolito, is already in this respect a useful indicator of which topics Dolce thought were the most relevant in each of the three books.[133] He reduced the content of the treatise to a more essential form, pruning it, eliminating surfeit parts, and adapting it to his own time and context.

Dolce's decision to recast Vives's didactic treatise in the form of a livelier mimetic dialogue must have played no small role in determining the editorial success of the *Dialogo*. Cleverly following a literary trend current at the time,[134] it stands as testimony to Dolce's and Giolito's entrepreneurial acumen. Using the dialogue form had several advantages for Dolce. First of all, it enabled him to avoid direct exposition of his rules on women's conduct. He could preserve the 'utile', while enhancing the 'dilettevole'. Dolce did not decide to recast Vives's

---

[133] The index Dolce prepared for his own edition of Castiglione's *Cortegiano* imposed on the text his conservative views on the topics discussed in the dialogue. See Richardson, *Print Culture*, p. 125; Carlo Ossola, 'Il Libro del Cortegiano: esemplarità e difformità', in *La corte e il "Cortegiano"*, ed. by Carlo Ossola and Adriano Prosperi, 2 vols (Rome: Bulzoni, 1980), I, pp. 13–82 (pp. 43–50). See, below, the 'Tavola' (fols 4ʳ–5ᵛ) that precedes Book I.

[134] On the favour the dialogue genre, and in particular the documentary dialogue, enjoyed in Italy, see Virginia Cox, *The Renaissance Dialogue: Literary Dialogue in its Social and Political Contexts. Castiglione to Galileo* (Cambridge: Cambridge University Press, 1992).

text altogether by adopting the more complex performative pretence of a 'documentary dialogue',[135] in which he would have had to claim his work was the transcription of a conversation that had actually taken place between historical, living figures. He opted rather for a more modest fictional mimetic dialogue between two characters only, Flaminio and Dorotea, against a minimalist setting. But the fictional dialogue still assigned his readers a more active role than the original treatise would. They could read and imagine the conversation unfolding before their eyes, feeling as if they participated, within limits, in the exchange. This interactive quality of the vernacular dialogue would have been favoured by the newly literate reading public it addressed, for the most part composed of 'a public of "idioti", who, had they been born a century, even half a century earlier, would have been effectively excluded from the world of learning'.[136] Here the public of 'idioti' comprised, given the subject matter of the text, the 'idioti' or the *illiterati* par excellence, that is, women. Female interlocutors, guaranteed by their sex the right to be decorously ignorant, 'were much exploited in the vernacular dialogue as stands-in for an unschooled audience':[137] Dorotea is the perfect stand-in for all women as such.

It was not the first time that Dolce wrote on the subject of women, and more precisely on marriage, which is the main topic of Book II of the *Dialogo*. But these previous literary efforts, which are also his first experiments with the dialogue genre, are of a different nature. In 1538 he published, with Curzio Navò in Venice, the *Dialogo del modo di tor moglie*, which is part of his *Paraphrasi nella sesta satira di Giovenale*.[138] The work comprises the paraphrasis of Juvenal's (fierce) sixth satire against women (the dedicatee of the *Paraphrasi* is the painter Titian, a friend of Dolce's),[139] the dialogue on taking a wife, and a free translation of the epithalamium by Catullus on the marriage of Peleus and Thetis. In the *Dialogo del modo di tor moglie*, a 'compagnia' of eight young women and three young men are gathered on a hillside overlooking Bologna. The topic of discussion is

---

[135] Ibid., p. 10.
[136] Ibid., p. 44.
[137] Ibid., p. 45.
[138] Lodovico Dolce, *Paraphrasi nella sesta Satira di Giuvenale nella quale si ragiona delle miserie de gli huomini maritati. Dialogo in cui si parla di che qualità si dee tor moglie, & del modo, che vi si ha a tenere. Lo epithalamio di Catullo nelle nozze di Peleo & di Theti* (Venice: Curzio Troiano Navò, et fratelli, 1538). For a modern edition of the *Paraphrasi*, see Lodovico Dolce, *Parafrasi nella sesta satira di Giuvenale*, ed. by Laura Facecchia (Galatina (Lecce): Congedo, 2012). For a discussion of the text, see also Terpening, *Lodovico Dolce*, pp. 134-42.
[139] Incidentally, Titian did not know Latin (see Carlo Ginzburg, 'Tiziano, Ovidio e i codici della figurazione erotica nel Cinquecento', in *Miti emblemi spie: morfologia e storia* (Turin: Einaudi, 1992 [1986]), pp. 133-57 (pp. 140-42)). This explains the dedication to the painter of Dolce's version of the satire and is further testimony of his wanting to make Latin texts available to those who did not read Latin (women too, as potential readers, are mentioned in the dedication; Dolce, *Paraphrasi*, fol. A1ᵛ). Dolce mentions Titian also in the *Dialogo* (fol. 29ᵛ).

indeed women and their nature, and more specifically the question, about which several authors before Dolce had already written since antiquity, and many others would continue to write on, *an uxor sit ducenda,* 'se si dèe pigliar moglie, o no'.[140] Despite women's numerical predominance, Dolce has the men, as in Castiglione's *Cortegiano*, carry out most of the discussion. In the dialogue we hear, in particular, the voices of Marcello and Fronimo, who, following a typical structure of Renaissance word games, are then asked to debate against (the former) and in favour of (the latter) a question, in this case concerning marriage.[141] The other young man acts as the judge and Madonna Flaminia and Madonna Emilia play, respectively, the role of 'reggente' and 'procuratrice'. Interestingly, the *Dialogo del modo di tor moglie* presents some structural elements that anticipate those of the *Dialogo*. For example, Madonna Flaminia asks Fronimo, who, we understand, must be a notorious misogynist, that the men present speak 'delle donne', given that the women, rather 'non hanno studiato, né per se stesse ponno molto sapere'.[142] Fronimo, is 'sempre ne' libri travagliato' and is therefore better placed to discuss the topic. Similarly, in the *Dialogo*, Flaminio is familiar with Latin and will indeed expound for the benefit of Dorotea, who does not know the language, the content of a 'libro' in Latin. A 'libro' is also going to be the main source of the tirade that Marcello (who is actually pro-women) unleashes against women and marriage. He states that 'per non acquistarmi la vostra malavoglienza io non dirò alcuna cosa di mio capo, ma secondo che una volta mi ricordo aver letto in un libro: vogliatene poi male a lui, ché non ci ho colpa alcuna'.[143] The first words he utters come straight from the unnamed book (as in Flaminio's case), 'quel libro di cui vi parlo, donne mie care, così comincia'.[144] Marcello's harsh deprecation of women and his cynical view of marriage as a form of 'servitù' — for men of course — are then moderated by Fronimo's point by point rebuttal and by his defence of marriage in the name of, rather, companionship and concord. When the question seems to be resolved in favour of Fronimo, his monologue continues with a quick dialogical exchange between the two contenders in which, again,

---

[140] Dolce, *Dialogo del modo di tor moglie*, fol. H4ʳ. A few years later, Giovanni della Casa wrote a tract on the same subject. See his *Quaestio lepidissima an uxor sit ducenda, Se si debba prender moglie*, [1554], in *Prose di Giovanni della Casa e altri trattatisti cinquecenteschi del comportamento*, ed. by Arnaldo Di Benedetto (Turin: UTET, 1970), pp. 47–133. For a general discussion of the topic, see Daniela Frigo, 'Dal caos all'ordine: sulla questione del "prender moglie" nella trattatistica del sedicesimo secolo', in *Nel cerchio della luna: figure di donna in alcuni testi del XVI secolo*, ed. by Marina Zancan (Venice: Marsilio, 1983), pp. 57–93.

[141] See Helena Sanson, 'Orsù, non più signora, [...] tornate a segno': Women, Language Games and Debates in Cinquecento Italy', *Modern Language Review*, 105 (2010), 103–21; George W. McClure, *Parlour Games and the Public Life of Women in Renaissance Italy* (Toronto: Toronto University Press, 2013).

[142] Dolce, *Dialogo del modo di tor moglie*, fol. H3ᵛ.

[143] Ibid., fol. I1ʳ.

[144] Ibid.

'queste donne che non hanno studiato' are instructed as to who their main adversaries are, namely Juvenal, Boccaccio, Ariosto, Manganello, and Burchiello. Compared to the *Dialogo*, the *Dialogo del modo di tor moglie* contains far fewer *exempla*, and privileges rather short anecdotes and 'facezie'. But many of the examples and arguments that Flaminio will use are already present here. This is not surprising, however, given that works on women, their nature, and their conduct, and therefore works on women and marriage too, often drew from the same literary sources and made use of the same commonplaces and repertories of illustrious (and non-illustrious) women. The *Dialogo del modo di tor moglie*, a first, short attempt at the dialogue genre by Dolce, is far from the *Dialogo* in scope and density, but it is undoubtedly a lively, and rhetorically skilled, complement to Flaminio's views, expressed, only a few years later, in the opening pages of Book II on the 'creanza della maritata'.

Also on marriage, or, more precisely, on women's adultery in marriage, is Dolce's *Dialogo piacevole* [...] *nel quale Messer Pietro Aretino parla in difesa d'i male aventurati mariti* (1542).[145] Aretino features as one of the protagonists and, by means of a *narratio obliqua*, offers his interlocutor Piccardo the account of some discussions he participated in, together with other contemporaries, such as the Venetian patrician Giulio Bragadino, 'Messer Fortunio', that is, the orientalist Fortunio Spira, from Viterbo (whose opinions are also reported in the second book of the *Dialogo*), the men of letters Francesco Maria Molza, Ariosto, Giulio Camillo (Delminio), Benedetto Varchi, and others. The narrative device of the internal dialogue and of reporting the opinions of contemporaries in one's narration is something we will also find in Book III of the *Dialogo*, in which Flaminio claims he has to resort to other speakers' help to discuss widowhood. The *Dialogo piacevole* is a case of 'irregular dialogue', of which we find examples in the production of other polygraphs. Real interlocutors are used here to deal with erudite content, but from a comic or satirical angle, thus infringing the all-important tenets of verisimilitude and decorum of the Ciceronian, documentary-style dialogue.[146] The *Dialogo piacevole* was published, we are made to understand, against the will of Dolce, who deemed the work inappropriate, perhaps because of its Aretinian and satirical undertones.[147] The dedicatory letter to Giorgio Zorzi by the publisher Curzio Navò confirms Dolce's not having initiated the printing of the text:

> come ch'io mal volentieri soglia publicar le fatiche d'altri senza volontà del suo autore, nondimeno essendo venuto alle mie mani il presente Dialogo di

---

[145] Lodovico Dolce, *Dialogo piacevole* [...] *nel quale Messer Pietro Aretino parla in difesa d'i male aventurati mariti* (Venice: Curzio Troiano Navò, 1542). For a discussion, see Terpening, *Lodovico Dolce*, pp. 142–45.
[146] Cox, p. 14; on 'irregular dialogues', pp. 17–19.
[147] Cited in Romei, p. 401.

Messer Lodovico Dolce, giudicandolo soggetto piacevole et degno d'essere veduto, ho preso da me medesimo autorità di farlo imprimere.[148]

Dolce himself, a professional in the field, might, therefore, not have managed to escape the logic of profit that dominated the book trade. The overt and relentless misogyny of the *Dialogo piacevole* leads Dolce to humorously beg for forgiveness in the closing letter to 'Madonna Leonora Silvia'. He will make amends, he promises, with another work: 'prometto, dico, a qualche tempo di dir delle donne altretanto bene, quanto n'ho detto male'.[149] Is this perhaps an anticipation of his *Dialogo*?

Book 1: 'Della instituzion della vergine'

Dolce's *Dialogo* opens *in medias res* with an exchange between the two interlocutors, about whom nothing, for the moment, is known. But we understand from the way their interaction is presented that Dorotea and Flaminio have met on previous occasions for leisurely conversations on a variety of subjects. Dorotea had a topic already in mind, but she decides to postpone it to another moment in favour of discussing the book Flaminio is currently reading, because she is curious to know more about it. The book, as we have seen, has been brought from abroad, from Lyon, by a friend:

> Io aveva in animo di proporvi una bella materia da ragionare, ma, veggendo quanto intentamente leggete quel libro che vi recò l'amico vostro di Leone [...] m'è venuto desiderio di dimandarvi il soggetto di che egli tratta. (fol. 6ʳ)

Flaminio explains that the subject matter of the book is both 'bello' and 'utile', and he wished Dorotea knew Latin because she would learn from it a lesson that is highly 'convenevole' and 'necessaria' for the female sex (fol. 6ʳ). Given that Dorotea is not familiar with the classical language, she asks Flaminio to share the content of the book with her, since he is 'di ogni tempo così studioso' of the Latin language (fol. 6ʳ). Following common conventions of Renaissance dialogue,[150] Flaminio duly shows a certain reluctance and modesty before complying with her request:

> Questo io farei volentieri [...] se io non temessi che la memoria m'abbandonasse tra via. [...] Se voi sete cotanto desiderosa d'ascoltare, io, per piacervi, sono contento di far prova se è vero quello che dite della mia memoria [...] se fatto mi verrà [...] fia beneficio di Lauretta vostra; se io caderò sotto questo peso, la vergogna ne verrà a voi che mi ponete adosso carico che forse non sono atto a portare. (fol. 6ᵛ)

---

[148] Dolce, *Dialogo piacevole*, fol. A2ᵛ.
[149] Ibid., fol. 18ᵛ.
[150] Cox, pp. 41–42.

He will not be a simple 'spositor di parole' (and by implication neither will Dolce, despite the closeness of his work to Vives's original), which means that he will not simply translate the text literally — this is a kind of exercise children do in school and it would only bring boredom rather than 'diletto' — but will rather 'ragionare' with her about the topic of the 'libro', that is, on:

> [la] instituzione o, vogliate che io, secondo il vocabolo spagnuolo, dica *creanza* della donna, *formando* una *perfetta* vergine, una *perfetta* maritata et una *perfetta* vedova. Di maniera che ciascuna donna che osserva i ricordi di questo libro può con molta facilità innalzarsi alla perfezione di questi tre stati. (fol. 6ᵛ; my italics)

Before setting out to explore in detail the content of the three books, a few remarks on Dolce's terminological choices will be useful to contextualize the dialogue and its content. Dolce's 'institutione' is a direct rendering of Vives's 'institutio'. The title *De institutione fœminae Christianae* echoes Erasmus's 1516 *Institutio principis Christiani*, but whereas Vives's 'fœmina' belonged to the very private domestic world, Erasmus's 'princeps' occupied a very public realm. It also echoed in turn a long tradition of advice to rulers from antiquity onwards to which, a few years earlier, Nicolò Machiavelli had added what was to become an infamous tract, *Il principe* (1513). The 'institutio' also recalled, in another field, Quintilian's *Institutiones oratoriae* and Priscian's *Institutiones grammaticae*. Battaglia's *Grande dizionario storico della lingua italiana* sheds light upon the meanings the term 'institutione' would have suggested to a sixteenth-century reader and which today are obsolete.[151] It recalled a 'Costume, abito di vita', but it also stood for 'Educazione, istruzione (con riferimento alla formazione generale della persona sotto il profilo culturale, morale e religioso, o, anche, all'addestramento in specifiche discipline intellettuali o tecniche), and, more specifically, an 'Insegnamento, ammaestramento', or 'Guida, governo (della propria vita, della propria condotta)'. Finally, the term was also used as 'trattazione elementare, introduzione (compiuta mediante un'opera scritta o un insegnamento scolastico)'. The 'new' reader who picked up a copy of the dialogue from the shelves of a bookshop might not have been aware of all the literary references to which Dolce's 'institutione' was connected, but the title would have immediately signalled a particular type of work.

'Creanza', from the Spanish noun *crianza*, in turn from the verb *criar*, was used at the time to mean 'il comportamento, il contegno, il complesso degli atteggiamenti, dei modi abituali di agire, di condursi (nei confronti di una persona, di un avvenimento, in determinate situazioni) che caratterizzano una persona individuandone il tipo di educazione ricevuta, la disciplina, l'ordine

---

[151] Salvatore Battaglia (and Giorgio Bárberi Squarotti), *Grande dizionario della lingua italiana*, 21 vols (Turin: UTET, 1961–2001), VIII (1973), s.v.

interiore secondo cui opera'.[152] A few years earlier before the publication of the *Dialogo*, in 1539, the Sienese Alessandro Piccolomini had published a dialogue in which the term featured prominently in the title, the *Dialogo de la bella creanza de le donne*, and which, we read in the 'Proemio', had been composed for the benefit of 'quelle donne che leggeranno', so that 'si potrà conoscere apertamente la vita, e i modi che si apartengono a una donna giovane, nobile e bella'.[153] In the 1547 edition, Dolce slightly changed his wording, and 'creanza', with its more worldly connotation, is replaced with a clear reference to the formation of a Christian woman,[154] 'Ma perché sappiate la materia, esso tratta della instituzione della donna cristiana, formando una perfetta vergine, una perfetta maritata et una perfetta vedova'.[155] His choice might have sprung from a desire to reflect the climate of the Council of Trent — which had begun two years earlier, in 1545, and which, as we have seen, would have lasting consequences for the intellectual and cultural context of the peninsula, and, of course, on book production. As for the terms 'forma[re]' and 'perfetta', they immediately call to mind Castiglione's *Cortegiano*, where the game chosen for the evening by the refined gathering of ladies and gentlemen at court is to '*formar* con parole il perfetto cortegiano'.

The didactic aim of Dolce's text is immediately obvious. By reading his dialogue, a woman would learn how to improve herself, 'innalzarsi alla perfezione' (fol. 6ᵛ) in the different stages of her life. At this point, a few more details of the *mise-en-scène* are provided. Flaminio invites Dorotea to sit near a window that faces a beautiful garden. This is the favoured *topos* of Renaissance literature, common in dialogues of this kind, of the *locus amœnus*,[156] a place of natural beauty that offers shelter associated with earthly paradise, 'perciò che la piacevole

---

[152] Battaglia, III (1964), s.v. (first attested with this meaning in Bandello). Also, with a first attestation in Berni: 'L'insieme dei modi, delle maniere, degli atteggiamenti che, nel comportamento di una persona, rispondono alle norme di gentilezza, di cortesia, di urbanità, di garbatezza, di distinzione, in uso fra le persone beneducate; buona educazione' (Battaglia, III, s.v.).

[153] Alessandro Piccolomini, *Dialogo de la bella creanza de le donne* (Venice: Curzio Troiano Navò, et fratelli, 1539), fol. A2ʳ. For a modern edition, *La Raffaella: dialogo della bella creanza delle donne di Alessandro Piccolomini* (Milano: Longanesi, 1969). But 'bella creanza' ('buona creanza' and 'mala creanza' are, incidentally, both still in use in Italian) needs to be read in this instance with irony, given that in reality it is a dialogue between an older woman, Raffaella, of humble origins, and the young noblewoman Margarita, in which the former encourages the latter to enjoy the pleasures of life, and find a lover for herself, especially given that she was married off against her will.

[154] Other instances in the 1547 edition of the use of the term 'creanza' are nonetheless preserved: 'Pensate qual virtuosa creanza de' figliuoli [...] ne derivi. [...] Se altro ci resta da dire, io v'affermo di non saperlo, però sarebbe tempo ch'io passassi alla creanza della maritata' (fols 35ᵛ-36ʳ).

[155] Dolce, *Dialogo* [1547], fol. 4ᵛ.

[156] Bembo's own *Gli asolani* (Venice: Aldo Manuzio, 1505) offers a well-known model of *locus amœnus*, which draws on the paradisal description of the gardens in Boccaccio's *Decameron*.

veduta di questo giardino [...] farà me più pronto di ragionare et voi per aventura d'udire' (fol. 7ʳ). What we have here is a sort of *mise-en-abyme* of the text: Dolce stages a dialogue in the vernacular between two interlocutors, in which he offers his contemporary readers guidance on female conduct by actually drawing these principles from an original Latin text and making them accessible to a public that did not read Latin, especially women. In the fiction Flaminio draws his advice and precepts for the benefit of Dorotea from a Latin text, given that she, like the majority of women, has no knowledge of the classical language. These precepts in turn, as we read in an addition in the 1547 revised edition, will be handed down to Lauretta, Dorotea's young daughter, 'che ora tenera fanciulla attende dalla vostra virtù la eccellenza di quelle doti che non si possono lasciar per eredità'.[157] This is presumably also what might have happened in real life, when a mother would share with her daughter the knowledge she gained on the suitable education and conduct of a young girl from the *Dialogo*. But one cannot fail to notice here a further affinity with Vives's *De institutione*. In his dedicatory letter, the Spanish humanist explicitly states that Catherine's daughter, Mary, would read his recommendations and reproduce them 'as she models herself on the example of your goodness and wisdom to be found within her own home'.[158] Neither Dolce nor Flaminio were addressing a princess or a courtly woman, but Dorotea is nevertheless a well-to-do woman, a widow with a young daughter, and Dolce's middle to upper-class female readers might have identified with her.

Dolce's choice to favour the dialogue was meant to temper a certain abruptness and condescension that the didactic treatise embodied and rather to address his readers using a fictional speech exchange which, while still didactic in character, exuded an air of sociability and 'grazia'. A pleasant and entertaining topic required a *modus procedendi* that facilitated equally pleasant discussion and useful exchange. Yet the way the dialogue is structured and unfolds between Dorotea and Flaminio reflects a number of ideas and preconceptions about women's nature, their role in society, and in this case specifically their role in conversation. Initially Dorotea seems to imply that she is not going to be a totally passive listener

---

It is worth pointing out how the *locus amœnus* is a recurrent setting in fictional didactic dialogues well beyond the sixteenth century, whenever women need to be instructed in variety of topics. A case in point is of course the well-known *Newtonianismo per le dame, ovvero dialoghi sopra la luce e i colori* (Naples: n. pub., 1737) by Francesco Algarotti, where the Marchioness of E*** is being taught Newtonian physics while strolling in the gardens. But there are several examples of this kind also in other European traditions, such as Bernard de Fontenelle's *Entretiens sur la pluralité des mondes* (Paris: Veuve C. Blageart, 1686) or Antoine Tournon's *Les Promenades de Clarisse et du Marquis de Valzé, ou Nouvelle methode [...] à l'usage des dames* (Paris: chez l'auteur, 1785).
[157] Dolce, *Dialogo* [1547], fol. 4ᵛ.
[158] Vives, *The Education*, p. 50.

by putting one condition, namely that she can interrupt him, when in need of clarification: 'voglio che 'l ragionamento si faccia con questa condizione: che a me sia lecito di dimandarvi la dichiarazione di tutto quello che io da per me non sarò bastante a intendere' (fol. 7ʳ). Nevertheless, Dorotea's contribution is made up of interventions, which are, if not infrequent, at least short. Her *institutione*, and that of Lauretta, and of women in general, is the object of discussion, but the subject of this discussion is a male speaker. Rather than a genuine dialectical exchange, the *Dialogo* seems like a monologue disguised as a dialogue. The balance of power in their conversation is skewed towards Flaminio's side. Flaminio is the tutor who teaches conduct, Dorotea is the pupil who learns conduct. Her speech utterances are, therefore, expressions of agreement with what is being said, or of encouragement, eagerness to know more, or appreciation for what Flaminio is doing:

> Bello è questo primo avvertimento et tanto più necessario, quanto alcune vi pensano meno. (fol. 10ᵛ)
>
> Né questa certamente è parte che si debba trappassare con gli occhi chiusi. (fol. 10ᵛ)
>
> Quei che dicono mal delle donne non debbono averne letto né inteso la eccellenzia di niuna di queste. (fol. 19ᵛ)
>
> Ma avrei caro d'intender quai libri vorreste che fossero letti da lei. (fol. 21ʳ)

Dorotea's limited role is consonant with Renaissance dialogues that feature both male and female speakers, Castiglione's *Cortegiano*, of course, being a case in point.[159] The gendered interaction between Flaminio and Dorotea becomes more evident if we compare, for example, what Dolce does in another work, mentioned earlier, the *Dialogo [...] de i colori*, in which the interlocutors are two male characters, Mario and Cornelio, whose interaction also begins *in medias res*. We saw earlier how women were exploited in vernacular dialogues as stands-in for a wider unschooled audience. But men too could serve this effect if there is a suitable pretext to justify their lack of acquaintance with a particular topic.[160] In the *Dialogo [...] de i colori*, Cornelio has the role of expounding the subject matter, following the request by Mario, at the beginning of the dialogue, who is keen to learn 'che cosa sia colore, quante sorti di colori si trovino, e la proprietà e significato loro'.[161] Dolce adopts a narrative device that is similar to that used

---

[159] On women speakers in Renaissance dialogues, see Virginia Cox, 'Seen but not Heard: The Role of Women Speakers in Cinquecento Literary Dialogue', in *Women in Italian Renaissance Culture and Society*, ed. Letizia Panizza (Oxford: European Humanities Research Centre, 2000), pp. 385–400; ead., 'The Female Voice in Renaissance Italian Dialogues', *Modern Language Notes*, 128 (2013), 53–78.
[160] Cox, *The Renaissance Dialogue*, p. 46.
[161] Dolce, *Dialogo [...] de i colori*, fol. 6ᵛ.

in the case of Flaminio and Dorotea. Cornelio, 'che di ciò si [è] dilettato molto' will paraphrase the content of a 'libricciolo [...] latinamente scritto' for the benefit of Mario, who does not know the language:

> Essendomi venuto questi dì alle mani un libricciolo tra molti che ne ho altre volte di diversi letto, così antichi, come moderni, di Messer Antonio Tilesio da lui latinamente scritto, il qual T[i]lesio [...] scrisse in questa materia assai acconciamente, valendomi di quanto così alla sfuggita potrò ricordarmi [...]. Il che farò [...] non solo per gradire al tuo disiderio, come persona ch'io ami molto, ma eziandio per il diletto che io ne prendo quante volte ne ragiono.[162]

The reference is to the *De coloribus libellus*, published in 1528 by Antonio Telesio (1482–c. 1533), from Cosenza.[163] Throughout the text, Mario's role is similar to Dorotea's in as much as both depend upon the authority and explanations of other speakers owing to their ignorance of Latin. Towards the end of the dialogue, Mario even explicitly asks Cornelio to translate and explain ('dichiarare'), some Latin verses into the vernacular for him.[164] Yet Mario is allowed more active participation in the dialogical exchange with Cornelio than Dorotea is with Flaminio. He is given occasional longer speeches,[165] and is at times also granted more articulate and knowledgeable interventions. The nature of Dorotea's participation in the *Dialogo*, on the contrary, reflects not only her limited knowledge, but also her gender.

Pleasantly installed in beautiful surroundings, Dorotea and Flaminio are ready to begin their conversation:

> Dor. Incominciate, che io v'attendo con gran desiderio.
> Fla. Riputate, adunque, che, parlando io, parli questo libro.
> Dor. Anzi, io istimerò che questo libro sia mutolo et che in sua vece ragioniate voi, sì come quello che, se pure esso parlasse, solo (rispetto a me) intendete il suo linguaggio. (fol. 7ʳ)

From this moment on, Flaminio's voice takes over and Dorotea is only heard briefly. What Flaminio will talk about is a 'bella materia', as nothing is more useful than 'insegnar virtù et onesti costumi alla donna' (fol. 7ʳ). Until then, continues Flaminio, nobody had written on the topic of how to 'allevare, accostumare et

---

[162] Ibid., fols 6ᵛ–7ʳ.
[163] Antonio Telesio, *Antonii Thylesii Cosentini Libellus de coloribus. Ubi multa leguntur praeter aliorum opinionem* (Venice: Bernardino Vitali, 1528). Another of Dolce's dialogues draws from a Latin text by another author, namely his *Dialogo [...], nel quale si ragiona del modo di accrescere e conservar la memoria* (Venice: Giovanni Battista Sessa et Melchiorre Sessa, et fratelli, 1562), which is a loose paraphrasis of the *Congestorium artificiose memorie* by Joannis Romberch de Kyrspe of 1533.
[164] Dolce, *Dialogo [...] de i colori*, fols 85ᵛ–86ʳ.
[165] See, for instance, ibid., fols 12ᵛ, 22ʳ⁻ᵛ, 24ᵛ, 25ᵛ–26ʳ, 68ʳ⁻ᵛ, 69ʳ⁻ᵛ, 78ʳ⁻ᵛ, 81ʳ⁻ᵛ.

ammaestrare una femina' (fol. 7ᵛ), except for the author of the Latin book he has been reading.¹⁶⁶ Just like the education of a future orator begins at the cradle, from the very first days of life, so the education of the young girl must begin 'non pure dagli anni teneri, ma ancora dal latte stesso' (fol. 8ʳ), with the father making sure he chooses for his daughter a good wet nurse, physically and morally sound.¹⁶⁷ Ideally, though, it should be the mother who breastfeeds the daughter, so as to reinforce the bond between them, and to avoid the possibility of the child's 'complessione' being spoilt for life by the vices and defects of the wet nurse herself. Once weaned, a number of other considerations must be in place for the proper upbringing of the little girl. Stylistically, Dolce makes use of a number of negative imperatives and exhortatives to list the prescriptions to be observed, as is the case with other texts on conduct of the time. First of all, the little girl should only play with girls her age, under the supervision of the mother, the wet nurse, or of another sensible woman. She should avoid playing with little boys. A second consideration is linked to her games, which should be 'quasi un abbozzamento di tutta la vita che dèe tenere casta et virtuosa donna' (fol. 10ᵛ). The toys she plays with should be, rather than dolls, the 'strumenti di tutte le bisogne della casa, in certa picciola forma, come li veggiamo in legno e in diversi metalli ridotti' (fol. 11ʳ), in preparation for her future adult life as spouse and mother. Similarly useful and to the point should be the 'favole' she is being told, which ought to be 'oneste, ingeniose et esemplari' (ibid.), and elicit positive and useful virtues in her. A third, and more important, consideration, Dolce has Flaminio stipulate, is to make sure everybody acts and behaves appropriately in the presence of the little girl, avoiding 'alcun atto men che onesto' or 'parola [...] lasciva' or 'inconsiderata' (ibid). Exposing her to this kind of behaviour will ultimately result in corrupting her nature for good. To reinforce this view, Dolce resorts to a nautical simile taken from everyday Venetian life, one instance in which, as we

---

¹⁶⁶ Vives himself writes in the preface to the *De institutione*, addressing Catherine of Aragon: 'I have endeavored to write something for Your Majesty on the education of a Christian woman, a subject of paramount importance, but one that has not been treated hitherto by anyone among the great multitude and diversity of talented writers of the past' (Vives, *The Education of a Christian Woman*, p. 45).

¹⁶⁷ The theme of breastfeeding and the importance of the choice of the wet nurse is a common one in conduct literature texts. On ideas about breastfeeding across the centuries, see Valerie Fildes *Breasts, Bottles, and Babies: A History of Infant Feeding* (Edinburgh: Edinburgh University Press, 1986; ead., *Wet Nursing: A History of Infant Feeding* (Oxford: Blackwell, 1988). See also Sara F. Matthews Grieco, 'Breastfeeding, Wet Nursing and Infant Mortality in Europe (1400–1800)', in *Historical Perpectives on Breastfeeding: Two Essays by Sara F. Matthews Grieco and Carlo A. Corsini* (Florence: UNICEF, 1991), pp. 15–62. On the social and cultural implications of the institution of the 'baliatico', see Christiane Klapisch-Zuber, 'Genitori naturali e genitori di latte nella Firenze del Quattrocento', *Quaderni storici*, 44 (1980), 543–63. On the question of breastfeeding and the transmission of language, Sanson, *Donne, precettistica e lingua*, pp. 135–44.

saw earlier, he replaces Vives's own examples from British or Spanish life, or more exotic traditions, with new ones that would have been more familiar to his own readers. Just as the Venetian 'maestri delle navi' build their ships 'con maestrevole intessitura', making them completely watertight, so should the dutiful father operate 'nel faticoso componimento dell'animo della figliuola', blocking the way to the many 'scelleratezze' that could corrupt the soul (fol. 11ᵛ).

The little girl should be praised for the good things she does, but never spoilt. In this the father should make sure he acts like a wise prince, treating his own house and family 'simile a una republica' (fol. 12ʳ), of which he is the ruler. He should be fair to everyone, not exceed in being too strict or too benign towards his children (that is, his 'subjects'), choosing a middle ground 'per il quale sia di pari temuto et amato', keeping in mind that 'se è da peccare in uno di questi due è men dannoso peccare nella severità che nella piacevolezza, perché questa corrompe et quella ammaestra' (fol. 12ᵛ). Machiavelli's political theory is applied here to family life.[168] Discipline can, and must, rule the girl's upbringing: 'è utile che la figliuola spesso pianga et s'attristi, essendo fanciulla, perché ella possa ridere et viver lieta, quando sarà attempata' (fol. 12ᵛ). The harshness of this consideration, from our own perspective, must be interpreted against a cultural and social background in which strict educational methods were acceptable and in which attention to, and perception of, childhood was different than our own. It was commonly believed that obedience and respect towards parents should be based upon reverential fear. This is also because children's discipline and submission to their mother and father ensured reverence and submission to God. In this respect, resorting to discipline in educating children should be understood as motivated in fact by love, given that, together with corporal punishment, it was seen as ultimately beneficial to children and some sort of pre-requisite for their salvation and protection from sin.[169]

Using his unacknowledged source, Flaminio continues to draw and paint, in words, the education of the young girl: 'Tirate queste prime linee, veggiamo di ombreggiare et di colorire il nostro dissegno' (fol. 12ᵛ). When she reaches the age when she should acquire literacy (aged seven, according to some moralists, or four-five, according to others), the father should consider two important goals,

---

[168] See below, Book I, n. 22.
[169] Alison P. Coudert, 'Educating Girls in Early Modern Europe and America', in *Childhood in the Middles Ages and the Renaissance: The Results of a Paradigm Shift in the History of Mentality*, ed. by Albrecht Classen (Berlin: de Gruyter, 2005), pp. 389–413. In Guasco's 1586 *Ragionamento*, mentioned earlier, the author admits to the use of discipline and physical punishments while educating his young daughter Lavinia: 'mi assicuro d'essere stato da te tenuto per lo più importuno e forse tiranno padre che mai figliuola avesse, chiedendoti io ad ogni ora stretto conto di quello che tu facevi [...] ammonendo, gridando, minacciando e talor percotendo' (fol. 5ʳ). See on this point Sanson, 'Introduzione', in Guasco, '*Ragionamento*', pp. 61–99 (p. 104).

that is, education to religion and education to managing the household. With these in mind, he should guide and tailor her learning, focusing upon 'discipline virtuose' and 'essercizi che convengono a chi ha da essere donna di famiglia' (fol. 12^v). These in turn should comprise 'la cognizion di Dio et dell'onesto', both in relation to the 'componimento dell'anima' and the 'azioni del corpo'. The 'esercizi' will comprise 'il governo' (which will be dealt with when discussing the married woman, he specifies) and 'i lavori' (ibid.). Flaminio's approach to Vives's text, we can see here, is very practical and tends to clarify and simplify the content for Dorotea, by clearly subdividing it into subtopics. The young girl needs to devote herself also to 'il filo et la lana' (fol. 13^r), irrespective of her social class. If, in present times, only 'femine di basso grado' seem to devote their time to spinning, this was not the case in ancient times, when this was one of the main occupations of noblewomen too (a roll call of exemplary figures follows in support of this idea). Idleness must be avoided at all costs. The girl should be trained in all household chores, 'adornare una camera, acconciare un letto, far che tutte le masserizie famigliari siano divisate con ordine et a' luoghi loro' (fol. 14^v), as well as learning to cook and present dishes. By so doing, she will be better prepared to run and manage her household because she will be familiar, firsthand, with all that it implies.

Her training also extends to her soul and her mind and Flaminio openly admits that his view on this specific point will differ from what is commonly accepted: 'si suole dal volgo communemente avere in sospetto le donne letterate, come che alla malizia naturale se ne aggiunga l'artificiale' (fol. 15^r). Adopting Vives's own approach to the issue, Dolce too dispels the prejudice against learned women. In fact, knowledge makes women stronger, 'togliendo all'un sesso et all'altro la cognizione che io dico, è come disarmare un soldato et lasciarlo in potere de' suoi nimici' (fol. 15^v). If the belief is that education is a 'danno' for women, then they should just as well be left in total solitude, and 'alcuna favilla d'ingegno' (ibid.) should be crushed, while they should be treated as beasts without intellect. On the contrary, 'dalle lezioni delle buone lettere s'impara a sprezzare il vizio et si scorge la via ch'a buon fine dirittamente conduce' (fol. 16^r). As usual, a list of learned, and virtuous, women follows to bolster the argument presented. They are figures from the Greek and Latin world, as well as contemporaries, from Spanish and Portuguese queens to Italian women, including the ever-present Vittoria Colonna and Veronica Gambara, and other illustrious names.

To reinforce his statement on the importance of proper instruction to protect women's chastity and integrity, Dolce, like Vives, believes that the little girl should be placed under the guidance of a good teacher, possibly a woman, or otherwise a man of a certain age and happily married (so temptation will not overcome him). She should learn to read, by making use of 'alcuni libretti santi et ripieni di ottimi ammaestramenti', in order to acquire 'insieme gli elementi delle lettere et le regole della bontà' (fol. 20^v). As for learning to write, she should not be given 'per essempio alcun verso vano o ripieno di malo odore', but on the contrary 'qualche brieve sentenzietta raccolta o dalle lettere che detto abbiamo o da precetti de' buoni filosofi, acciò che ella, scrivendola molte volte, la imprimi et conservi nella memoria' (ibid.). Whereas a man needs to have a wider knowledge that includes 'la cognizione di più discipline', having to provide for himself, his family, as well as 'il bene della republica o del suo prencipe et parimente degli amici', a woman, who has no public role and does not have to 'tener scola o disputar tra gli uomini' (fol. 20ᵛ), should limit her learning mostly to moral philosophy, which will later assist her in ruling her household. Dorotea intervenes at this point, remarking that: 'Fin qui io vi veggo formare una fanciulla, che potrebbe esser bastante a governare un regno, nonché una casa privata' (fol. 21ʳ). She considers that the 'istruzioni' Flaminio has been presenting to her are fit for a princess,[170] rather than for an ordinary woman destined to rule only her own household. Dorotea's observation seems tongue-in-cheek on the part of Dolce, because the 'istruzioni' are indeed, in a sense, fit for a princess, considering that Vives's had actually composed the *De institutione* for the benefit of Princess Mary.

Dolce follows therefore Vives in adopting what seems to be a more liberal view than usual on the question of women's learning. In modern terms, the *Dialogo* and the *De institutione* are still fundamentally traditionalist, considering that the underlying assumptions concerning women's nature in both works reflect the predominant Aristotelian doctrine of women's inferiority.[171] Yet we saw earlier that one of the distinctive elements of the Spanish humanist's treatise is the attention he devoted to the instruction of the young girl and its importance for the improvement of her morals: suitable learning will help her distinguish between evil and good, and preserve her chastity, the embodiment of all female virtues. To reinforce his point, Vives offers a review of past ages and points out that there were no learned women in history who were unchaste.[172] He then proceeds to discuss which writers, Latin and vernacular, the young girl should and should not read. The many chivalric works in prose and poetry popular in Spain are the most pernicious and unbecoming of all readings, whereas selected Greek and Latin authors are deemed cultivated and refined, and the Scriptures, the Fathers of the Church, together with Plato, Cicero, and Seneca are commendable.[173]

---

[170] In *De ratione studii puerilis*, Vives suggested a number of texts to be read which seem to indicate that he was aware of the fact Mary might one day have ruled: among these, we find Plato's dialogues on the government of the state, More's *Utopia*, Erasmus's *Education of a Christian Prince*, the Scriptures, the Fathers of the Church, Cato's *Distichs*, Publius's *Mimes*, and Erasmus's collection of the *Sentences of the Seven Sages* (Fantazzi, 'Introduction', p. 13).
[171] See on this Ian Maclean, *The Renaissance Notion of Woman: A Study in the Fortunes of Scholasticism and Medical Science in European Intellectual Life* (Cambridge: Cambridge University Press, 1980).
[172] Vives, *The Education*, pp. 63–72.
[173] Ibid., pp. 73–79.

It is therefore not surprising that, when Dorotea asks Flaminio to know more about the instruction of the young girl and the books that are suitable to read, his list reflects the innovative position upheld by Vives, although adapted to the Italian literary context and readership.[174] First of all, the young girl should read the Old and New Testaments, with the Fathers of the Church Ambrose, Augustine, and Jerome acting, when needed, as 'espositori' of the Scriptures. She can also read Plato, Seneca, and all those philosophers 'dai quali si possono ritrar santi et onesti costumi' (fol. 21ʳ). A father should not be so strict that he does not allow her to read 'quei libri che il nome prendono dalla umanità'(ibid.), as these provide honest and virtuous entertainment. Or at least, she should have access to some selected authors. Among the Latin ones, there are some that are not suitable for honest women and should be avoided. But she can read Virgil (almost all of his works) and Horace, in his chaste parts only. The Christian poets Prudentius, Prosper, Juvencus, and Paulinus are also good readings. Among modern authors, the religious works of Jacopo Sannazaro and Marco Girolamo Vida have a seal of approval. In prose, all works by Cicero, as well as those of other Roman historians such as Livy, Sallust, Quintus Curtius Rufus, and Suetonius are strongly encouraged. As for books in the vernacular (a particular concern of Dolce, one would imagine, as editor and promoter of vernacular works himself), for the sake of the girl's morals, chivalric romances are poisonous and off the list.[175] So is, expectedly, Boccaccio's *Decameron*. Petrarch and Dante are instead praised as commendable readings, both for their subject matter — the former is a model of chaste and honest love, the latter a lesson in Christian philosophy — and for their use of the Tuscan language. In the 1547 revised edition, it must be pointed out, Dolce updated the list of suitable vernacular books to include Pietro Bembo's works, Sannazaro's *Arcadia*, as well as Sperone Speroni's *Dialogi* (1542), and Castiglione's *Cortegiano*, which, as we saw earlier, Dolce himself had edited for Giolito in 1552. All these works, he contends, are morally suitable and also offer women 'un modo di dire se non del tutto toscano, almen puro, illustre et senza alcuna affettazione'.[176]

---

[174] On women readers and books in Early Modern Italy, see Tiziana Plebani, *Il 'genere' dei libri: storie e rappresentazioni della letteratura al femminile e al maschile tra Medioevo e età moderna* (Milan: FrancoAngeli, 2001); Xenia von Tippelskirch, '"… si piglino libri che insegnino li buoni costumi …": la lettura femminile e il suo controllo nella precettistica della prima età moderna', *Schifanoia*, 28-29 (2005), 103-19, and ead., *Sotto controllo: letture femminili in Italia nella prima età moderna* (Rome: Viella, 2011).
[175] Ariosto's *Orlando* was deemed unsuitable for the female sex, but that did not stop women from reading it. See Sanson, *Women, Language and Grammar*, pp. 55-56. See also Virginia Cox, 'Women as Readers and Writers of Chivalric Poetry in Early Modern Italy', in *Sguardi sull'Italia: miscellanea dedicata a Francesco Villari dalla Society for Italian Studies*, ed. by Zygmunt Barański, Gino Bedani, Laura Lepschy, and Brian Richardson. Society for Italian Studies, Occasional Papers, 3 (Leeds: Society for Italian Studies, 1997), pp. 134-45.
[176] Dolce, *Dialogo* [1547], fol. 19ʳ⁻ᵛ. See below, Book I, n. 86.

This specific attention to the nature of the vernacular, together with the list of suitable Latin authors presented by Flaminio, raises the interesting question of the language in which these texts, suitable for the girl to read, were written. Dolce's brief remark on Tuscan in the pages of the *Dialogo* is a trace of the linguistic debates of the *Questione della lingua*, with which he was all too familiar. Dolce has Flaminio explain that there are two languages in their time, Latin, the ancient one, and the vernacular, the modern one. The classical language is necessary to access the knowledge inherited by the great authors of the past. The vernacular is used in speaking or writing to express one's thoughts. This is, of course, a simplification of the actual linguistic situation of the peninsula in the Cinquecento. The language commonly used in speaking was one's own vernacular; the literary language was based on the language of the great Trecento authors as codified by Pietro Bembo (and as such it was a language that was not naturally acquired from birth but needed to be learnt and studied). Meanwhile, Latin continued to be an important language of culture and was of course the language of the Church.

As we have seen, women were usually excluded from the study of the classical language: Dolce does not say anything explicitly on this point, but implicitly admits the study of the classical language for the female sex, if we consider that some of the Latin authors and writings he recommends for the young girl were actually not available yet in vernacular translation by 1545. For example, if some of Augustine's works already had a vernacular translation in print, this was not the case for Ambrose. The Florentine printing presses of Lorenzo Torrentino only gave out his *Gli uffici* [...] *tradotti in volgar fiorentino* in 1558 (also rendered as *Uffici libri tre: tradotti in lingua toscana*) and his *Essamerone* [...] *tradotto in volgar fiorentino* in 1560. The *Sermoni* were published in Turin in 1581 by Lorenzo Bevilacqua. Similarly, the vernacular translation of Iacopo Sannazzaro's *De partu Virginis: Lamentatio de morte Christi* (1526) was only published in 1552, and Vida's *Christiados libri sex* (1535) only in 1573.[177] And, as is well known, vernacular translations of the Holy Scriptures were banned during the Council of Trent. Knowledge of Latin, Dolce seems to imply, can therefore be conducive to the preservation of chastity and have an edifying outcome. Knowledge of Greek, though, would be too much to impose on women's minds: 'La greca io lascio da parte, sì per non metter così gran peso sopra le spalle delle donne' (fol. 21ᵛ).

This type of literary instruction should not make the young girl forget her main duties when, in the future, she gets married, whichever social class she belongs to. After stressing the paramount importance of prayers and religion, Flaminio moves on to the all-important topic of preserving 'virginità', both in body and in soul (fols 22ᵛ–26ᵛ). The theme of chastity, women's most important ornament, is a subject Dorotea is very keen to learn more about. She actually asks Flaminio

---

[177] See below, Book I, n. 83.

to either write about it, or, if it has been dealt with already by somebody else, that he would present it in a manner that women can easily read and understand: 'Molto mi sarebbe caro che vi venisse desiderio di scriver questo ragionamento o, se il soggetto è scritto da altri, vi disponeste a ridurlo in forma che potesse esser letto et inteso da tutte le donne' (fol. 22ᵛ). This oral exchange between the two characters reflects a certain interaction between Dolce and his readers, while acting also 'as a kind of fictional shadow to the literary transaction between the reader and the text'.[178] What Dorotea suggests is of course what the Venetian polygraph had actually done in real life by publishing Vives's *De institutione* in its vernacular translation for the benefit of all women.

In dealing with the topic of chastity, Dolce follows closely Vives, a main source of the Spanish humanist's almost obsessive insistence on the subject being in turn Jerome's *Against Jovinianus*, in which virginity is exalted over marriage. Preserving the girl's moral and physical integrity entails first and foremost preserving the reputation and honour of her entire family before friends, acquaintances, and the community. A slight blemish on her honour, and this is a point to which Flaminio returns in Book II, will cause great sorrow: fathers and brothers in ancient times killed their daughters and sisters for such reasons. To support the point he is making, Flaminio also recounts a recent event, which he heard about from Messer Lodovico Pigna,[179] whereby two brothers, having discovered their sister was pregnant before getting married, killed her as soon as she had given birth. Nothing is indeed more odious than an unchaste woman and as such she deserves the most severe of punishments. A worthy man must embody a whole range of qualities. Not a woman. She does not need eloquence nor 'sottile ingegno' (fol. 26ʳ), nor the ability to govern a republic. She needs only chastity. Once she has lost it, she has lost everything.

From this moment on, Flaminio follows step by step the upbringing of the young girl to preserve chastity in body and mind. When the girl approaches puberty, a number of rules must be in place for her protection. She should not hear, see, or think anything unbecoming that might corrupt her, but rather focus her mind on reading the books he previously listed. She should live her existence in the name of moderation, 'mediocrità' (the well-known *ne quid nimis* of the ancients). She will, therefore, be moderate in her eating and drinking habits, avoid any food that could burden her intellect or suscitate lust, but also refrain from too much fasting. Wine is not prohibited, 'essendo oggidì commune all'un sesso et all'altro', and because of its beneficial effects health-wise (fol. 27ʳ⁻ᵛ).[180] Her bed

---

[178] Cox, *The Renaissance Dialogue*, p. 5.
[179] Readers are thus made aware that this is an addition to the content of the 'libro', one instance of *narratio obliqua* involving a real speaker.
[180] Food and wine are two topics Annibal Guasco touches upon in his 1586 *Ragionamento* for his daughter Lavinia. See on this point Sanson, 'Introduzione', in Guasco, '*Ragionamento*', pp. 85–86. See also on the topic of food and wine, and women, ead., 'Women, Culture and

should be comfortable, but not sumptuous, and so should her clothes. Above all, he returns to this point once more, she must avoid idleness, the enemy of all virtues and the cause of all vices. No cards, dice, or board games for her. What follows is then a fiery tirade (all but uncommon in conduct literature texts) against all sorts of 'belletti' — 'biacca', 'sullimato', and 'argento vivo' — and the many other tricks women employ to appear more beautiful. Besides the corruption and decay they cause to the body, striving to modify the appearance God has given us is a sin. Dyeing one's hair, any excesses in hairstyles and accessories, as well as in one's clothes and jewellery, are also targeted in Flaminio's speech. Sumptuary laws across Italy (and in Venice too, we are reminded) precisely aimed at curbing such excesses,[181] and Flaminio, like other moralists and men of letters of the time, expresses his concern on the matter also from an economic point of view: 'Che dirò, infine, delle perle, delle gemme, delle catene d'oro et delle vesti raccamate, con rimesse, con fratagli et con fodere d'infinito costo?' (fol. 30ʳ). He is not saying the girl should not be dressed according to her social status, as this would otherwise bring disrepute to her family, but she should do so with decorum and modestia.

His rules and precepts directed at the girl's everyday life, in private and in public, are not over yet. The girl should seldom leave her house. When she does she should do so in the company of her mother, who must act as her guardian and should not bring her daughter 'a danze, a feste, a conviti' (fol. 31ʳ). In the streets, the girl should walk neither too fast nor too slow, covering her face, as unmarried women do in Venice, with a long veil, not looking at anyone, left or right, nor hoping to be looked at. Male company when alone is prohibited, even when a close relative.

Laughter is a sign of levity of mind, and so is speaking too much.[182] In this respect, once again, a woman should be guided by a golden mean, by which she should not speak too much or be too taciturn. But the adage is always the same: 'bellissima laude della donna è il silenzio' (fol. 32ᵛ). In fact, Flaminio's and Dorotea's conversational exchanges and interactions have as such also an intrinsic performative value. Flaminio does not actually need to play out an act of persuasion. His is rather an exposition, because Dorotea is not granted the possibility of retorting if she disagrees — which, of course, she does not. She listens, accepts the content of what is essentially a closed monologue, and gratefully

---

Conduct at Carnival Time in Annibal Guasco's *Tela cangiante* (1605)', *Letteratura italiana antica*, 16 (2015), 551–76.

[181] There is a rich bibliography on the subject. See, for instance, Catherine Kovesi Killerby, *Sumptuary Law in Italy, 1200–1500* (Oxford: Clarendon Press, 2002).

[182] On laughter in sixteenth-century conduct texts, see Helena Sanson, 'Donne che (non) ridono: parola e riso nella precettistica femminile del XVI secolo in Italia', *Italian Studies*, 60 (2005), 6–21.

congratulates him. According to the rules that regulate women's speech, as set out in the *Dialogo* itself, Dorotea's conduct in conversation is a model her female readers should imitate and Dorotea herself an *exemplum vitae*, however fictional. This is also perhaps why, in his revised 1547 edition, Dolce decides to dedicate to women's speech and the importance of silence a much longer section, in which he follows not only Vives, but also more general commonplaces and beliefs that recur in other Cinquecento conduct texts.[183] Flaminio's final remark on the type of vernacular the young girl should learn to speak is, of course, further indication of Dolce's own interest in the *Questione* issues: she should use the 'favella [...] propria et natìa della città', adopting the 'uso civile' rather than 'quello del popolo',[184] and must avoid at all costs the affectation, and the ridicule, that comes from wanting to imitate Tuscan, just because she has some familiarity with Petrarch's verse or Boccaccio's prose. Despite Dolce being a promoter of the Trecento Tuscan-based literary vernacular in his editorial work and his own writings (even though, as we saw earlier, his views on language accepted also forms used in other parts of the peninsula), like other theorists and men of letters of Cinquecento Italy he did not necessarily approve of that same vernacular being used in everyday speech.[185]

Before moving on to '[la] creanza della maritata' (fol. 37^v), which will be the topic of the second day, Flaminio decides to deal with the important question of the choice of a suitable husband, and with all that precedes the moment she enters into the conjugal home. Choosing a spouse with whom the young woman will peacefully share the rest of her life will be her father's responsibility and she will duly accept his decision.[186] But Flaminio warns fathers to consider the good of their daughters and not only their personal benefit and gain in making political or economic alliances with other families. Although his wealth should not be the main criteria for choosing a son-in-law, Flaminio, with a pragmatic approach, insists on the need for the future husband to be able to adequately provide for his family. Physically, he should be neither too young nor too old, he should be in good health, and, possibly, handsome. He should also be 'uomo di chiaro intelletto, prudente, letterato et buono' (fols 34^r–35^r), the crucial quality here

---

[183] See below, *Dialogo*, Book I, n. 111. Conduct literature texts often touch upon the topic of female garrulity and the need for women to control their tongue. See Sanson, *Donne, precettistica e lingua*, pp. 77–131. Specifically on women and silence, see ead., 'Ornamentum mulieri breviloquentia: Donne, silenzi, parole nell'Italia del Cinquecento', *The Italianist*, 23 (2003), 194–244.

[184] Dolce, *Dialogo* [1547], fol. 30^v.

[185] Affectation in language was often deemed to be a typically female habit. See on this, Sanson, *Donne, precettistica e lingua*, pp. 169–77. For a discussion of the role of spoken Tuscan in the *Questione* debates, see Brian Richardson, 'Gli italiani e il toscano parlato nel Cinquecento', *Lingua nostra*, 48 (1987), 97–107.

[186] It may be useful to remember here how Fronimo in the *Dialogo del modo di tor moglie* speaks against the custom of arranged marriages (fol. M1^r).

being 'letterato'. Dolce had already stressed the same point in his *Dialogo del modo di tor moglie*, in which considerations of age and health went hand in hand with the need for the husband to be 'nobile sopra tutto et letterato quanto si convenga et savio per sé et per altri'.[187] Good and sound knowledge of 'lettere', in both men and women, as mentioned earlier, will not only act as a guarantee of good morals, but, and in this Dolce takes Vives's reasoning a step further, will extend its benefits from the domestic to the public context: 'se io desidero le lettere, Signora Dorotea, nell'un sesso et nell'altro, non ve ne fate maraviglia, perché dalla cognizion di queste s'impara [...] il diritto governo della vita civile' (fol. 35^r).

After developing in detail the bliss and comforts of a marriage based on 'conformità di natura et di costumi' (fol. 34^r), Flaminio adjourns their discussion about marriage to the following day, because dusk is approaching. The 'libro' makes a last appearance and so does the question of the 'authorship' of what is being presented, which Dorotea attributes to Flaminio himself — 'Io credo che 'l libro sia dettatura di voi, poiché ne parlate così bene' — only to see Flaminio, in this continuous shift of roles, acknowledge the unnamed Vives: 'se pure la vostra cortesia volesse esser tenuta ad alcuno, siatene a questo libro' (fol. 37^v).

Book II: 'Della instituzion della maritata'

The theme of marriage was discussed throughout the century in a variety of literary texts, lay and religious, in verse and in prose, in all genres, from satires to short stories, from plays to works on conduct.[188] The second book of Dolce's *Dialogo* is dedicated more broadly to the subject of marriage and, more specifically, to the conduct of the married woman, her husband making only fleeting appearances as a rather abstract figure of devotion and object of obedience.

The book opens with Flaminio and Dorotea meeting in the garden they had overlooked the day before from the window of what we understand must be Dorotea's house. The beauties of the garden, rich and luscious in fruits, flowers,

---

[187] Ibid., fol. I^r.
[188] See Angelo Turchini, 'Dalla disciplina alla "creanza" del matrimonio all'indomani del concilio di Trento', in Zarri (ed.), *Donna, disciplina, creanza cristiana*, pp. 205-14; Brian Richardson, '"Amore maritale": Advice on Love and Marriage in the Second Half of the Cinquecento', in Panizza (ed.), *Women in Italian Renaissance*, pp. 194-208. See also Maria Fubini Leuzzi, 'Vita coniugale e vita familiare nei trattati italiani tra XVI e XVII secolo', in Zarri (ed.), *Donna, disciplina, creanza cristiana*, pp. 253-67. On marriage in Italy, Gabriella Zarri, *Recinti: donne, clausura e matrimonio nella prima età moderna* (Bologna: Il Mulino, 2000); *Marriage in Italy, 1300-1650*, ed. by Trevor Dean and Kate J. P. Lowe (Cambridge: Cambridge University Press, 2002).

and colours, explains Flaminio, 'mi rinfrescano nella memoria quel piacere che io soleva prendere alcuna volta degli onesti ragionamenti della mia Camilla' (fol. 38^r). The identity of Camilla is not developed in the text, although the reference to a pleasant time of 'ragionamenti' now past seems to indicate that she might have been Flaminio's wife, but is now dead, so he too is a widower. This makes him an even more suitable interlocutor with whom to discuss the 'creanza della maritata', having had direct experience of married life. It also makes his presence in Dorotea's house more morally acceptable and their 'ragionamenti' therefore more 'onesti'.

Dorotea's (and indirectly Lauretta's) new lesson in conduct begins. Drawing upon the narration in Genesis of the creation of man and woman, Flaminio immediately stresses one basic principle, the biblical 'They shall be two in one flesh', to which he then returns throughout the dialogue. Women were created by God to offer companionship and help to men, but marriage unites them so strongly that they become as one: 'l'uomo et la donna altro non [sono] che una carne stessa'; 'congiunti insieme, di due corpi divengon un solo'; 'è adunque l'ufficio del matrimonio congiungere il marito e la moglie con sì stretta unione che non siano più che uno et il fine è generare' (fol. 38^{r-v}); 'torno a dire che la moglie col marito altro non è che un corpo solo' (fol. 44^r). Vives too strongly emphasizes this principle in his *De institutione*. The Spanish humanist's view in this respect is that God wanted man to have a living partner who was like him in mind and body, with whom he could converse and spend life in a suitable and agreeable manner, and, if he so desired, also produce offspring. If the teaching of the Fathers of the Church insisted on procreation as the aim of marriage, Vives stresses community of life and companionship:[189] 'marriage was instituted not so much for the production of offspring as for the community of life and indissoluble companionship'.[190] According to Flaminio's views on marriage in the *Dialogo*, procreation, quelling concupiscence, and unity in one flesh go hand in hand. Flaminio backs up his statements on the question by providing the definition of marriage given by the Venetian humanist Francesco Barbaro in his tract *De re uxoria*, to which I shall return, originally composed in 1416 as a gift for Lorenzo di Giovanni de' Medici (1395–1440), brother of Cosimo, on the

---

[189] In *De officio mariti*, Vives changes his view and, aligning himself more with Patristic positions, sees the main goal of marriage as procreation, as well as the quelling of concupiscence (Fantazzi, 'Introduction', p. 20). See Vives, *De l'ufficio del marito*, fol. 12^v: 'La fine del matrimonio è l'aver figliuoli et il vivere insieme'.

[190] Vives, *The Education of a Christian Woman*, p. 175. The views expressed by the humanist Erasmus, with whom Vives shared a friendly correspondence, in the *Christiani matrimonii institutio* ('The Institution of Christian Matrimony') — composed in 1524 at the request of Queen Catherine of Aragon and published in 1526 — pay pragmatic attention to legal issues by considering marriage as a lawful and perpetual union between a man and a woman, aiming at begetting offspring, and involving a partnership of life and property.

occasion of his marriage to Ginevra de' Cavalcanti: 'il matrimonio [è] un perpetuo congiungimento di uomo et di donna, ordinato per cagione di crear legitimamente figliuoli et di fuggire adulterio' (fol. 39^v). But neither Dolce, nor Vives, interpret 'unity' as meaning in any way 'equality'. On the contrary, there is a clear, incontrovertible, and unquestionable hierarchy between husband and wife: 'al marito appartiene il comandare e a lei l'ubbidire è richiesto' (fol. 40^r). This is the very essence of marriage: 'né altro si può dire [...], se non che 'l marito et la moglie col legame del matrimonio divengono un corpo solo et che di questo corpo il marito è il capo' (fol. 40^v).

From this moment on, the teachings that Flaminio expounds to Dorotea follow Vives's text quite closely. The principles and advice offered, according to our views on the subject, make grim reading, the wife a totally subservient, submissive being, passively moulded around the needs and desires of her husband. Compliance leading to total obedience, leading in turn to veneration, defines her behaviour towards him. 'Castità' and 'amore verso il marito' (fol. 41^v) must be the driving forces and the two fundamental qualities of a good wife.[191] The former she will learn already in her father's house; the latter she must acquire as soon as she enters the conjugal home. The importance of chastity for the female sex is already discussed in Book I, but Dolce has Flaminio return to the subject, with specific reference to the married woman. In Vives, a lengthy and harsh, at times even virulent, section of his second book is indeed devoted to the question of the preservation of women's chastity in marriage and against the great offence of adultery. In Dolce, even though still a predominant concern, it is shortened and, partly at least, toned down. Were a married women to infringe the rule of chastity, the negative implications of such an act would be far reaching, given that she would offend God, cause 'ingiuria' to her husband, and subvert the very basis of society as a whole. An adulterous wife also corrupts her children, and puts at risk her family's possession. Her act is even more despicable than killing one's parents or prophaning sacred things. Are there any laws, wonders Flaminio, that are strict enough to punish such a terrible crime? As usual, *exempla* from the Bible and from classical antiquity abound in the text, as well as other examples from more recent times. They are meant to act as models to which women would want to aspire and at the same time as implacable reminders of the shortcomings and the shame of those who seemingly neglect their duties. Dolce makes a selection from among Vives's sources to make his dialogue more fluent and less cumbersome in this respect, at times also replacing Vives's *exempla* and anecdotes with his own examples, more suitable for an Italian readership. Among classical examples of chastity, and love and devotion to their husbands, Dolce decides to preserve, for example, Vives's own account, at times almost *verbatim*, of the extraordinary

---

[191] In the Latin original Vives uses *pudicitia*, a more appropriate term for married women, and *amor in virum summus* (Vives, *De institutione* [1538], p. 189).

deed of the virtuous Camma, wife of Sinatus (fols 45ᵛ–46ᵛ).¹⁹² Interestingly, Vives himself wrote in *De institutione* that he would closely reproduce the story in Latin from Plutarch's Greek, as it was not possible to improve on that version. Dolce seems to do the same with Vives. Among contemporary examples of *uxor fidelis*, Dolce retains the tale of the devotion of the spouses of Fernán González, count of Castile, and of Robert Curthose, duke of Normandy and son of William the Conqueror (fols 44ᵛ–45ʳ), but opts instead to leave out the long passage on the almost saintly devotion of Clara Cervent from Bruges for her husband Bernardo Valdaura (the parents of Vives's wife, Margaret Valdaura).¹⁹³ Earlier on, a young Venetian wife and a Florentine wife make their appearance in Flaminio's own exposition as witty models of conjugal virtue (fol. 42ʳ⁻ᵛ).

It is worth pointing out in this respect some interesting additions, made by Dolce at this point in Book II of the 1547 edition of the *Dialogo*, which further exemplify his way of adapting and reworking Vives's original treatise for his Italian readers. We find a reference to Canto XXIX of the *Orlando furioso* (of which, as we saw, Dolce was a strong promoter), and in particular to the episode of Isabella and Zerbino, as an *exemplum* of devotion, chastity, and conjugal love at its best, in which Isabella tricks Rodomonte into killing her, following the death of her beloved Zerbino.¹⁹⁴ This literary model is then further backed up by an episode of a similar nature that had occurred 'a' tempi de' nostri avoli nelle parti, se io ben mi ricordo, di Dalmazia',¹⁹⁵ concerning a woman called Brasilla, Dolce's source being, as he openly states, Barbaro's own *De re uxoria*. In fact, Dolce goes even so far as to indirectly imply that, just as he himself had (without proper acknowledgement) drawn his own work from Vives, so Vives had done in turn before him (again, without proper acknowledgement) with respect to Barbaro's tract. Dolce has Flaminio say that it is from this work that the Spanish humanist drew his *Istituzione cristiana*:

> ho letto, dico, una opera latina del Barbaro, che di sopra io addussi, dalla quale Lodovico Vives non solo ha tolto la maggiore parte della sua istituzione cristiana, ma alcuni altri ancora di gran nome si sono serviti del principio.¹⁹⁶

---

¹⁹² Vives, *De institutione* [1538], pp. 161–63; Vives, *The Education*, pp. 191–92.
¹⁹³ Vives, *De institutione* [1538], pp. 174–78; Vives, *The Education*, pp. 200–02. The exemplary story of his in-laws provides an unusual case of personal, first-hand experience: the young Clara Cervent had married a man forty years her senior who was syphilitic. See Fantazzi, 'Introduction', p. 21. In the *De institutione*, Vives also cited the exemplary accord of his own parents (Vives, *The Education*, p. 212). Dolce does not refer to his personal life and does not draw on his experience of marriage. About his wife Polonia, almost nothing is known, if not that they had met in the theatre world (Di Filippo Bareggi, p. 39).
¹⁹⁴ Dolce, *Dialogo* [1547], fol. 45ᵛ.
¹⁹⁵ Ibid., fols 45ᵛ–46ʳ.
¹⁹⁶ Ibid., fol. 45ᵛ.

Dolce's assertion is not unfounded, but it is certainly exaggerated, considering, as we have seen, the many other sources Vives wove into his text. Barbaro's *De re uxoria* (which in turn makes use of Xenophon's *Oeconomicus* in outlining wifely duties) had circulated in manuscript for a hundred years before its printed *princeps* in Paris in 1513, *ex Chalcographia Ascensiana*.[197] It is remarkable that Dolce seems to stress the debt that Vives had with Barbaro, without in the least openly mentioning his own towards the Spanish humanist. Although he at least finally includes in the *Dialogo* a reference to Vives's name and his treatise, this might have been a way of deflecting possible accusations of plagiarism that might have circulated in the Venetian context even before the clear statement made by Ruscelli in his 1553 *Tre discorsi*. If Vives's work was not original *per se* and had been so successful, then Dolce's too should not be blamed either, he may be implying.

So the *Dialogo* bears clear traces of Dolce's adaptation of the original text to his own readership. Not surprisingly, then, when Flaminio moves on to the question of the love of a wife for her husband, the principle found already in Vives that love in turn generates love is appropriately supported for Dorotea's benefit by Dante's own 'Amor, ch'a nullo amato amar perdona' (fol. 47ʳ), in Canto v of the *Inferno*. Based on this assumption, a 'good' wife, we learn, will have to carefully find a way to make herself appreciated by her husband. This can only be done if, in the first place, she understands his nature and personality and can thus better comply with his wishes and desires. Another nautical simile is used on this occasion. As on a ship, different sails are used for different winds and different weapons are used for different enemies, whether the Turks or the Moors, so in marriage a wife must 'con altre vele solcar l'onda' when needed, and what 'non l'è conceduto dalla sorte procurar d'acquistar con la industria' (fol. 48ʳ). In sickness and in health, she will unconditionally love her husband; in richness and in poverty, no matter what, her devotion must be dictated by love for his sake only. Irrespective of his ugliness, sickness, or shortcomings she must love and respect him. She owes obedience to God, but after God 'il marito è suo unico signore' (fol. 51ʳ). This love ought to be defined by reverence, obedience, and submission, not least because women are by nature weaker than men. Husband and wife are one thing only, but she is the body and he is the soul.

Concord in married couples is a topic Vives, and Dolce too, discusses at length. 'Concordia' between the two spouses is of paramount importance, but it is, above all, the wife's responsibility, given that by nature women are more choleric than

---

[197] A manuscript of the *De re uxoria* existed in Valencia and Vives must have had it before him, borrowing heavily from it especially in terms of the citations of *exempla* from Greek and Roman history, taken in turn from Plutarch and Valerius Maximus. Despite the correspondences between the two works, they also differ on ideological matters (Fantazzi 'Introduction', pp. 28–29).

men. To keep the peace, she must adapt herself to him in every aspect, accept everything he does, believe everything he says, and take on his qualities and state of mind: '[s]e è tristo, si dimostri trista, se allegro allegra' (fol. 52ᵛ). Concord, we understand, is preserved in essence by the wife being totally compliant and obedient. In practical terms, this implies, for example, that a wife must not attend church too often if this distracts her from her daily duties. She must pay particular attention not to offend her husband in any way or disagree with him in words. The anecdote of the anonymous wife of the Sienese Ercolano, who is beaten by him for years on the anniversary of her impudent attempt to voice disagreement, hints at the many stories of such tone and nature in Boccaccio's *Decameron*, with which an Italian readership would have been familiar. Concord is also preserved by a good wife by making sure that food is always ready at convenient times and always cooked to her husband's liking. She should do anything to please him. She must dress in a manner he approves of. She must always find something pleasant to do or say and comfort him when he returns to the marital home, which must be a peaceful haven for him, far from the trials and the tribulations of his everyday life outside the house. The longer section in Vives on the wife's conduct in private with her husband is drastically reduced in Dolce and all *exempla* and citations (for example, St John Chrysostom, Homer, Philip of Macedon and his wife Olympias, Trebellius Pollio, Hesiod, the biblical Rebecca, and several others) are omitted.[198]

Dolce moves on instead to the question of jealousy, once again reducing the amount of detail present in Vives on the same topic. A good wife must not, in any possible way, cause her husband to doubt her fidelity and devotion, and hence should never make him jealous. On the other hand, jealousy towards her husband is ill-placed and not acceptable. She must be ready to patiently tolerate his straying. Flaminio recalls to Dorotea how, the year before, he had heard the story of a young and beautiful wife who had allowed her husband to bring into their conjugal home his own lover (fol. 56ʳ⁻ᵛ).[199] Whereas Vives composed an entire section on the adornments of a wife, citing in support a number of Church Fathers or early Christian writers, such as Ambrose, Augustine, Saint John Chrysostom, Jerome, Tertullian, Cyprian, and Fulgentius,[200] Dolce dismisses it with a short 'circa al vestire può bastar quello ch'io dissi ieri in universale et in particolare lo aver poco dinanzi detto ch'egli sia tale quale aggrada al marito' (fol. 56ᵛ), and, instead, he has Flaminio discuss the more practical issues of the 'governo della casa et cura della famiglia' (fols 56ᵛ–57ʳ). After all, as Flaminio had specified earlier to Dorotea, the qualities a good wife must bring to the conjugal

---

[198] Vives, *The Education*, pp. 223–29.
[199] The story replaces Vives's Latin tale of Scipio Africanus the Elder's wife, Aemilia Tertia, and her patient acceptance of his attraction for a maidservant. Ibid., p. 233.
[200] Ibid., pp. 236–42.

home are not 'dote, danari, bellezza, o nobiltà', but rather 'la onestà, la castità, la bontà, la virtù, la obedienzia, la diligenzia nel governo della famiglia' (fol. 53ᵛ).

His 'ragionamento' then presents, as he openly acknowledges, a compendium of Book II of the pseudo-Aristotelian *Oeconomica*, in which the main topic is the correct administration of the household (in fact, it is Book III which discusses the role of the good wife as the mistress of the home). It is her responsibility to diligently preserve the family's wealth, that is, to diligently preserve what her husband has acquired. And whilst she herself may have brought wealth to the conjugal household, 'nondimeno di tutto il marito è padrone' (fol. 53ʳ). She must apply herself to the administration of her household and all relevant goods and properties, at all moments of the day, with the dedication and strategic acumen of a military leader: 'niuna parte della casa, niun luogo, niuna masserizia le sia ascosa, ma per tutto miri, per tutto consideri, per tutto indrizzi i passi [...] a guisa di capitano che 'l numero de' soldati spesse volte riguarda' (fol. 57ᵛ). The skills, abilities, and willingness in 'regger la casa' are just as important for a wife as her chastity and her love for her husband. Not to mention the fact that, busy in her daily tasks, she will not be tempted by mundane pleasures, vanities, and entertainments.

Time is running short. Flaminio only has four more hours to discuss marriage with Dorotea, but he is also keen to bring the topic to an end before the day is over. In practice, this means that the remaining pages of the *Dialogo* (fols 58ᵛ-62ᵛ), almost without any *exempla* or quotations, cram in the topics of the good wife's public behaviour, as well as her behaviour at home, and childcare, all of which are instead dealt with at greater length in Vives.[201] Concerning this last subject, Flaminio asks Dorotea to consider his teachings from the previous day, and hints at a future conversation they will have on the specific matter of educating sons: 'quelli [i figliuoli] allevi et ammaestri nella guisa che fu detto ieri; avegna che quanto ai maschi c'è da far distinzione et forse che di questi altra volta ne parlerò separatamente' (fol. 60ᵛ). A list of remarks on the wife's behaviour in public closes Flaminio's exposition on the married woman. There is no trace in the *Dialogo* of Vives's advice for twice-married women and stepmothers or for the elderly married woman, nor of his precepts on the woman's conduct towards her own or her acquired relatives.[202]

By the end of the second day, references to the 'libro', the *auctoritas* from which Flaminio's voice draws, Dorotea states, have become fewer and fewer:

> piacemi che più non s'è fatta menzion di libro, ché, dove adducevate l'autorità d'altrui per dar maggior credito alle vostre parole, meco perdevate gran parte di reputazione, con ciò sia cosa che sempre io v'ho tenuto per tale che non vi facesse bisogno di valervi delle fatiche d'alcuno. (fol. 62ᵛ)

---

[201] Ibid., pp. 243-53, 254-64, 265-82.
[202] Ibid., pp. 283-95.

Interestingly, and perhaps, again, slightly tongue-in-cheek on Dolce's part, Flaminio replies that 'onesta cosa non è che io ricevi in me quell'onore che si conviene all'autore d'una bella opera' (fol. 62ᵛ). If Dolce the author was seemingly less concerned about this issue, Flaminio his *alter ego* declares he does not wish to take the credit for someone else's literary effort. This is why he already warns Dorotea that the following day, if indeed less references are now made to the 'libro', nevertheless, in order to keep up the quality of his 'ragionamento', he will have to make use in his reasoning of what he has learnt on the subject of widowhood during a conversation with Pietro Aretino, Fortunio Spira, and Paolo Stresio. And this is another occasion, in the *Dialogo*, in which Dolce dignifies its content by using a *narratio obliqua* to give the account of conversations between real life figures in which Flaminio (Dolce) participated too.

Knowledge of women's conduct is shared knowledge handed down through the centuries. It comes from different sources, biblical and classical, literary as well as oral, commonplaces and common beliefs. In the *Dialogo*, Flaminio's voice embodies them all and acts as an intermediary for the benefit of Dorotea herself, her daughter Lauretta, and, more broadly, for Dolce's own female readers.

Book III: 'Della instituzion della vedova'

The third and final book of the *Dialogo* deals with widowhood.[203] It is the shortest of the three, and the one in which the debt to Vives's *De institutione* is less strong. Vives presents quite a stern view on the subject, preoccupied as he is with the preservation of chastity, and even cites, in the very first pages, *exempla* of widows in Thrace and the Hindu tradition, who immolated themselves as a sign of fidelity on their husband's death.[204] Dolce deletes that section and takes on an approach that seems more gentle, nevertheless still drawing many of his precepts from the Spanish humanist's treatise.

The conversation starts with Flaminio praising Dorotea for her being able to withstand with 'franco animo' the loss of her husband. Dismissing the praise, Dorotea rather wants Flaminio to instruct her on 'la vita che dèe tenere una

---

[203] For a historical background to widowhood in Italy, see Catherine King, *Renaissance Women Patrons: Wives and Widows in Italy, c. 1300–1550* (New York and Manchester: Manchester University Press, 1998); Ann Crabb, *The Strozzi of Florence: Widowhood and Family Solidarity in the Renaissance* (Ann Arbor: University of Michigan Press, 2000); Samuel K. Cohn Jr., *Death and Property in Siena 1205–1800: Strategies for the Afterlife* (Baltimore: Johns Hopkins University Press, 1988), as well as id., *Women in the Streets: Essays on Sex and Power in Renaissance Italy* (Baltimore: Johns Hopkins University Press, 1996), which deals also with the sexual behaviour of widows, pp. 117–19. On widowhood in Europe, see *Widowhood in Medieval and Early Modern Europe*, ed. by Sandra Cavallo and Lyndan Warner (London and New York: Longman, 1999). See also Kelso, pp. 121–35.
[204] Vives, *The Education*, p. 300.

vedova' (fol. 63ᵛ) and asks him to explain which is the most perfect state in women's lives. As Flaminio had anticipated at the end of Book II, in order to discuss widowhood he will have to resort to opinions on the subject expressed during a conversation he had been part of. Reporting the views of his different interlocutors, Flaminio explains that each of a woman's states in life has 'propria et particolare virtù, per la quale va innanzi gli altri' (fol. 64ʳ), and each one presents traits in common with the other two. Therefore, they all have their own dignity. Virgins share with married women the importance of continence; and married women and widows have in common the education of children. Widowhood is like the third of the 'età della vita umana', the 'età senile', during which women are invested with the authority of a 'maestra' (fols 64ᵛ–65ʳ). Clear evidence of the consideration attributed to widowhood, Flaminio continues, is given by the fact that the Old Testament presents a number of illustrious widows, such as Judith, Deborah, the unnamed widow of Sareptah, Anna, Peter's mother-in-law, and Noemi. The Fathers of the Church too, such as Jerome in his letters to the Roman matrons who were his disciples,[205] devoted their attention to widows, and the care of widows is a recurrent topic in the Bible.

Encouraged by Dorotea, who is keen to get to the core of the issue, Flaminio then starts tracing the vicissitudes of the widow from the moment she loses her husband. This event being a great 'danno', as such it should be lamented, and tears should be appropriately shed. The dead husband should be honoured with a suitable funeral and burial, but without exceeding in useless expenses. The widow is now 'a guisa di legno, cui manca il governatore [...] combattuta dai venti d'i travagli di qua giù; et or qua, or là, sconsolata et senza consiglio se ne va errando' (fol. 68ᵛ). Yet her grief must be controlled, because death is God's will and part of human destiny. If she is very young and has no children, in order to protect her reputation and her chastity, the widow can consider remarrying, following the teachings of St Paul. Otherwise, she should avoid it. She might have lost her 'sposo terreno', but she should continue honouring him as if he was absent, rather than dead. Her new state also means she can now devote herself entirely to her 'sposo [...] celeste' (fol. 72ᵛ). She can do this by wearing black garments, renouncing all material ornaments in favour of spiritual ones, and opting for 'i digiuni, le orazioni et la vita sincera et lontana da tutti i diletti del mondo' (ibid.).

---

[205] Augustine, *De bono viduitatis liber seu Epistola ad Julianam Viduam*, in *Patrologiae Cursus Completus. Series Latina*, ed. by Jacques-Paul Migne (Paris: excusus venit apud editorem, 1845), 40, cols 436–73; Ambrose, *De viduis*, in *Patrologiae Cursus Completus. Series Latina*, ed. by Jacques-Paul Migne (Paris: excudebat Vrayet, 1845), 16, cols 233–62. Jerome dealt with the subject of widowhood in a number of letters to Roman matrons, for instance, his *Epistola LIV, Ad Furiam, De viduitate servanda*, in *Patrologiae Cursus Completus. Series Latina* (Paris: excudebatur et venit apud editorem, 1845), 22, cols 550–60.

It is only now that she is completely alone, without the guidance of her husband, that she can reveal her true nature: 'le malvagie donne subito che si trovano prive del marito ripigliano la prima natura et quei vizi che tenevano occulti fanno alora palesi. Ma le buone [...] dimostrano più bella et più chiara la loro bontà' (fols 72^v–73^r). In widowhood one can really assess the true nature of a woman, 'veramente si può far pieno giudicio della castità et degli onesti costumi della matrona, quando, avendo libertà di peccare, non pecca' (fol. 73^r). The 'freedom' that widowhood seems to imply also comes with responsibility for one's choices and conduct. This view, which Dolce in turns draws from Vives (and whose own sources are Paul's first letter to Timothy and Jerome's *Against Jovinianus*), was later to become one of the central tenets of an interesting treatise on widowhood by Orazio Fusco, *La vedova*, published in Rome in 1570. Fusco explicitly refers to Dolce's *Dialogo* as one of his sources and, taking the question of women's responsibility for her behaviour as a widow a step further, expresses an original view on the subject. Working on the principle that women's nature is inherently good, Fusco writes that a widow will show her true nature as being good if, until then, first her parents, in the early years of her life, and then her husband, during marriage, have not subjected her to a number of 'torti', repeatedly overlooking and neglecting her needs, desires, and inclinations.[206] She will then, if God has decided such a fate for her, be a good widow.

The widow who is a *good* widow, we read in Dolce's dialogue, will of course keep up the reputation and honour of her family, a matter of paramount importance, as we saw earlier in Book I and II, in a woman's life. This is also done by not neglecting her everyday duties, starting from those implied in running her household and taking care of her children. In particular, Flaminio explains that the widow should make sure that, at some stage, her sons should go and live with their uncles, on their father's or their mother's side, or alternatively with a wise and respectable tutor, so that they can be taught 'lettere et buoni costumi' (fol. 74^r). For this aim, she should be generous in her expenses, whereas in other matters she must carefully control and limit them, making sure she is assisted by an honourable man, possibly a brother or a male relative, in all those legal instances, when, as a woman, she cannot act on her own. A crucial matter she has to consider are the people she surrounds herself with, as any *faux pas* in this respect will be of detriment to the honour of her entire family, and especially of her daughters, if she has any. No man must ever enter her house unless he is a very strict relative (and, even then, only seldom). She should consider availing herself of the assistance and guidance of a wise and elderly woman, again, possibly a relative, or a long-standing friend. Sobriety and moderation in food and dress

---

[206] For a more detailed discussion of this text, see Helena Sanson, 'Widowhood and Conduct in Late Sixteenth-Century Italy: The "Unusual" Case of *La vedova del Fusco* (1570)', *The Italianist* 35 (2015), 1–26.

are an important requirement for her. She must relinquish her pearls and more colourful clothing, although that does not mean she should adopt any extreme behaviour such as 'usare il cilicio o drappo troppo rigido' (fol. 74ᵛ), which could be seen as a sign of hypocrisy. She should beware of how she speaks and what she says, shun any demonstration of anger, as well as any quarreling with her servants.

She should engage in charity in moderation and with consideration, and do this in a discreet manner and not in order to gain other people's acknowledgement. Her prayers should be recited, with an honest heart, in the solitude of her room rather than in public, and going to church should also be regulated. She should not spend too much time there, nor confess herself with a priest too often, but only once or twice a year. When in doubt on matters of religion, she should resort to the writings of the Fathers of the Church or ask for guidance from a wise priest, so as to make sure she does not get entangled 'negli errori delle eresie di queste canaglie luterane' (fol. 75ᵛ). This historical reference to the general climate in matters of religion — which is presented in the *Dialogo* between brackets and is not included in subsequent editions — is particularly interesting if we consider the fact that it is possible that Dolce came into contact with the heterodox ideas that circulated in Venetian printing circles from the middle of the sixteenth century. Even though there is no real evidence of his direct involvement in this sense,[207] Dolce might have purposely added a brief polemical attack on the Reformists, in order to deflect any suspicion as to his own views.[208]

Real faith, not superstition, should guide the widow in her religious beliefs. Similarly, honesty and consideration should define her behaviour towards others. With the women she engages with, she should never indulge in gossip of any kind, or be tempted to criticize anyone. She should avoid frequenting the house of her friends or relatives, or spend her time in idle and pernicious conversations. Not to mention the fact that it is often from within the circle of her own relatives that she will be the target of accusations concerning her reputation. In short, Flaminio observes, the widow should find a model of behaviour in the biblical Judith, 'universale esempio a tutte le vedove' (fol. 77ʳ).[209] The events pertaining

---

[207] For a discussion of Dolce's possible involvement with Venetian heterodox circles see Guidotti, pp. 28–35.

[208] On one occasion, Dolce was involved, together with the Florentine doctor Orazio Brunetto, in a dispute with Friar Sisto de' Medici, a converted Jew who became a minor friar of the Franciscans. Dolce also found himself embroiled in two trials by the Santo Uffizio, although no real charges were brought against him. In the first, in 1558, he was accused, together with the Spanish Alfonso de Ulloa, of having contributed to the publication of the *Secreti* by Pompeo dalla Barba, from Pescia, with Giolito. In the second trial, in 1565, Giolito had mentioned Dolce's name in relation to his owning a number of texts that were on the Index of prohibited books. Dolce had asked Giolito to get hold of a copy of the *Historia* or *Commentarij* by Giovanni Sleidano while composing the life of the emperor Ferdinando. See Di Filippo Bareggi, pp. 208–10.

[209] On the figure of Judith, see Paola Cosentino, *Le virtù di Giuditta: il tema biblico della 'mulier fortis' nella letteratura del '500 e del '600* (Rome: Aracne, 2012).

to Judith's life are then recounted in detail, in the form rather of a 'novella' that assures 'diletto', within pages otherwise immersed in precepts defined by 'utilità'. Judith is a model for widows that can hardly be matched, but contemporary times, Flaminio explains, are not lacking in examples of such illustrious and honourable figures. As the third book draws to its conclusion, Flaminio engages in a roll call of names that include better- and lesser-known widows of present and recent times, from Anne Valois of Alençon to exemplary contemporary widows from various Italian cities, and of course, once again, Veronica Gambara and Vittoria Colonna. The text comes to what seems an abrupt end, with Flaminio reminding Dorotea that 'le vedove hanno largo campo da potere esercitar la virtù et il loro stato è caro a Dio et molto utile al mondo' (fol. 80^v), after which he concludes his reasoning and we do not hear Dorotea's voice again.

Was the third book criticized perhaps for being too short? Vives's own, as we have observed, is the shortest of the three. But perhaps Dolce felt that his readers would have appreciated having more material at the very end, to make the three books more even. The revised edition of 1547 (as well as subsequent ones) at this point presents a long addition (fols 80^v–84^r), which begins with Dorotea (in what is probably her longest intervention in the entire text) asking Flaminio to continue his discourse on the widow:

> Quantunque, Signor Flaminio, in materia di questa vedova (né penso che la mia openione s'inganni) abbiate insino a qui detto tutto quello che se ne può dire, et che io più tosto dovrei affaticarmi di trovar parole da ringraziarvi, che nuovo carico da gravarvi, nondimeno, perché questo è lo stato mio et sete stato in ragionar di esso più breve che non foste negli altri due, vi prego carissimamente che 'l ragionamento non abbia qui fine. Anzi, poiché gli è cosa che appartiene a me, siate contento di avanzare i due passati, insegnandomi quello di che, insieme con le altre vedove, mi fa più bisogno che di altra parte. Et questo sia che, atteso che noi vedove in iscambio dello sposo mortale abbiamo il Divino, che è Christo, ci insegniate ora come dobbiamo fare per accenderci in amarlo, nel modo che merita un tanto sposo, et come dobbiamo servirlo, desiderando non meno di congiungerci seco con lo spirito per godere la sua immensa bellezza di quello che desideravamo di congiungerci al terreno con gli effetti della carne. (fol. 80^v–81^r)

How shall we learn to love God as He deserves, Dorotea asks in essence? Flaminio embarks on what becomes a long monologue and Dorotea, once again, disappears from the scene once and for all. To love God, Flaminio explains, the widow must know Him and therefore should appreciate as much as possible His works, from the sky and its stars and planets, to the different elements, earth, water, air and fire, and their beauties and creatures, to Nature and its wonders, mountains, valleys, rivers, lakes, woods, plants, flowers, fruits and herbs, and all kinds of animals. God has created all this for the benefit of humankind and men and women should express their gratitude in their love for Him. She will accept the fate God has chosen for her, according to the Christian teaching: 'Sia fatta la tua volontà' (fol. 83ᵛ). With this sentence, the text ends, extending the 'utile' of his considerations to all those who aim to live according to Christian teachings, men and women alike: 'Questo è in somma quanto io giudico che possa abbondevolmente bastare non pure ad una vedova come sete voi, ma a ciascun'altra donna et uomo per vivere cristianamente' (fol. 84ʳ). This is not material from Vives's text and, perhaps not coincidentally, it includes no references to female figures, past or present, and no anecdotes from either classical or biblical times. Dolce seems to extend his observations and remarks about the necessity for rules and order in the conduct of the widow in her earthly life (and indeed of all women, irrespective of their state) also to a higher level, that is, from the microcosm of her everyday concerns to the macrocosm of her position in the universe of things.[210] Flaminio's final considerations echo, in register, if not in content, Bembo's meditative speech in Book IV of Castiglione's *Cortegiano*, which offers a Neo-Platonic reading of the relations between men and women. Dolce had omitted from the title of his *Dialogo* the adjective 'christiana' that appeared in Vives's treatise, only to decide to use the adverb 'cristianamente' to sum up the entire text in the very last line.

Conclusion

The last sixteenth-century edition of Dolce's *Dialogo* was published in 1560, still with Giolito and with the same dedication, dated 6 November 1545, by Giolito to Violante da San Giorgio. The subtitle attracts readers by drawing attention to the editorial success of the work and by claiming that Dolce himself had revised the text at first hand: 'Da lui stesso in questa quarta impressione riveduto, e di più utili cose ampliato, et con la tavola delle cose più degne di memoria'. The year 1560 was one of the most prolific for Dolce in terms of the number of publications, given that another nine works of his were also printed. But Dolce was relentlessly engaged in his many editorial projects until the very last years of

---

[210] It is worth pointing out, among posthumous publications by Dolce, the *Avvertimenti monacali, et modo di viver religiosamente secondo Iddio per le vergini, et spose di Giesù Christo. Di diversi eccellentissimi auttori antichi et moderni. Nuovamente posti insieme, & mandati in luce. Aggiuntovi lo Stadio del cursor christiano, tradotto di latino in volgare da m. Lodovico Dolce. Leggano le religiose i presenti trattati, perchè sono molto utili a superare le difficultà di questa vita, & acquistare la palma della promessa virginità* (Venice: Gabriele Giolito, 1575), a two-part work which includes, besides Bonaventura Gonzaga's *Alcuni avvertimenti nella vita monacale*, Dolce's translation of Antonio Ulstio's *Stadio del cursore christiano*, which he had published a few years earlier, in 1568 with Giolito (as *Stadio del cursore christiano, il quale sotto al lieve peso di Christo s'indirizza alla meta; cioè al segno e termine della vita eterna. [...] Et nuovamente tradotto di latino in lingua volgare dal s. Lodovico Dolce*), during the period when, as we saw earlier, the Venetian publisher had increased his output of religious and devotional texts in the wake of the Counter-Reformation.

his life. He died in January 1568 and is buried in the church of San Luca in Venice along with other polygraphs of the time, among them Pietro Aretino, Orazio Toscanella, and his one-time enemy Girolamo Ruscelli. An anonymous woodcut of 1561, published in the 1572 edition of his *L'Achille et l'Enea* preserves his portrait for posterity (Fig. 2).

After Dolce's death, his books continued to live on and were given to the presses even posthumously. His *Dialogo* too would see the light again, but, in what seems to be an ironic twist of fate, in translation. In 1584, in Valladolid, Pedro Villalo de Tórtoles published the Spanish translation of Dolce's dialogue with the title *Dialogo de la dotrina de las mugeres: en que se enseña como an de bivir en qualquier estado que tengan*,[211] duly acknowledging Dolce's 'authorship', however. As we saw earlier, Vives's Latin text, in its 1524 version, had already been translated into Spanish in 1528. By rendering Dolce into Spanish, Villalo de Tórtoles in fact 'ne faisait en quelque sorte que restituer une œuvre espagnole à l'Espagne'.[212] In the 'proemio', he explicitly states that he is translating Dolce's *Dialogo* and that Dolce, in turn, had drawn his work from Vives's treatise. But no accusation of plagiarism is expressed here. Quite the opposite. He even gives Dolce full credit for having made Vives's teachings, which, being in Latin, were as if 'dead' and would otherwise have been lost to women, available in the vernacular language and in a format and style that was pleasant and accessible. He was the first, he states, to have provided Italian women with instructions in the vernacular pertaining to their lives. Inspired by Dolce's enterprise, Villalo de Tórtoles decided to translate the text for the benefit of Spanish women:

> Principalmente le seran obligadas las mugeres, pues demas de tan liberalmente ayudarlas à adquirir la perfection que sin virtud à todos falta, fue tambien el primero, que yo sepa, que en lengua vulgar les dio propio y particular libro de la instruction de sus vidas: aviendo dado à los hombres los demas autores tantos, y dexadolas à ellas sin ninguno. Escriviolo en lengua Toscana: y es (como le mesmo dize, aunque no nombra el autor) mucha parte agena, y tomada de un tratado que Luis Vives escrivio de la mesma materia en Latin. Esto, come digo, lo confiessa el mesmo, no queriendo usurpar lo ageno, ni venderlo por suyo. Y yo le he querido notar, porque si acaso (come muchas vezes acontece) alguno, con animo menos sincero que curioso, leyere este libro, estè ya advertido d'ello, y de que no por esso su autor es digno de menos gloria. Porque allende de aver resucitado los buenos preceptos, que en Luis Vives estavan como muertos, poniendolos en lengua que todas las

---

[211] Lodovico Dolce, *Dialogo de la dotrina de las mugeres: en que se enseña como an de bivir en qualquier estado que tengan* (Valladolid: Viuda de Bernardino de Santo Domingo, 1584). For a modern edition, see Lodovico Dolce, 'De la dotrina de las mugeres', ed. by Eugenio Dordoni, *Revue hispanique*, 52 (1921), 430–574. On this translation, see Donatella Gagliardi, 'Apuntes sobre el *Dialogo della institution delle donne* en la traducción castellana de Pedro Villalón', *Rivista di filologia e letterature ispaniche*, 9 (2006), 31–48.

[212] Dordoni, [Note to the text], in Dolce, 'De la dotrina de las mugeres', pp. 430–43 (p. 434).

FIGURE 2. A portrait of Lodovico Dolce in an anonymous woodcut included in the 1572 edition of his *L'Achille et l'Enea*. Dolce had died in 1568, but his books continued to be given to the presses even posthumously.

mugeres (alomenos las de su nacion) pudiessen aprovecharse d'ellos, pues en latin los podian entender pocas, y averlos juntamente reduzido à brevedad y estilo gustoso, que lo uno y lo otro ayuda mucho à la memoria [...]. Lo mesmo que à el le movio à componerlo en Toscano (que fue el comun provecho de su nacio) me ha movido à mi à traduzirlo an Castellano.[213]

Furthermore, in Spain in 1583, just the year before, the poet Fray Luis de León had published *La perfecta casada*, which he had composed for his niece Maria Varela Osorio on the occasion of her wedding, and which is influenced, especially in some sections, by Vives's *De institutione*.[214] So the same message on women's nature, role, and conduct was passed on to a Spanish readership, originating from Vives's text, by means of two different channels in the same years. By the same token, Luis de León's treatise was then translated into Italian a few years later in 1595, and published in Venice by Giovanni Battista Ciotti as the *Trattato della perfetta maritata, del r.p.m.f. Luigi di Lione, dell'Ordine di santo Agostino. Tradotto di lingua spagnuola in toscana dal cavaliere fra Giulio Zanchini da Castiglionchio*, thus creating a curious exchange of material, by means of translations (and adaptations) of texts between two countries, which all ultimately go back to the same original Latin text by Vives.

Finally, in 1622, Dolce's text was published in Venice by the press of Barezzo Barezzi with the altogether new title of *Ammaestramenti pregiatissimi*.[215] In a further twist of fate, the *Dialogo* was restored to a didactic treatise, with all signs of the original dialogue having been omitted. The characters of Flaminio and Dorotea do not grace the pages of the text any more, their voices silenced, and any trace of their conversational interactions erased. As the subtitle indicates, the *Ammaestramenti* contains 'sentenze scelte, documenti singolari, ricordi prudentissimi, avvisi saggi, regole utilissime et precetti lodevoli'. It also includes two 'copiose tavole', one listing the different 'capitoli' and the other the 'cose più notabili'. In the dedication to Giovanni Valeriani dated 1 October 1622, Barezzi explained that his intention was to publish for the benefit of women the 'regole'

---

[213] Dolce, 'De la dotrina', pp. 439–40.
[214] Luis de León, *La perfecta casada* (Salamanca: I. Fernandez, 1583). For a modern edition with English translation, see Luis de León, *A Bilingual Edition of Fray Luis de León's La Perfecta Casada: The Role of Married Women in Sixteenth-Century Spain*, ed. and trans. by John A. Jones and Javier San José Lera (Lewiston, NY, and Lampeter: Mellen, 1999).
[215] Lodovico Dolce, *De gli ammaestramenti pregiatissimi, che appartengono alla educatione, & honorevole, e virtuosa vita virginale, maritale, e vedovile. Libri tre* (Venice: Barezzo Barezzi, 1622). The text is printed, in the same volume, together with two other sixteenth-century treatises on women. The main title page reads: *Le bellezze le lodi, gli amori, & i costumi delle donne; con lo discacciamento delle lettere, di Agnolo Firenzuola fiorentino, et di Alessandro Picolomini sanese. Giuntovi appresso i saggi ammaestramenti, che appartengono alla honorevole, e virtuosa vita virginale, maritate e vedovile, di Lodovico Dolce*. The *Ammaestramenti* has a separate pagination.

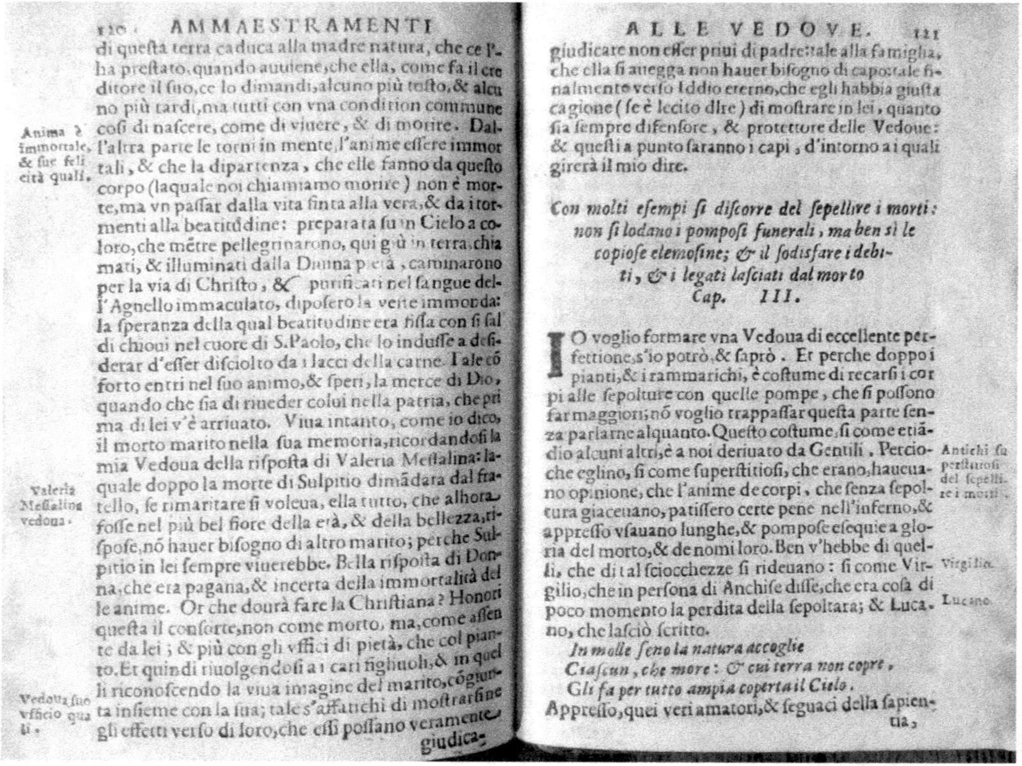

110 AMMAESTRAMENTI

di queſta terra caduca alla madre natura, che ce l'ha preſtato, quando auuiene, che ella, come fa il creditore il ſuo, ce lo dimandi, alcuno più toſto, & alcuno più tardi, ma tutti con vna conditione commune così di naſcere, come di viuere, & di morire. Dall'altra parte le torni in mente, l'anime eſſere immortali, & che la dipartenza, che elle fanno da queſto corpo (laquale noi chiamiamo morire) non è morte, ma vn paſſar dalla vita finta alla vera, & da i tormenti alla beatitudine: preparata ſu in Cielo a coloro, che mẽtre pellegrinarono, qui giù in terra, chiamati, & illuminati dalla Diuina pietà, caminarono per la via di Chriſto, & purificati nel ſangue dell'Agnello immaculato, diposero la veste immonda: la ſperanza della qual beatitudine era fiſſa con ſi ſaldi chioui nel cuore di S.Paolo, che lo induſſe a deſiderar d'eſſer diſciolto da i lacci della carne. Tale cõforto entri nel ſuo animo, & ſperi, la merce di Dio, quando che ſia di riueder colui nella patria, che prima di lei v'è arriuato. Viua intanto, come io dico, il morto marito nella ſua memoria, ricordandoſi la mia Vedoua della riſpoſta di Valeria Meſſalina: laquale doppo la morte di Sulpitio dimãdata dal fratello, ſe rimaritare ſi voleua, ella tutto, che allhora foſſe nel più bel fiore della età, & della bellezza, riſpoſe, nõ hauer biſogno di altro marito; perche Sulpitio in lei ſempre viuerebbe. Bella riſpoſta di Donna, che era pagana, & incerta della immortalità dell'anime. Or che dourà fare la Chriſtiana? Honori queſta il conſorte, non come morto, ma, come aſſente da lei; & più con gli vffici di pietà, che col pianto. Et quindi riuolgendoſi a i cari figliuoli, & in quelli riconoſcendo la viua imagine del marito, cõgiunta inſieme con la ſua; tale s'affatichi di moſtrarſine gli effetti verſo di loro, che eſſi poſſano veramente giudica-

Anima è immortale, & ſue felicità quali.

Valeria Meſſalina vedoua.

Vedoua ſuo vfficio quali.

ALLE VEDOVE. 111

giudicare non eſſer priui di padre: tale alla famiglia, che ella ſi auegga non hauer biſogno di capo: tale finalmente verſo Iddio eterno, che egli habbia giuſta cagione (ſe è lecito dire) di moſtrare in lei, quanto ſia ſempre difenſore, & protettore delle Vedoue: & queſti a punto ſaranno i capi, d'intorno a i quali girerà il mio dire.

Con molti eſempi ſi diſcorre del ſepellire i morti: non ſi lodano i pompoſi funerali, ma ben sì le copioſe elemoſine; & il ſodisfare i debiti, & i legati laſciati dal morto Cap. III.

IO voglio formare vna Vedoua di eccellente perfettione, s'io potrò, & ſaprò. Et perche doppo i pianti, & i rammarichi, è coſtume di recarſi i corpi alle ſepolture con quelle pompe, che ſi poſſono far maggiori; nõ voglio trappaſſar queſta parte ſenza parlarne alquanto. Queſto coſtume, ſi come etiãdio alcuni altri, è a noi deriuato da Gentili. Percioche eglino, ſi come ſuperſtitioſi, che erano, haueuano opinione, che l'anime de corpi, che ſenza ſepoltura giaceuano, patiſſero certe pene nell'inferno, & appreſſo vſauano lunghe, & pompoſe eſequie a gloria del morto, & de nomi loro. Ben v'hebbe di quelli, che di tal ſciocchezze ſi rideuano: ſi come Virgilio, che in perſona di Anchiſe diſſe, che era coſa di poco momento la perdita della ſepoltura; & Lucano, che laſciò ſcritto.

In molle ſeno la natura accoglie
Ciaſcun, che more: & cui terra non copre,
Gli fa per tutto ampia coperta il Cielo.

Appreſſo, quei veri amatori, & ſeguaci della ſapientia,

Antichi ſuperſtitioſi del ſepellire i morti.

Virgilio.

Lucano.

FIGURE 3. In 1622, Dolce's text was published in Venice by the press of Barezzo Barezzi with the title *De gli ammaestramenti pregiatissimi*. The dialogue was restored to a didactic treatise. Subdivisions into chapters, summarizing headings, marginal notes, as in these two pages, are all paratextual tools meant to help readers find their way around the text.

that Dolce had put together (Dolce's name is indeed on the titlepage and still no acknowledgement is made of Vives), from which male readers would gain 'avvisi importantissimi', and women 'onesti et prudentissimi ricordi', 'purità', 'fede', and 'toleranza et castità', these being the qualities virgins, married women, and widows respectively could learn from this treatise (fol. †3^r). The first seven folios of the *Dialogo* are omitted and the text opens with the statement, originally pronounced by Flaminio, that nothing is more useful than 'insegnar virtù et onesti costumi alla donna' (p. 1). The three books are subdivided into chapters (Book I: eleven: Book II: eight; Book III: nine), each introduced by a heading that summarizes the main topics, just as in Vives's original Latin treatise.[216] Besides, each chapter is enriched with marginal notes that indicate the contents of the paragraphs while assiting readers to find their way around the text (Fig. 3).[217] The three books are also preceded by a 'Tavola de' capitoli dei Tre libri degli Ammaestramenti delle donne' (fols †4^r–†6^v) and by a 'Tavola delle cose più notabili che negli Ammaestramenti delle donne si contengono' (fols ††1^r–††7^v). By means of these paratextual tools, the editor of the *Ammaestramenti* aimed to help his potential readers access, and make use of, the content of the treatise, just like the fictional Flaminio, in his own 'time', had done for the benefit of Dorotea by translating, paraphrasing, expounding, and adapting the 'libro' in 'lingua latina'. Just as earlier Dolce had followed the literary fashion that favoured dialogues over treatises, Barezzo Barezzi's version of the text reflects another trend that developed as the sixteenth century came to an end and the literary dialogue went into decline.[218] Reflecting 'an aspiration to order', in the course of the sixteenth century progressively 'the dialogue ceased to be "listened to" as a sort of conversation and began to be perceived, quite simply, as a literary fancy dress':[219] the didactic exposition was now favoured at the expense of conversation.

In terms of form and the essence of its content, the *Ammaestramenti* can be considered to be paradoxically closer in some respect to the 1538 Latin text or its 1546 vernacular literal translation. Yet it is also an altogether 'other' work, its content having crossed time and reached Barezzi by means of the *Dialogo*. The

---

[216] For instance, in Book I we find: 'Delle condizioni che deve avere il marito; e si adducono molti essempi e sentenze notabili per ammaestramento di ciascuno. Cap. XI' (fol. 55^r); in Book II: 'Quello che deve fare la moglie negli affari di casa e della famiglia tutta et con la dottrina d'uomini savi s'insegna alla matrona come et in che modo governar dèe sé, il marito et la famiglia. Cap. VII' (fol. 98^r); and in Book III, 'S'insegna alla vedova et ad ogni altro il modo di amare Iddio et di servirlo. Cap. IX' (fol. 140^r).
[217] On pp. 26–27, for instance, 'Filosofia morale utile alla donna', 'Quali libri fa bisogno alla fanciulla', 'Discipline morali', 'Latino e volgare basta che la fanciulla apprendi'.
[218] See Cox, *The Renaissance Dialogue*, esp. Chapter 2, 'From the Open Dialogue to the Closed Book', pp. 99–113.
[219] Ibid., p. 104.

text of the 1622 edition is a sort of hybrid which encapsulates both Dolce's 'voice' and Vives's own, but which ultimately — as a result of the different stages in the process of translation, adaptation, and re-adaptation that it has undergone since it was published in its Latin original — does not express either in their actual and true form. What remains unchanged, however, is, still strong and clear, the voice of tradition.

NOTE ON THE TEXT

A Printed Editions

This edition reproduces the first edition of Dolce's *Dialogo*, published in Venice by Gabriele Giolito in 1545.

Description based on: London, British Library 524.d.29.(2.); Milan, Archivio storico civico e Biblioteca Trivulziana, Triv L 514.

Fol. A1ʳ: Dialogo | di M. Lodovico | Dolce della insti= | tvtion delle | donne. | secondo li tre stati, | che cadono nella | vita hvmana. | [ornament] | *Con Gratia & Priuilegio.* | [printer's mark] | *In Vinegia Appresso Gabriel Giolito de Ferrari.* | MDXLV. |

Colophon, fol. K8ᵛ: In Vinegia appresso | Gabriel Giolito | de Ferrari. | MDXLV | [ornament] |

Printer's mark on the title page: Phoenix above flames rising from a winged urn with the initials GGF. Motto: semper eadem. Surrounding motto, left, top, and right: De la mia morte | eterna | vita i vivo. Zappella: xcv.a, fig. 537.

Collation: 8º: A–K⁸ [$4 signed]; 80 fols, fols [1] 2–80.

Content: A1ʳ: title: A1ᵛ: blank; A2ʳ: Alla illvstre | signora la S. Violante | da S. Giorgio Presi= | dente di Casale. | [ornament] | Gabriel Giolito de Ferrari. | Q⁶ van- | A3ᵛ, line 16: Nouembre MDXLV. | A4ʳ: Tavola delle cose | nel dialogo | contenvte. | [ornament] | *Nel Primo Libro.* | C⁶he cia- (left-hand column) | A4ᵛ, line 18, right-hand column: Co(n)siglio di Plato(n)e.alla me.(desima). | A4ᵛ, line 19, right-hand column: *Nel ij. Libro.* | Line 21, Q²vello, che dè consi | A5ᵛ, line 30, left-hand column: ritata. c.60 | A5ᵛ right-hand column: *Nel iij. Libro.* | Line 3, Q²vale delli tre stati | A5ᵛ Line 30 right-hand column: tessa di Coreggio. c.72 | Il Fine. | A6ʳ: Libro primo, | nelqvale si ragiona | della institvtion | della vergine. | [ornament] | Dorothea, Flaminio. | I⁹o haveva in | E5ᵛ, line 30: ni: che io penso di sodisfarui assai meglio. | E5ʳ: Libro secondo, | nelqvale si ragiona | della institvtion della | maritata. | [ornament] | Flaminio Dorothea. | I⁷o non entro mai, Signora | E6ᵛ–E7ʳ: Header: Libro Primo instead of Libro secondo. | H6ᵛ, line 26: pre da uoi. | H7ʳ: Libro terzo, | et vltimo, nel qvale si | ragiona della institv= | tion della | vedova. | [ornament] | Flaminio, Dorothea. | Q⁸vante uolte io ueg= | K8ᵛ, line 10: fine. | Registro. | abcdefghik. | *Tutti sono quaderni* |. Colophon.

Running title: Libro | Primo. [Secondo.] [Terzo.]

Catchwords: A8ᵛ in modo B8ᵛ de' suoi C8ᵛ con un D8ᵛ ne rompe E8ᵛ fonte della F8ᵛ deuole G8ᵛ della H8ᵛ anni I8ᵛ oro diuiso

Types and Layout: Dedicatory letter: 21 lines (A2^r-A3^v), 123 × 68 mm. (A3^r); 'Tavola': 30 lines, in two columns (A4^r-A5^v), 123 × 68 mm., left-hand column: 123 × 32 mm., right-hand column: 123 × 32 mm. (A5^r); Main Text: 30 lines (A6^r-K8^r), 123 × 68 mm. (A7^r); H6^v, 26 lines (progressively decreasing in width from line 22 to form an ornamental triangle); K8^v, 10 lines (progressively decreasing in width from line 3), 123 × 68 mm., italic 121 (A2^r-A3^v); italic 85 (A4^r-A5^v); italic 85 A6^r-K8^v.

Copies examined

AUSTRIA
Vienna, Österreichische Nationalbibliothek, 71.Y.157*.

ITALY
Florence, Biblioteca Marucelliana, 1.00.VIII.42.
Florence, Biblioteca nazionale centrale, Tordi 781.
Florence, Biblioteca Riccardiana, Stamp.EE 12708; Stamp. 18598.3.
Venice, Biblioteca d'arte del Museo civico Correr, I 0883.
Venice, Biblioteca nazionale Marciana, MISC 2948.002.
Vicenza, Biblioteca Civica Bertoliana, B.004.002.018.
Rome, Biblioteca nazionale centrale, 12.3.A.7.1.
Rome, Biblioteca universitaria Alessandrina, D.g.36.1.

UNITED KINGDOM
London, British Library, 524.d.29.(2.).
Oxford, Taylor Institution Library, 86.A.03.

Other copies

FRANCE
Paris, Institut de France, 12° Rodocanachi 225.

GERMANY
Berlin, Staatsbibliothek, Nd 8036.

ITALY
Casale Monferrato (Alessandria), Biblioteca del Seminario vescovile, 8111'.3.
Cassino, Biblioteca statale del Monumento nazionale di Montecassino, ANT K.III 5.
Chiavari, Biblioteca della Società economica, 45-VIII-16(2).
Dongo (Como), Biblioteca del Convento francescano, I-II-17.
Ferrara, Biblioteca comunale Ariostea, G 10.2.27.
Lucca, Biblioteca statale, BB.I.c.28.

Milan, Biblioteca del Centro APICE–Archivi della parola, dell'immagine e della comunicazione editoriale dell'Università degli studi di Milano, A.ALF.ANT.U.041.
Milan, Biblioteca delle Facoltà di giurisprudenza e di lettere e filosofia dell'Università degli studi di Milano, MF.ANT. 193. 03.
Milan, Biblioteca di Ateneo dell'Università cattolica del Sacro Cuore, MD-C-214.
Modena, Biblioteca Estense Universitaria, A.56.F.1(2).
Naples, Biblioteca dell'Istituto italiano per gli studi storici, NICOLINI XVI 0379.
Naples, Biblioteca nazionale Vittorio Emanuele III, F.DORIA 1. 352.
Padua, Biblioteca del Centro interdipartimentale di servizi di Palazzo Maldura dell'Università degli studi di Padova, ANT.A.XVI.–23.
Pavia, Biblioteca del Seminario vescovile, ST5.06.C 014.
Pavia, Biblioteca universitaria, Rot.10.A.5.(n. 2).
Perugia, Biblioteca comunale Augusta, ANT I.N 4289
Teramo, Biblioteca della Facoltà di giurisprudenza dell'Università degli Studi di Teramo, FFG XVI 4.
Turin, Biblioteca civica centrale, BCT 67.G.3.

UNITED KINGDOM
Chetham's Library, RR.8.8

Later editions

1547 (description based on Cambridge University Library, Bute.501):
DIALOGO | DELLA INSTITV- | TION DELLE DONNE | DI MESSER LODOVICO | DOLCE. | DA LVI MEDESIMO | NVOVAMENTE RICOR= | RETTO ET AMPLIATO. | [ornament] | CON PRIVILEGIO. | [printer's mark] | *In Vinegia Appresso Gabriel* | *Giolito De' Ferrari.* | MDXLVII. |

1553 (description based on London, British Library, 231.e.16.):
DIALOGO | DELLA INSTITV: | TION DELLE DONNE | DI MESSER LODOVICO | DOLCE. DA LVI STESSO IN QVESTA | TERZA IMPRESSIONE RIVE- | DVTO, E DI PIV VTILI | COSE AMPLIATO. | [ornament] | CON PRIVILEGIO. | [printer's mark] | IN VINEGIA APPRESSO GABRIEL | GIOLITO DE FERRARI | E FRATELLI. | MDLIII. |

1559 (description based on Venice, Biblioteca Nazionale Marciana, MISC 2948.002):
[surrounding ornament] DIALOGO | DI M. LODOVICO | DOLCE DELLA INSTI- | TVTION DELLE DONNE. | *Da lvi stesso in questa* | *Quarta impressione riueduto, e di piu utili* | *cose ampliato, & con la Tauola del-* | *le cose piu degne di memoria.* | [ornament] | *Con Privilegio* | [printer's mark] | *In Vinegia Appresso Gabriel* | *Giolito De' Ferrari.* | MDLIX. |

1560 (description based on London, British Library, 8415.c.39):
DIALOGO | DI M. LODOVICO | DOLCE DELLA INSTI= | TVTION DELLE | DONNE. | DA LUI STESSO IN QUESTA | *quarta impressione riueduto*, e di piu utili | cose ampliato, & con la tavola del= | le cose piu degne di memoria. | *Con Privilegio.* | [printer's mark] | *In Vinegia Appresso Gabriel* | *Giolito De' Ferrari.* | MDLX. |

1622 (description based on Florence, Biblioteca Nazionale Centrale, 1.6.2.12):
LE | BELLEZZE | le LODI, gli AMORI, | & i COSTVMI delle DONNE; | Con lo DISCACCIAMENTO delle LETTERE, | DI AGNOLO FIRENZVOLA | Fiorentino, | Et di ALESSANDRO PICOLOMINI Sanese. | *Giuntoui appresso i Saggi* | AMMAESTRAMENTI, | che appartengono alla honoreuole, e virtuosa vita | VIRGINALE, MARITALE, E VEDOVILE, | DI LODOVICO DOLCE. | Oue con vaghezze di nobile Dottrina si leggono | [left-hand column] Conuersationi civili, | Ragionamenti dotti, | Discorsi curiosi, | [right-hand column] | Auenimenti piaceuoli, | Essempi singolari, | Dotti, e Fatti notabili; | [aligned centre] Et Auuisi a ciascuno di molto profitto. | *Con copiosissime Tauole delle cose più Memorabili.* | [Printer's mark] | IN VENETIA, Presso Barezzo Barezzi. MDCXXII. | *Con Licenza de' Superiori, & Privilegi.*

Second title page:
DE GLI | AMMAESTRAMENTI | PREGIATISSIMI, | Che appartengono alla Educatione, | & honoreuole, e virtuosa vita | VIRGINALE, MARITALE, | E VEDOVILE | Libri Tre; | *Ne' quali con leggiadra, e dolce maniera* | *concatenati si veggono* | [left-hand column] Sentenze scelte, | Documenti singolari, | Ricordi prudentissimi, | [right-hand column] Auuisi saggi, | Regole utilissime, & | Precetti lodeuoli. | DI LODOVICO DOLCE | VINITIANO. | *Con due copiose Tauole, l'una de' Capitoli, &* *l'altra* | *delle cose più notabili.* | [Printer's mark] | IN VENETIA, Presso Barezzo Barezzi. MDCXXII. | *Con licenza de' Superiori, e privilegi.* |

B Transcription Criteria

The following criteria have been adopted in transcribing the text:

1) Accents, apostrophes, capital letters, and inverted commas have been regularized to follow standard modern usage. Punctuation has been modified in order to facilitate comprehension of the text.
2) Abbreviations have been expanded: e.g. *V. S.* > *Vostra Signoria*; *S.* > *Signora / Signor*, *M.* > *Messer*; *Mag.* > *Magnifica*; *virtuos.* > *virtuosissima*.
3) Spellings using the etymological and pseudo-etymological *h* have been regularized to follow standard modern usage: e.g. *philosopho* > *filosofo*; *epitaphij* > *epitafi*; *Sisiphi* > *Sisifi*; *abhorrire* > *aborrire*; *thesoro* > *tesoro*; *Porthogallo* > *Portogallo*; *choro* > *coro*. *H* has been removed in *ch* and *gh* preceding *a, o, u*.

4) The plural *-ij* has been replaced with *-i*, except when the first vowel is stressed, in which case the double vowel has been kept, as in *iddij* > *iddii*.
5) *U* and *v* have been distinguished according to modern usage.
6) *Y* has been replaced by *i*; e.g. *Hynno* > *inno*; *Hymeneo* > *Imeneo*; *Pytagora* > *Pitagora*; *Lydia* > *Lidia*.
7) *M* has been replaced by *n* before a consonant other than *p* or *b*; e.g. *triompho* > *trionfo*.
8) *&* has been rendered by *et*; *et* and *e* have been kept as in the original.
9) Variations between single and double consonants have been kept.
10) Word boundaries have required different solutions:
    (a) Words composed with *che* which did not require phono-syntactic doubling have been transcribed as one word with the accent on the final syllable (*purché*; *nonché*). In the case of *non che* with the meaning 'non per il fatto che', the separation has been kept. The forms *accioche* and *percioche* (which did not present phono-syntactic doubling) and *accio che* and *percio che* have been transcribed as two words with a final accent on *acciò* and *perciò*. The variations in the forms *con cio sia cosa che*, *conciosiacosa che*, *conciosia cosa che*, *con ciosia cosa che* have been levelled to *con ciò sia cosa che*. *Poi ché* has been transcribed as one word, *poiché*, except when the meaning is 'dopo che'.
    (b) The forms *sì come*, *sopra tutto*, *né meno*, which did not present phono-syntactic doubling in the text, have been kept as two words. The form *né anche* has been transcribed as one word, *neanche*.
    (c) The variation between *senon* and *se non* has been levelled to the latter. The form *dapoi* has been kept.
    (d) *In fine, in darno, non dimeno* have been transcribed as one word, *infine, indarno, nondimeno*; *in drizzata* (fol. 27^r) as *indrizzata*.
    (e) The variations in the adverbial forms *per aventura/peraventura* and *per certo/percerto* have been levelled to *per aventura* and *per certo*.
    (f) The variation in the forms *di bisogno/dibisogno* have been levelled to the former.
    (g) The variations in the forms *oggi dì/oggidì* have been levelled to the latter.
    (h) Articulated prepositions have been transcribed as one form in the case of separate prepositions followed by masculine plural articles. Prepositions followed by singular or plural feminine articles have been kept as in the original, i.e. as separate words. Those that presented a consonantal doubling have been kept unchanged. The case *del l'aere* (fol. 63^r) has been transcribed without a space.
    (i) The relative pronouns *ilquale, laquale, alquale, lequali, iquali, liquali*, have been transcribed as two words; *de iquali* (fol. 44^v) has been modernized as *dei quali*.
    (j) Similarly, the forms that presented articles as one word with adjectives,

nouns, or pronouns, such as *gliocchi, glialtri stati, alche*, have been transcribed as two words.

(k) Pronominal forms such as *glie la* have been transcribed as one word.

11) The sequences *-ti-* + vowel and *-tti-* + vowel have been rendered by *-z-* or *-zi-* when this is the modern form (e.g. *affettione > affezione; perfetione > perfezione*). The endings *-antia* and *-entia* have been rendered by *-zia*, as this could be a deliberate choice of a learned form on the part of the author. Alternations in forms such as *pazienzia/pazienza* have been kept. *-ci-* has been kept in the case of Latinisms (e.g. *giudicio; supplicio*).

C Emendations

The text has been emended as follows:

Book I
Fol. 3ʳ *non che ella > con che ella*
Fol. 3ʳ *parremo > porremo*
Fol. 10ʳ *gustizia > giustizia*
Fol. 16ʳ *la castià > la castità*
Fol. 5ᵛ *Carta 5 > Carta 56*
Fol. 16ᵛ *dscipline > discipline*
Fol. 17ʳ *etianio > eziandio*
Fol. 20ʳ *fnaciulli > fanciulli*
Fol. 20ᵛ *utta > vita*
Fol. 25ʳ *spinse > spense*
Fol. 29ʳ *pin lucido > più lucido*
Fol. 29ᵛ *avete > avere*
Fol. 31ᵛ *indio > indizio*
Fol. 32ʳ *consideratemente > consideratamente*
Fol. 32ʳ *molt > molti*
Fol. 32ᵛ *communque > comunque*
Fol. 34ʳ *convienne > conviene*
Fol. 37ʳ *interra > intera*

Book II
Fol. 50ᵛ *necesstà > necessità*
Fol. 51ʳ *amo quieto > animo quieto*

Book III
Fol. 63ᵛ *queste perole > queste parole*
Fol. 66ʳ *Salvia > Salvina*
Fol. 70ʳ *parta > parte*
Fol. 71ᵛ *cotrario > contrario*

Fol. 73ᵛ *parti > porti*
Fol. 78ᵛ *sermanica > scomunica*
Fol. 80ʳ *procurendo > procurando*

The following changes have also been introduced:

Book I
Fol. 20ʳ *per via et delle > per via delle*
Fol. 35ʳ *o non guardato > o non è guardato*

Book II
Fol. 38ᵛ *Io per stimo > Io per me stimo*

References to classical Greek and Latin authors are all to the Loeb Classical Library (Cambridge, MA: Harvard University Press), unless otherwise specified. Biblical references are to the *Revised Standard Version Catholic Bible*. Reference editions for quotations from Italian literary classics are listed in the bibliography.

Dialogo
di Messer Lodovico Dolce
della instituzion delle donne,
secondo li tre stati che cadono nella vita umana

ALLA ILLUSTRE SIGNORA LA SIGNORA VIOLANTE DA SAN GIORGIO PRESIDENTE DI CASALE.[1]

GABRIEL GIOLITO DE FERRARI.

[2ʳ] Quantunque, Illustre Signora, l'uomo sia di tanta maravigliosa eccellenza che da' Greci picciolo mondo fu detto, nondimeno, s'egli lo intelletto con le buone discipline delle virtù di continovo non va coltivando, di nobile et di gentile divien rozo et vile, di maniera che poco si può dire differente dagli altri animali che sono privi della ragione. Il che, se avviene all'uomo, alla donna è da conchiudere che avvenga parimente, [2ᵛ] et in parte molto più, per essere il sesso feminile non così forte come è quello degli uomini. Ma, se allo 'ncontro si rivolgono alle virtù et ai costumi lodevoli, ambedue pervengono a tanta perfezione che s'avicinano a quella degli angeli. Onde, avendo molti antichi scrittori in diversi libri descritti agli uomini i precetti della vita, et nessuno alla donna avendo (che io sappia) lasciate particolari regole, ho voluto io, per giovar loro, dare in luce il presente Dialogo di Messer Lodovico Dolce, nel quale egli, seguitando in ciò il costume delle api, ha raccolto da molti filosofi gli ammaestramenti che appartengono alla buona et virtuosa vita che de' tenere una donna in qualunque stato [3ʳ] che può cadere. Questa opera, adunque, d'altro ornamento bisogno non avea che di portare in fronte il nome di Vostra Signoria Illustre, in cui tutte le più belle et eccellenti virtù che si possono desiderare in saggia et valorosa donna tengono il loro principato; in guisa che niuna parte di gentile et virtuoso si contiene in questi ragionamenti che non sia nella persona di Vostra Signoria maravigliosamente raccolta. Il che ottimamente si comprende, riguardandosi non pure al prudente et modesto governo con che ella amministra le cose pertinenti alla sua cura, ma alle tante et singolari prodezze et mirabili eccellenze che si veggono nei suoi illustri et valorosi figliuoli, le quali senza [3ᵛ] dubbio si possono più tosto invidiare che imitare.

---

[1] Violante da San Giorgio (Violante di Giovanni Paolo Roero di Guarene) was married to Giovanni Guglielmo Biandrate da San Giorgio dei Biandrate Aldobrandino, president of the Senate of Casale from 1537, with whom she had four sons (see Antonio Manno, *Il patriziato subalpino. Notizie di fatto storiche, genealogiche, feudali ed araldiche desunte da documenti*, 2 vols (Florence: Civelli, 1895–1906), II, pp. 288–89. The dedication to her by Gabriele Giolito remains unchanged in the 1547 and subsequent editions. It is not included in the 1622 edition by Barezzo Barezzi. In Domenichi's *La nobiltà delle donne*, Violante da San Giorgio's physical beauty is described in detail (fol. 270ʳ⁻ᵛ). She is also similarly praised in Niccolò Franco's *Dialogo [...] dove si ragiona delle bellezze* (Venice: Antonio Gardane, 1542), fols 56ᵛ–57ᵛ, where we find a long detailed description of every feature of her face.

Avranno, adunque, le donne nel picciolo volumetto onesti et santi ammaestramenti et in Vostra Signoria l'esempio, anzi, più tosto, l'esempio di tutto quello che in esso legeranno. Et le vergini impareranno da Vostra Signoria la purità, le maritate la fede et le vedove la toleranza et la castità. Ella intanto accetterà il picciol dono con quell'animo che io glielo porgo, desideroso di mostrarle sempre alcuno più vivo segno della debita divozione et servitù che io le porto.
Di Vinegia, alli VI di novembre MDXLV.

[4ʳ] TAVOLA DELLE COSE NEL DIALOGO CONTENUTE

Nel primo libro

Che ciascuna donna dovrebbe lattare i suoi figliuoli. A carte 6, 7.[2]
Di quanta importanza sia il latte et della proprietà et virtù di quello. Carte 8, 9.
Condizioni che si debbono ricercar nella balia. Carta 9.
Quali esser debbono i primi giuochi della fanciulla. Carta 10.
Modo che si de' tenere ad insegnare alla fanciulla i buoni costumi, in che guisa riprenderla et esortarla alla virtù. Carta 11.
Due fini ai quali si dee indrizzare ogni donna: religione et governo di famiglia. Carta 12.
Due virtù nelle quali si dee principalmente ammaestrarla: vergogna et timidità. Carta 13.
Lavori ch'erano usati dalle antiche Romane et quelli che si debbono usare oggidì. Carta 13.
Che la giovane si de' esercitare in tutte le bisogne della casa; la commodità et l'utile che da questo ne deriva. Carta 14.
Che la donna de' imparar lettere, dannandosi la opinione de' volgari. Carta 15.
Discorso nel quale si dimostra tutte le donne letterate essere state oneste et di ottima vita: lodandosi alcune illustri donne della nostra età. Carte 16, 17, 18, 19.
[4ᵛ] Che si de' eleggere donna o uomo dotto et di buona vita che insegni alla figliuola. Carta 20.
Quale dottrina appartiene alla donna et i libri ch'ella de' leggere. Alla medesima.
Loda della virginità, quali veramente si debbono addimandar vergini e il danno et biasimo che segue alla donna che di lei si priva. Carta 22.
Niuna altra eccellenza ricercarsi nella donna, fuori che la castità. Carta 26.
La cura che de' ponere intorno a questa et con quai modi può conservarla. Carta 27.
Quale esser debba il cibo, il vestire et l'intertenimento della vergine. Alla medesima.
Che la giovane sopra tutte le cose dannose de' fuggir l'ocio. Carta 28.
Quanto la madre de' esser d'ogni tempo diligente guardiana della figliuola. Carta 32.[3]

---

[2] More accurately fol. 8ʳ⁻ᵛ.
[3] See, rather, fol. 28ᵛ.

Dannasi l'uso d'i belletti et raccontasi la prudenza dimostrata da una gentildonna a un convito. Alla medesima.[4]
Dannasi nelle donne il giuoco delle carte, d'i dadi et del tavoliere. Alla medesima.[5]
Che la madre non de' seco menare la figliuola a sollazzi, né a feste. Carta 31.
Modi e costumi che de' osservare il padre in trovar marito alla figliuola et quali condizioni de' ricercare in quello. Carta 33.
Giustina gentildonna romana occisa dal marito per gelosia. Carta 36.
Consiglio di Platone. Alla medesima.

Nel secondo libro

Quello che de' considerare la sposa prima che ella entri in casa del novello marito. Carta 39.
Diffinizione del matrimonio raccolta da Messer Francesco Barbaro. Alla medesima.
Legge osservata da' Romani sopra quelli che senza moglie erano pervenuti [5^r] alla vecchiezza, di Licurgo e di Lacedemoni. Alla medesima.
La moglie e il marito esser un corpo solo, di cui il marito è capo. Carta 40.
Il dì delle nozze doversi spendere in orazioni et non in danze e convivi. Carta 41.[6]
Due parti che principalmente debbono trovarsi nella moglie: castità e amore. Carta 41.
Il male che commette, rompendo le leggi del matrimonio. Alla medesima.
Risposta d'una onesta matrona a un suo amante. Carta 42.
La moglie esser tutta sottoposta al marito. Alla medesima.
Essempi di alcune antiche, che si uccisero per serbare la castità. Carta 43.
Amore delle mogli verso i mariti. Carta 44.
Istoria di Gamma che, per vendicare il morto marito, avvelenò se stessa et colui che l'avea ucciso. Carta 46.
Il marito esser l'anima della moglie et quanto è a lei debito l'esser retta et governata da quello. Carta 47.
Con quanto studio de' cercare di sempre servire, onorare et piacere al marito et come si può acquistar l'amore. Carta 48.
Esempio bellissimo d'una viniziana, la quale il marito nel letto infermo diece anni servì. Carta 49.
Che la moglie de' essere umile e sofferir tutte le avversità che, o per cagione del marito o di fortuna, le avvengono. Alla medesima.
Che de' tenere i suoi affanni e le miserie segrete senza appalesarne alcuna. Carta 50.

---

[4] Fol. 28^v.
[5] Again, fol. 28^v.
[6] More accurately fol. 40^v.

Che a luogo et tempo de' riprendere piacevolmente il marito negli errori ne' quali è incorso. Alla medesima.[7]

Che ella de' posponer tutte le altre azioni per servire a' bisogni del marito. Alla medesima.[8]

[5ᵛ] Iddio esser per tutto et massimamente dove è la pace et la carità, la quale de' sempre trovarsi tra il marito et la moglie. Carta 51.

Della concordia et di alcuni utili ammaestramenti insegnati ai discepoli da Pitagora. Alla medesima.

La moglie non dovere istimare altra cosa propria, che la bontà et la castità. Alla medesima.[9]

Della gelosia et come la moglie de' schifare di non dar cagione al marito di divenir geloso et a lei la gelosia non convenirsi. Carta 55.

Esempio d'una giovane che, per trar da' pericoli il marito, consentì che esso nella sua casa menasse da lui amata giovane. Carta 56.

Quello che scrive Aristotele d'intorno alla cura famigliare. Carta 59.

Modo di orare et brieve discorso per tutte le azioni che de' tenere la maritata. Carta 60.

Nel III libro

Quale delli tre stati sia più grato a Dio, o il virginale o il matrimoniale o il vedovile. A Carta 63.

In che guisa si de' confortar la vedova. Carta 69.

Che la vedova, avendo figliuoli, non si dee rimaritare, ma levarsi tutta con lo spirito a Dio. Carta 69.

Cura delle sepolture et delle pompe che si usano. Carta 70.

Quali esser debbano le sue orazioni et quale tutta la sua vita. Carta 77.

Parole di San Girolamo in materia di conservare la buona fama, cosa che molto alla vedova s'appartiene. Carta 75.[10]

Esempio di Giudith, nel quale si contiene la forma di tutta la vita della vedova. Carta 78.[11]

Lode et della Marchesa di Pescara et della contessa di Coreggio. Carta 72.[12]

---

[7] See, rather, fol. 49ᵛ.
[8] See fol. 51ʳ.
[9] See fol. 52ᵛ.
[10] Jerome's words to Salvina are, rather, at fols 76ᵛ–77ʳ.
[11] More accurately fols 77ʳ onwards.
[12] Vittoria Colonna and Veronica Gambara are praised at fol. 80ʳ.

LIBRO PRIMO, NEL QUALE SI RAGIONA DELLA INSTITUZION DELLA VERGINE.[1]

DOROTEA, FLAMINIO.

[6ʳ] [*Dor.*] Io aveva in animo di proporvi una bella materia da ragionare, ma, veggendo quanto intentamente leggete quel libro che vi recò l'amico vostro di Leone,[2] differendola a un altro giorno, m'è venuto desiderio di dimandarvi il soggetto di che egli tratta.

Fla. Signora Dorotea, il soggetto di questo libro non è men bello che utile et avrei caro che voi intendeste la lingua latina, ché, ancora che siate tale, vi fareste assai migliore col frutto della sua lezione, perché niun'altra è più convenevole alle donne né per aventura più necessaria.[3]

Dor. Quasi che io andava tuttavia indovinando meco stessa l'una cosa et l'altra, cioè che 'l libro fosse scritto nella lingua che dite, della quale siete di ogni tempo così studioso, et che egli trattasse di qualche soggetto nobile, non però mi sarei apposta che 'l soggetto [6ᵛ] convenisse a donne. Ma, di grazia, fatemi partecipe di alcuna picciola parte.

Fla. Questo io farei volentieri,[4] anzi vorrei che vi portaste con voi tutto quello che nel libro si contiene, se io non temessi che la memoria m'abbandonasse tra via. Ché l'usare l'officio di spositor di parole, oltra che è cosa che solamente si richiede con fanciulli nelle scole, penso che vi sarebbe più tosto di noia che di diletto. Ma perché sappiate la materia, esso tratta della instituzione, o

---

[1] In the 1553 edition, and subsequent ones, the term 'vergine' is replaced with 'giovane non maritata'.

[2] Lyon. In the 1547 edition, we read, instead: 'vi recò il Sanuto di Basilea' (fol. 4ʳ), Basel being where Vives's 1538 text was published. If the reference is to Marin Sanudo, the Venetian historian and politician, author of the *Diarii*, then Dolce introduces an inaccuracy in the fiction of his text, as Sanudo, born in 1466, had died in 1536. Changes in the 1547 edition will be indicated when these imply the addition of sentences or entire sections, but not in the case of minor changes in wording and spelling, unless these have a clear impact on the meaning and function of a sentence or passage.

[3] The 1547 text reads: 'il soggetto di questo libro è bello et utile et a me sarebbe sommamente caro che voi intendeste la lingua latina, con ciò sia cosa che, quantunque siate tale che poco più oltre si può aggiungere alle molte virtù et alle belle doti del vostro animo, non di meno io oso dire che vi fareste assai migliore col frutto della sua lezione, perciò che nessun'altra è più convenevole a onesta donna, né per aventura più necessaria' (fol. 4ʳ).

[4] In the 1547 text: 'Questo io farei volentieri, anzi vorrei che, per opra della mia lingua, vi portaste con voi tutto quello che el libro si contiene' (fol. 4ᵛ).

vogliate che io, secondo il vocabolo spagniuolo, dica creanza, della donna, formando una perfetta vergine,[5] una perfetta maritata et una perfetta vedova. Di maniera che ciascuna donna che osserva i ricordi di questo libro può con molta facilità innalzarsi alla perfezione di questi tre stati.[6]

Dor. Deh, di grazia, se così è, non vi gravi di essermi cortese di sì bello et prezioso tesoro. Né trovate scusa di memoria, ch'egli si sa bene quanto di questa parte, sì come di molte altre, v'è stata liberale et favorevole la natura, né legeste mai cosa che ella con perpetuo suggello non vi s'imprimesse nell'intelletto. Sì che aggraditemi, che io ve ne prego, di questo favore.

Fla. Se voi sete cotanto desiderosa d'ascoltare, io, per piacervi, sono contento di far prova se è vero quello che dite della mia memoria. Il che se fatto mi verrà, come io desidero, fia beneficio di Lauretta vostra;[7] se io caderò sotto questo peso, la vergogna ne verrà a voi che mi ponete addosso carico che forse non sono atto a portare.

Dor. Di questo lasciate pure a me tutto il biasimo, ché io vi prometto di riceverlo molto volentieri, [7r] ma voglio che 'l ragionamento si faccia con questa condizione: che a me sia lecito di dimandarvi la dichiarazione di tutto quello che io da per me non sarò bastante a intendere.[8]

Fla. Dimandate pure et interrompetemi ancora ad ogni vostro piacere, ch'io risponderò sempre cortesemente et con lieto animo per insino a tanto che mi servirà la memoria, come che io pensi che ciò non vi sarà di bisogno. Ma prima ritiriamoci di rimpetto a questa finestra, perciò che la piacevole veduta di questo giardino, il quale ora rivestito delle sue spoglie tutto bello et tutto ridente ci si dimostra, farà me più pronto di ragionare et voi per aventura d'udire.

Dor. Incominciate, che io v'attendo con gran desiderio.

Fla. Riputate, adunque, che, parlando io, parli questo libro.

Dor. Anzi, io istimerò che questo libro sia mutolo et che in sua vece ragioniate voi, sì come quello che, se pure esso parlasse, solo (rispetto a me) intendete il suo linguaggio.

---

[5] 'Donzella' is the term used in the 1553 edition.

[6] An interesting change in wording is present in the 1547 edition: 'Ma perché sappiate la materia, esso tratta della instituzione della donna cristiana, formando una perfetta vergine, una perfetta maritata et una perfetta vedova. Dico perfetta, in quanto è conceduta dalla imbecillità umana, con ciò sia cosa che niente nel mondo è di perfetto' (fol. 4v). The term 'creanza', and its more worldly connotation, is replaced with a reference to the formation of a 'donna cristiana'.

[7] In the 1547 text: 'fia a beneficio non tanto di voi, quanto di Lauretta vostra, che ora, tenera fanciulla, attende dalla vostra virtù la eccellenza di quelle doti che non si possono lasciar per eredità' (fol. 4v).

[8] In the 1547 text: 'et dimandarvi la dechiarazione di quelle cose che per debolezza del mio ingegno non sarò atta a intendere così facilmente' (fol. 5r).

Fla. Bella materia, come io dico, Signora Dorotea, è quella della quale volete ch'io vi ragioni, perciò che niuna cosa al riposo de' mortali è più necessaria che insegnar virtù et onesti costumi alla donna, in tutti i bisogni della vita compagna perpetua dell'uomo, quando si vede che l'amicizie et gli amori che nascono infra i buoni sempre durano, ma tra i cattivi hanno termine in breve tempo. Onde è detto non senza cagione da un gran filosofo che quelle città nelle quali si trova poco buona la disciplina delle femine sono d'una gran parte di felicità prive.[9] Et certo non può esser maggior miseria di quella che è a dover viver tutto lo spazio della vita che c'è conceduta da Dio insieme con la compagnia d'alcun malvagio. [7ᵛ] Il che, se meritamente disse quel savio uomo delle città, più convenevolmente si può dire d'una casa privata, perché, quando le cose private vanno male, non possono caminar ben le publiche. Molti hanno scritto diversi libri insegnando il modo di conoscere un cavallo, di domarlo et di governarlo, ma come si debba allevare, accostumare et ammaestrare una femina nessuno fino a qui (fuorché questo auttore) ha mosso la mano a scrivere. Forse perché stimano alcuni dotti uomini che si leggano più volentieri le cose dilettevoli che le utili; o che maggiore utilità porga al mondo l'uso del cavallo che della donna. Ma non credo io che alcuno sia di così povero giudicio che a questa sciocca opinione s'appoggi, perciò che noi tutti nasciamo di donne, viviamo con donne et senza donne non si possono conservare né ben reggere le nostre sustanze. In cotal guisa la maggior parte della tranquillità et all'incontro d'i disturbi, delle cittadi et delle famiglie deriva pur dalle donne. Appresso, que' libri che ci recano maggior profitto dilettano eziandio molto più gli intelletti sani; et di coloro che nel leggere apprezzano più il diletto che quel che giova è da farne poca stima, perché essi sono simili a quelli che tengono più caro il vetro che le gemme.[10] Molti ancora hanno insegnato con gran diligenza a coltivare i terreni, pretermettendo questa parte, quasi che più si debba prezzare il vivere che il ben vivere. Dovendo io, adunque, dar principio a questo utile ragionamento, dico[11] che, a voler che l'uomo[12] riesca perfetto in alcun'arte, necessaria cosa è che a quella dia [8ʳ] opera da fanciullo: però fu opinione d'alcuni che l'oratore s'incominciasse a formar dalle cune.[13] Onde, sì come a un povero artefice suol parer molto tardo quel giorno nel quale egli dèe ricevere il premio delle sue fatiche, et al pupillo desideroso di vivere a suo modo assai rincresce aspettar la

---

[9] Plato, *Republic*, v. 456D.
[10] In the 1547 text also: 'una imagine dipinta che una vera, et insieme col cane di Esopo, lasciando il proprio nudrimento dell'anima, cercano l'ombra fuggitiva nell'acqua delle vanità umane. Ma quale è più dolce cosa della virtù, quale più utile, quale più nobile et di maggiore ornamento? Certo niuna' (fols 5ᵛ–6ʳ).
[11] In the 1547 text also 'Prudente signora'.
[12] In the 1547 text Dolce adds, between brackets: 'et sotto questa voce uomo intenderete che si comprendano ambedue i sessi' (fol. 6ʳ).
[13] Quintilian, *The Orator's Education*, 1.1, 1–37.

venuta di quell'anno che apporta fine al noioso imperio d'i severi tutori, così debbiamo noi giudicar che tardi ogni tempo in cui s'incominci a spargere il seme prezioso della virtù nel petto de' nostri figliuoli. Et per qual cagione credete voi che questo alloro che c'è qui inanzi sia cresciuto così bello et così diritto, se non perché allora che esso era picciola verga fu dallo appoggio che gli fecero le vostre mani maestrevolmente ritenuto et sostentato? Similmente il cane corre audace nelle selve che da picciolo fu avezzo a latrare alla pelle dell'orso, del cinghiale et d'altro sì fatto animale postagli innanzi. È adunque mestiero, Signora mia, che questi esempi con tanto maggior cura si osservino dal padre della famiglia in ammaestrare la figliuola, quanto hanno più di bisogno gli uomini d'una femina ben creata che d'una pianta cresciuta dirittamente o d'un cane eccellente in caccia. Piglierà adunque il principio non pure dagli anni teneri, ma ancora dal latte istesso, il qual latte vorrei che, in quanto fare si potesse, fosse della propria madre, perciò che di qui tra lei et la figliuola quasi sempre maggior carità et amore ne segue.[14] Et, lasciando stare che nessun'altra, fuorché la madre, ha parte di tal nome del quale le fanciulle sogliono [8^v] volentieri battezar le balie, si avviene egli che pare a ciascuna assai più vera figliuola quella che essa non solo ha portata nel suo corpo — et d'indi con la dura legge del nascere, partorita — ma bambinetta fu dolce peso delle sue braccia, fu nudrita col suo sangue, posta a dormire, vegghiata, accarezzata et trattenuta con quei dolci allettamenti che, senza amore, non altro che freddamente et con poca cura si possono usar dalle balie. Questo, all'incontro, è cagione che la figliuola ama con più caldo zelo la madre, il quale zelo, acceso in lei nel semplice et tenero petto, negli anni poi della ragione arde con maggior fiamma, considerando essa le fatiche et gli affanni portati et sostenuti per lei. Ma non veggiamo noi gli animali bruti, come sono i leoni, gli orsi et altre crudeli et rapaci fere, amar con tanta tenerezza gli uomini che gli hannno allevati che per loro non ricusano di morire? Che adunque penseremo che far debba la creatura dotata della ragione? Avviene più oltre che non solamente l'amore (il che da se stesso è assai), ma a un certo modo ancora la inclinazione delle nature et i costumi s'asciughino col latte. Et di qui è che, spesse volte, si veggono figliuoli di madri oneste riuscir disonesti et disimili da' padri loro et molti se ne maravigliano, per non intender di quanta importanza è il latte. Però si legge appresso Gellio quella bella ammonizione di Favorino: che ogni gran matrona dovrebbe lattar con le proprie mammelle i suoi piccioli figliuoletti.[15] Né senza cagione è in bocca de' volgari che certo uomo, per aver

---

[14] This theme is widely discussed in conduct literature texts at the time, with moralists often underlining the importance of mothers breastfeeding personally their children. If they were unable to do so, they should choose wet nurses with utter care, for both their physical and moral qualities. This subject had been a source of discussion since ancient times. See, for instance, Plutarch's *The Education of Children* (*Moralia*, 3C-F).

[15] The views of the orator and philosopher Favorinus on breastfeeding were reported by his pupil Aulus Gellius (*Attic Nights*, 12.1, 1–24).

preso il latte da una scrofa, [9ʳ] in modo amò sempre il fango et le brutture della terra che godeva di rivolgersi per quelle et starvi dentro tutto il suo tempo.¹⁶ Et è cosa vera che 'l capretto nudrito del latte della pecora crea i peli del naturale più teneri et all'incontro l'agnello, se è nudrito dalla capra, gli fa più duri. Ancora nelle piante ha più forza l'umore et la condizione del terreno che non ha il seme. Deh, di grazia, per qual cagione si rimangono le nobili donne da questo primo così debito et pietoso ufficio verso i figliuoli? Per poco amore io non credo, perché niuno amore è simile a quello della madre, né alcuna può esser di così fiera natura ch'ella abbia in odio le sue carni. Altramente sarebbe in questo la donna superata dalle bestie, le quali amano i parti loro, gli nudriscono et allevano con tanto amore¹⁷ che mai non si allontanano da quelli insino a tanto che conoscono che essi hanno bisogno dell'opera loro. Partorisce l'orsa i suoi figliuoli quasi massa di carne senza perfezione alcuna et con la lingua, a ciò efficace istrumento dalla natura conceduto, a poco a poco gli va formando, di maniera che non pur madre, ma artefice di quelli merita esser detta. Ma la donna amorevole et umana i suoi di lattare non degna, forse parendole questo ufficio servile o perché teme di non offender la morbidezza della persona, o almeno per fuggire la fatica? A me pare ciascuna di queste cagioni assai leggiera. Perché, se ella terrà (come ben diceva quella illustre Cornelia, madre d'i Gracchi)¹⁸ che 'l maggior tesoro della casa sieno i figliuoli, giudicherà ancora nessuna fatica esser più cara né più lodevole di quella che si [9ᵛ] pone d'intorno alla cura et governo di essi. Et il lattare non solo non offende, ma giova. Anzi, per il contrario facendo, avviene che, nel seccarsi del latte, spesso la donna in qualche infirmità incorre. Provide la maestra natura alla nodritura de' fanciulli, convertendo con maraviglioso artificio il sangue in latte, affine che quello aspetto non spaventasse et volle che i primi alimenti si prendessero da quello istesso, onde essi sono formati. Et le madri, ciò a' loro bambinetti ricusando, penseranno di non peccare? Pecca invero chi toglie quello d'altrui, né cosa è più propria né più convenevole che se conceda a' figliuoli che la medesima sostanza della quale sono formati.

Dor. Tale opinione fu sempre lodata da me, ma la consuetudine d'oggidì è in tutto contraria.

---

¹⁶ In the 1547 text: 'Ricordami aver letto che un fanciulletto, il quale fu esposto, nudrito dal latte d'una cerva, crescendo divenne velocissimo nel corso' (fol. 7ʳ).

¹⁷ In the 1547 text 'amore' is replaced by 'benivolenza' (fol.7ʳ).

¹⁸ Cornelia (*c*. 190–121 BC), daughter of Aemilia Tertia and Publius Cornelius Scipio Africanus Maior, the conqueror of Hannibal. She was an influential model of the Roman matron. Thanks to their father, she and her sister (also called Cornelia) were educated in Greek literature and philosophy. She married the wealthy and much older Tiberius Sempronius Gracchus. When her husband died, in 154 BC, she refused all marriage offers and devoted herself to the management of her estates and to the education of her children, the future well-known land reformers Tiberius and Sempronius Gracchus, both of whom were assassinated.

Fla. Se io fossi principe, farei una legge per la quale tutte le donne fossero astrette a lattare i loro figliuoli. Ma perché lo errore confermato per lunga usanza è difficile a emendare — et molte cose si seguono non perché noi sappiamo che elle stiano bene, ma per essere introdotte dall'uso — poiché le gentildonne aborriscono questa opera di pietà, pongano almeno ogni diligente cura in trovare una balia degna a cui si debba commetter l'ufficio di tanta importanza. Nella quale le parti principali che si ricerchino siano la bontà et la sanità, atteso che dalla sanità della balia depende ancora la sanità della fanciulla, con ciò sia cosa che, non essendo altro il latte che sangue, se questo è da qualche infirmità corrotto, per la bocca di lei entrando, si sparge per tutte le parti del corpo et produce effetto simile a lui. Quella, cioè la [10ʳ] bontà, è necessaria, perché, quando l'animo della nudrice è offeso da qualche vizio, oltra che gran parte di quel vizio si beve col latte, egli, a guisa di peste che da una ad altra persona s'avventa, ne infetta l'animo similemente della fanciulla. Onde,[19] volendo Didone biasimar Enea di crudeltà, dice che le Tigri gli avevano dato il latte.[20] Et di vero i petti teneri sono come le spugne, le quali asciugano così le acque dolci come le amare. Et sì come il vaso conserva lungamente l'odor di quel liquore che da prima gli fu sparso dentro, così, incontrario, difficilmente si possono lasciar quei costumi che si appresero dagli anni primi. Noi veggiamo molte volte di alcun segnalato diffetto che si vede nella età matura renderne la origine alle balie, et meritamente; ma con più merito si dovrebbe di ciò incolpar la madre, la quale, nella cura di che parliamo, non ebbe quella piena considerazione che è mestieri di avere. Alcune hanno riguardo al paese et sogliono far tra loro gran differenza che la balia sia nasciuta più in una che in altra città o contado o castello. La qual differenza è tuttavia vana, perché non sono i paesi cagione né della virtù né del vizio, ma o la buona o la cattiva creanza et così, medesimamente, o la buona o la non buon volontà di chi vive in quelle. Altramente ne seguirebbe che la giustizia dovesse delle sceleratezze che si commettono dagli uomini punire i luoghi et non gli uomini. Aggiunta, adunque, a queste due parti nella balia l'abbondanza del latte, altro in lei desiderar non si deve, perché essendo ella femina, come s'è detto, di bontà, sarà necessariamente sobria, modesta, amorevole et attenderà con diligenza alla sua cura.

[10ᵛ] *Dor.* Bello è questo primo avvertimento et tanto più necessario, quanto alcune vi pensano meno.

Fla. Tolta che sarà la fanciulla dal latte et saprà favellare et mover con fermo passo i piccoli piedi, ci restan di molte considerazioni, le quali importantissime tutte sono. Et, per incominciar dalla prima, debbono essere i suoi primi giuochi con le fanciulle della sua età, sempre trovandosi a quelli

---

[19] In the 1547 edition, Dolce points out that the reference is from Virgil.
[20] Virgil, *Aeneid*, IV. 367.

presente o la madre o la balia o altra femina grave di anni et da bene, la quale questi giuochi vada a poco a poco ristringendo et ombreggiandole sotto quelli la onestà et la virtù. Non si lasci conversar con fanciulli maschi, con ciò sia cosa che, oltra che molto nuoce avezzarla così tosto a dilettarsi del nostro sesso, noi solemo naturalmente amar lungo tempo coloro con i quali abbiamo avuto le nostre prime domestichezze et i nostri primi sollazzi, essendo fanciulli. Il che molto più avviene nelle femine, le quali, per dire il vero, sono di più debole complessione che non sono gli uomini. Et se per aventura in quella età s'appiglia amore, egli dapoi fa così salde radici che non se ne può levare.

Dor. Né questa certamente è parte che si debba trappassare con gli occhi chiusi.

Fla. Vorrei, per la seconda considerazione, che questi giuochi puerili fossero di qualità che contenessero in loro quasi un abbozzamento di tutta la vita che dèe tenere casta et virtuosa donna. Però, rimosse da lei quelle sciocche imagini che si costumano per ogni casa, vestite et adorne di gemme et di vari panni, le quali appresentano certa simiglianza d'iddoli, consiglierei che, in iscambio di quelle, le si ponessero tra le mani gli [11ʳ] strumenti di tutte le bisogne della casa, in certa picciola forma, come li veggiamo in legno e in diversi metalli ridotti. Perciò che, dove l'uso di quelle insegna alle fanciulle prezzar gli ornamenti et le pompe, accrescendo il desiderio che porta seco dalle fasce naturalmente ciascuna femina, la consuetudine di quest'altri sarà cagione che esse impareranno con diletto et il nome et l'ufficio di ciascaduno. Oltra di questo, le favole, delle quali è così vaga la semplice fanciullezza, non siano tali quali sogliono communemente raccontar le femine semplici et di grossa pasta, ma oneste, ingeniose et esemplari, sotto il placevole fingimento di queste, quando risvegliando la fanciulla nell'amor di Dio, quando accennandole la riverenzia che si dèe alla madre, et quando una virtù et quando un'altra, discoprendole colei che è posta, quasi accorta et diligente architetta, alla cura di tanta fabbrica. Segue la terza et maggior considerazione, la quale è che non solo dobbiamo guardarci di fare alcun atto men che onesto in presenza delle vostre figliuole, ma di dir parola né lasciva né inconsiderata, perché, sì come esse sono atte a imprender con poca fatica et quelli et queste, così ad ogni tempo ne fanno di loro la memoria, con dolce diletto, conserva. Et avviene che non solo le cose per lungo uso vedute et ascoltate ci dimorino nella memoria, come io dico, ma che, ancora non vi pensando noi, ci escano fuor di bocca et in opera le mettiamo, et tanto più le cattive quanto la natura umana[21] è più inchinata al male che al bene. Né si segua in ciò il costume dannoso d'alcuni imprudenti, i quali hanno caro che la figliuola [11ᵛ] dica spesso o motto o parola ripiena di disonestà et, riputandola accorta, alora con le risa la basciano et l'accarezzano molto, non si accorgendo che ella tanto più se gli fa famigliari quanto conosce

---

[21] In the 1547 we read, between brackets: 'colpa di quel nostro primo padre Adamo' (fol. 9ʳ).

che 'l padre ne prende piacere et la lauda. Et col tempo viene a formare un abito che non pure è difficile, ma impossibile a mutarsi. Deh, dubitiamo noi che i nostri figliuoli debbano esser troppo tardi alla cognizione del male, la quale cognizione traemo tutti generalmente della origine di questa carne? Certo no, perché gli effetti si dimostrano in tutto contrari. Onde, sì come veggiamo fare in Vinegia ai maestri delle navi — i quali, avendo a formare di molti legni un corpo solo che stia sopra l'onde, congiungono insieme una tavola con l'altra con maestrevole intessitura et, questo non bastando, pongono tra le commissure de' legni canape in molta copia, di maniera che alcuna apritura non vi rimanga; in ultimo ricoprono tutto quel corpo di tenacissima pece, affine che l'acqua non possa da niuna parte entrar dentro — così dovrà far ciascun padre nel faticoso componimento dell'animo della figliuola, considerando che questo corpo mortale è a guisa di nave posta nel mare di molte sceleratezze, le quali, perché non possano penetrar nella parte interna (che è esso animo) in modo che si sommerga in quelle, bisogna chiuder loro tutte l'entrate. Il che si farà allontanando dagli occhi et dalle orecchie della fanciulla quanto si può il vizio. Et, quando aviene che ella dica parola sozza o vituperosa, [12ʳ] di subito ne venga ripresa dal padre, dalla madre o dalla balia che le si trova presente, facendolesi avedere quello non esser detto che si convenga alla buona fanciulla. Così, se dimostrerà costume alcuno vizioso, s'usi simile effetto, minacciandola con destra maniera talmente che ella tema di commettere o dir cosa per la quale dapoi sia costretta a piangere. Similmente, nelle cose ben dette et fatte con bel costume, si dèe accarezzarla et dimostrarsele grati con qualche picciolo presente conveniente a quella età, perché, da una parte la paura delle minaccie, dall'altra la speranza del premio, le insegnerà a poco a poco avere in odio il vizio (posto che ella ancora non lo conosca) et amar la virtù. È da riprender sopra tutto ne' padri e nelle madri la troppa affezione, per la quale, concedendo alle figliuole quello che non si deve, sono dapoi cagione che trabocchino in quello che non conviene. Però dèe il padre riputare che la sua casa sia simile a una repubblica, se non in quanto nella repubblica molti hanno insieme il governo, et egli è solo principe della sua famiglia. Avendo adunque la persona del principe, ancora se gli richiede, che usi ufficio di principe, il quale è di dimostrarsi giusto egualmente verso ciascuno; ma non deve però usar tanta severità ne' figliuoli che non si ricordi d'esser padre, né tanta benignità che si dimentichi d'esser principe, ma bisogna ancora tenere tra l'uno estremo et l'altro un certo mezo, [12ᵛ] per il quale sia di pari temuto et amato.[22] Et se è da peccare in uno di questi due è men dannoso peccare nella severità che nella piacevolezza, perché questa corrompe et quella ammaestra. Dell'una il figliuolo (respinti che sono que' primi empiti et ammorzati que' primi ardori giovanili) sente doppio obligo al padre, avendo

---

[22] These lines recall Machiavelli's *Il principe*, Chapter XVII, where he discusses whether it is better to be loved or feared by his subjects.

da quello ricevuto non solo l'essere, ma il buono essere. Dell'altra, quando ei incorre nelle miserie, gli dà carico et si lamenta che da fanciullo gli concedette troppa libertà. Et di qui aviene che molti, essendo condotti al supplicio, ne rendono la colpa al padre. Adunque, è utile che la figliuola spesso pianga et s'attristi, essendo fanciulla, perché ella possa ridere et viver lieta, quando sarà attempata.

Dor. Per certo non si dovrebbe fare altramente.

Fla. Tirate queste prime linee, veggiamo di ombreggiare et di colorire il nostro dissegno. Come la fanciulla sarà pervenuta in età atta a imparar lettere (il che fia secondo alcuni filosofi[23] nel settimo anno et secondo alcuni altri nel quarto o nel quinto, et più o meno in quanto che si trovi l'intelletto capace), voglio che alora il padre consideri in lei due fini: l'uno la religione et l'altro il governo della casa — et secondo questi due fini s'affatichi di fare ch'ella si ammaestri nelle discipline virtuose, negli essercizi che convengono a chi ha ad essere donna di famiglia. Nelle discipline porremo la cognizion di Dio et dell'onesto, quella pertinente al componimento dell'anima et questa alle azioni del corpo. Negli esercizi si contenirà il governo e i lavori. Del governo si [13ʳ] parlerà distintamente nel formar della maritata. I lavori saranno ora i primi nei quali porremo mani. Ma prima eziandio ch'io di questi ragioni, voglio dirvi che due cose ricercarei nella mia fanciulla: timidità et vergogna, le quali abbiano a esser quasi base et fondamento di tutta la fabrica delle virtù in che noi intendiamo disciplinarla. Et senza queste è da credere che tutto lo edificio rovinerà, in modo che ci bisogna principalmente in lei l'una et l'altra piantare, accrescere et fermarla di tempo in tempo. Vengo ai lavori. Voi dovete, Signora Dorotea mia, sapere che 'l lavoro delle gentildonne antiche era il filo et la lana, due cose di grande utile alla conservazione delle famiglie. Oggidì sono ambedue rimase alle femine di basso grado, col picciolo guadagno delle quali sostengono assai debolmente la lor povera famigliuola. O ventosa vanità, o delicatezza dannosa delle nobili del nostro secolo, poiché queste si recano a vergogna quello che in tutte le età fu di sommo onore et di riputazione alle donne d'alta fortuna et celebrate per molte virtù! Ridotto tutto lo imperio del mondo sotto la podestà d'Augusto, non ebbe questo prudente et lodatissimo imperadore per cosa vile che la figliuola et le nipoti nei lavori della lana si esercitassero. Era eziandio costume di tutte le Romane, il giorno che nella casa del novello sposo si trasferivano, in quella seco portare il fuso et la rocca[24] et, toccando le soglie della porta, con certa quantità di lana di essa a guisa di ghirlande la coronavano. Era Tanaquil,[25] moglie di Tarquinio Prisco, [13ᵛ] adorata per dea, non per altra

---

[23] 'Savi uomini' (fol. 10ᵛ) in the 1547 text.
[24] 'Conocchia' in the 1547 text.
[25] Caia Tanaquil's was married to Lucius Tarquinius Priscus, according to tradition the fifth king of Rome, who reigned from 616 to 579 BC (Livy I. 34.1–12). Dolce, following Vives, identifies Tanaquil with the Roman matron Caia Caecilia, occupied in the act of weaving, and

cagione se non perché, vivendo, fu la lana continuo lavoro delle sue mani. Et la sua statua si rappresentava con una rocca in mano per esempio di industria a tutte le donne. Né è da tacere che, essendo il figliuol di Tarquinio insieme con gli altri giovani venuti d'improviso a Roma per terminar la contesa che essi avevano con Collatino sopra la castità delle mogli, doppo lo aver ciascuno trovata la sua in conviti et danze, trovarono nel fine Lucrezia che, sedendo in mezo delle sue ancelle, dava intentamente opera a questi lavori, avendo compartito a ciascuna la parte sua.[26] Et volendo Terenzio dimostrare una fanciulla modesta et pudica, dice che ella con la lana et con la tela il suo vivere procacciava.[27] Né penso che molto importi che più o lana o lino si lavori, quando ambedoi appartengono parimente agli usi necessari del vivere et furono sempre onestissima fatica delle donne di valore. Anna, moglie di Elcane, tesseva con le proprie mani tutte le camiscie che 'l suo figliuolo Samuele portava.[28] Et la casta Penelope, reina degli Itachi, col tessere della sua lunga tela ingannò vent'anni la vana aspettazion di coloro che le sue nozze sollecitavano; doppo i quali ritornò a lei il suo caro et desiderato marito. Che dirò delle reine di Macedonia et di Epiro, le quali tessevano ancora elle et cuscivano le vesti de' mariti, de' fratelli, de' figliuoli et de' parenti loro? Che di Alessandro Magno, il quale alle reine di Persia alcune fatte pur dalla madre et dalle sorelle ne dimostrò?[29] Odo che la reina Issabella, moglie [14r] di Ferdinando, volle che quattro sue figliuole (che tante ve n'ebbe) sapessero filare, cucire et raccamare eccellentemente: delle quali le due prime furono reine di Portogallo; la terza reina di Spagna, madre del presente Carlo imperadore; et la quarta reina d'Inghilterra, donna di Enrico ottavo.[30] Et certo

---

portrayed with a distaff and spindle. As Fantazzi points out (in Vives, *The Education*, p. 60, n. 34), Vives's own reference is Pliny the Elder (*Natural History*, VIII, 74. 194–95).

[26] 'Et per questo riputata più casta, Collatino fu vincitore', the 1547 edition specifies (fol. 11v). Another figure that mixes legend and history. Lucretia, daughter of Spurius Lucretius and wife of Lucius Tarquinius Collatinus, was a central heroine in the myth that refers to the fall of the monarchy in Rome. Following a dispute among the sons and relatives of the king Tarquinius Superbus about the virtues of their wives, Lucretia was proclaimed the wisest, most beautiful and virtuous of all matrons, after she had been found at home, working with wool, and her servants all busy in useful tasks. When, enflamed by insane passion, Sextus, the king's son returned to rape her and threaten her, she killed herself from shame, asking her husband, her father and her uncle, Lucius Junius Brutus, to avenge her honour. According to tradition, such was the indignation of the people of Rome for her death, that Tarquinius Collatinus and Lucius Junius Brutus then led the revolution in 510 BC which resulted in the establishment of the republic in Rome. Lucretia was often cited as the model of a virtuous woman and credited for the end of the monarchy and the creation of the republic.

[27] Terence, *Andria*, 69–75.

[28] 1 Samuel 2. 19. Elkhanah had two wives, Penninah and Hannah, who could not bear any children, until God gave her the gift of a son, Samuel, and then of a further three sons and two daughters.

[29] Quintus Curtius Rufus, *The History of Alexander the Great* V. 2. 18–21.

[30] Isabel of Castile (Isabel the Catholic) (1451–1504) was the daughter of Juan II, king of Castile,

i lavori di mano sono necessari non solo alle donne private, ma ancora alle principesse et alle reine et tanto più a queste quanto manco esse sentono la gravezza delle cure famigliari. Perciò che, che faranno elle? Consumeranno sempre le ore tra la moltitudine delle damigelle et de' cortegiani? Quali ragionamenti saranno i loro? Parleranno sempre di motti et d'arguzie? O pure novelleranno? Non avranno questi ragionamenti mai fine? A che daranno poi opera? Penseranno, mi risponderà alcuno. I pensieri feminili sono per lo più veloci, instabili, leggieri, erranti et non sanno dove fermarsi. Leggeranno, ottimo esercizio, al quale primieramente debbono indrizzar l'animo. Ma sempre non si può leggere et lo stare in ocio, come più innanzi si dirà, è cosa tanto dannosa che nulla più. Né debbono imitar le femine di Persia, le quali, tra il molto numero degli eunuchi, sedendo in conviti, in canti et in continui piaceri et lascivie, ne menavano i giorni, i quali piaceri, per ischifar la sazietà, si mutavano in diversi modi et il fine dell'uno era il principio dell'altro. Né però con tale varietà potevano contentar l'animo, con ciò sia cosa che questo non è il suo vero cibo. Di qui egli sempre alcuna nuova cosa desiderava, a guisa di uno che, [14^v] volendosi vestire d'i panni d'altrui, doppo averne provati molti di diverse qualità et misure, non ne trovando alcuno che gli stia bene, quando torna al primo et quando all'ultimo, et infine gli danna tutti. Ma gli onesti lavori sempre dilettano et doppo le fatiche sono i riposi più grati. Conchiudo che le nostre donne non dovrebbono disprezzar quel lavoro che alle passate è stato in ogni tempo, come s'è veduto, d'onore. Ma, poiché questo buon costume insieme con molti altri è corrotto, tornando alla mia fanciulla, sappia almeno ella cucire et raccamare bastevolmente.

Dor. Lascisi pure, Signor Flaminio, il lavoro della lana et del filo alle povere femine, et alle donne ricche et nobili rimangano questi due. Et seguitiamo il proverbio, il quale è che all'uomo la penna et alla donna s'acconviene l'aco.[31]

---

and his second wife, Isabel of Portugal. Proclaimed heiress to the throne in 1468, she married Ferdinand of Aragon (Ferdinand the Catholic, 1452-1516) the following year. Their eldest daughter, Isabel (1470-1498) married in 1490 Prince Afonso of Portugal, who died just a few months later. In 1497, she re-married, with her first husband's uncle, Manuel I, king of Portugal. She died giving birth to her son Miguel (who died aged two in 1500). Manuel I then married Isabel's younger sister Maria (1482-1517) in 1500, and they had ten children, the first born being the future king of Portugal and the Algarves, João III. Juana (1479-1555) married Philip the Fair, archduke of Austria, in 1496. Heiress to her father's crown after her brothers' death, she became queen of Castile at her mother's death in 1504. In 1506 she lost her husband, to whom she was passionately devoted, entering a state of melancholia that soon tranformed itself into mental illness (she was therefore known as Juana la Loca). She was kept prisoner in the Castle of Tordesillas for fifty years until her death, without any active political role. She was the mother of Emperor Charles V (1500-1558). On Catherine of Aragon, see above, Introduction, n. 7.

[31] The 1547 edition reads: 'Invero, tutto che il raccamare sia lavoro ingenioso et bello, non essendo quanto il cucire necessario, non recarei a vergogna il non saperlo; ma il dirò bene che il saper cucire a noi donne tanto appartiene quanto a voi uomini il saper scrivere' (fol. 12^{r-v}).

Fla. Io per me non so tutti i lavori che vi s'appartengono, ma consiglio bene che niuno si lasci adietro. Et vorrei appresso che non solo questa fanciulla s'addestrasse nelle faccende particolari della casa (che molte ne sono), sì come adornare una camera, acconciare un letto, far che tutte le masserizie famigliari siano divisate con ordine et a' luoghi loro, in modo che paia che tutta la casa da ogni parte goda et sia piena d'allegria, ma eziandio della cucina, imparando il modo di cucinare et di ordinare le vivande, le quali vorrei che per la maggior parte fossero curate et amministrate da lei. Perciò che ci sono sempre più grati quei cibi che vengono dalle mani delle nostre o sirocchie o mogli o figliuole che abbiamo, che non [15ʳ] sono quegli altri che vengono dalle fanti. Ben so io che alcune delicate madonne si faranno beffe et mi scherniranno (se questi ragionamenti pervenissero alle orecchie loro) ch'io voglia occupar nella cura della cucina le loro figliuole, ma quelle solamente che stimano più bella loda che le figliuole imparino come si compongano i belletti che questa parte non solo commoda, ma necessaria, in ciascuna casa. Perciò che il tutto si fa sempre con più ordine, con maggior nettezza et con minore spesa, et eziandio con più cura, essendo diviso et apprestato o dalla madre della famiglia o dalla figliuola. Ma vegniamo oggimai a quello che importa più.

Dor. Veramente non è cosa necessaria nella casa, nella quale alla donna non convenga di metter mano.

Fla. Quanto alle discipline della fanciulla che quelle sono che appartengono all'animo, avendo per fine, come s'è detto, la religione, Signora Dorotea, mi trovarete contrario alla opinione di molti. Si suole dal volgo communemente avere in sospetto le donne letterate, come che alla malizia naturale se ne aggiunga l'artificiale, quasi che medesimamente non si debba avere in egual sospetto gli uomini, se avviene che allo ingegno maligno s'accompagni l'astuzia che si apprende dalle dottrine. Ma tale è la condizione de' mortali che 'l bene non si sa se egli non viene insegnato et il male, se bene altri ce 'l cela, non si può nascondere, perciò che esso in ogni luogo è presente, da se medesimo si dimostra et ama di farsi vedere. Questo mondo è simile a un bosco oscurissimo et pieno [15ᵛ] d'ogn'intorno di tesi lacci, nei quali noi ciechi et ignoranti del nostro bene c'inviluppiamo di volontà. Né veggiamo altro lume, se non quanto si ci dimostra dal raggio della divina bontà, il quale, sgombrando le nostre tenebre, ci apre gli occhi et c'insegna per molte vie come abbiamo a uscire et guardarci da questi lacci. Né c'è la migliore di quella delle scritture, nelle quali, sì come il sole riluce nel cielo, così risplende la luce della virtù. Confesso essere alcune dottrine vane, le quali sono tenute sciocchezze appresso Dio. Ma la dottrina che io giudico necessaria a tutti gli uomini et a tutte le donne è sana et casta; quella che ammaestra et non corrompe; quella che porge l'armi della continenza et non della prodigalità, della ragione et non degli appetiti. Et togliendo all'un sesso et all'altro la cognizione che io dico è come disarmare un soldato et lasciarlo in potere de' suoi nimici. Ma, se aviene che noi teniamo che 'l sapere sia di danno alle donne, bene sarà di ridur le nostre figliuole nelle solletudini delle ville; et se si scopre in esse alcuna favilla d'ingegno, offuscarla, ammorzarla et far quelle, per dirlo in una parola, d'animali dotati della ragione, divenir bestie senza intelletto. Ricordami aver letto che Aristotele dimanda donde procede che i musici che sono condotti per prezzo nelle feste siano communemente uomini lascivi, vani et di niun valore.[32] Risponde che, conversando essi di continuo fra i conviti et fra i piaceri, né essendo chi insegni loro i precetti della filosofia, né meno avendo occasione di veder gli uomini alora [16ʳ] che sobriamente vivono, non sanno ancora tenere altra vita di quella che hanno veduta et imparata per lungo uso. La qual risposta mi move a fare uno argomento fortissimo et approvato dalla esperienza. Et questo è che niuna donna fu mai impudica, se non o per non sapere o per non considerare quanto bello et prezioso tesoro sia la castità et come, privandosi di questa, priva se medesima d'ogni bene, anzi, insieme col suo onore, uccide la propria vita, con ciò sia cosa che dalle lezioni delle buone lettere s'impara a sprezzare il vizio et si scorge la via ch'a buon fine dirittamente conduce. Il che conoscendo et avendo innanzi la donna, è impossibile che si lasci trasportare a commettere effetto che macchi il candore della bontà; o, se pure per diffetto di questa carne inferma trasportata vi viene, pensi tra se stesso ciascuno quando tanti buoni ammaestramenti che si contengono in vari libri non l'avranno potuta ritrar dal male, quanto meno senza sì fatta cognizione sarebbe rimasa d'involgervisi et d'abbracciarlo.

Et se io voglio ripigliare in questo luogo gli esempi delle passate età, non troverò gran fatto che veruna femina dotta sia stata impudica, anzi si vedrà chiaramente che la maggior parte d'i vizi d'i tempi andati et d'i presenti sono in tal sesso proceduti et procedono dalla ignoranzia. Dico ignoranzia per non aver queste letti quei nobili ricordi[33] che della castità, della onestà, della modestia et del vero ornamento delle donne hanno lasciato scritti molti santi uomini et savi filosofanti. Che se letti gli avessero, mi giova credere [16ᵛ] che non avrebbono molte di voi data sì larga materia a' poeti tragici et satirici di scrivere con sì accurata mano tante carte in biasmo vostro, perché ciascuna si saria contenuta tra i confini dell'onestà. Potrebbono per aventura addurre alcuni in contrario delle mie ragioni di tutto il numero delle famose antiche due o tre dotte et impudiche: come Saffo, che tanto lascivamente amò Faone,[34]

---

[32] Aristotle, *Problems*, xxx. 10. 956b. The reference in Aristotle is to Dionysian artists, i.e. artists connected with the theatre, perhaps actors.
[33] The 1547 text reads here: 'che del vero ornamento delle donne (benché brievemente et non quanto si converrebbe) hanno lasciato scritti molti santi uomini et antichi filosofanti' (fol. 14ʳ).
[34] Phaon was a mythical ferryman of the isle of Lesbos, who one day ferried over Aphrodite on his boat, and did not accept any payment for doing so. To repay him, she gave him a box of ointment that turned him from old and ugly into young and beautiful and was thus loved by many women. The legend goes that Sappho fell in love with him, but, unrequited, she lept to her death from Cape Leucas, on the west coast of Greece.

Leonzia,³⁵ concubina di Metrodoro, et Sempronia, da Sallustio lodata in un medesimo tempo di lettere (che ella era dotta nelle greche et nelle latine) et biasimata d'impudicizia.³⁶ Quasi che io allo 'ncontro di queste tre non possa addurre un numero quasi infinito di quelle che col mezzo della dottrina pervennero a grandissima perfezione di virtù et di bontà, né solamente delle nostre, ma delle barbare ancora. Ma prima che io venga a questo, è da rispondere alle opposizioni di costoro. Et dico che alcuni auttori degni di fede affermano che la Saffo di tanto grido nella poesia non fu quella che amò Faone, ma un'altra non manco nobile di dottrina che di bontà di animo; et Leonzia non entrò dotta nella casa di Metrodoro, ma da lui apprese la dottrina, la quale fu epicurea, cioè maestra et conceditrice de' diletti mondani. Sempronia altra virtù non avea imparata che l'arte del dire, la quale, senza le ottime discipline et la vita buona, è dannata da chi ne scrisse. Ma s'io vi fo venire innanzi la gloriosa schiera delle donne dotte et caste, vi si mostrerà prima Cornelia, madre d'i Gracchi,³⁷ la quale, oltra che fu esempio di dottrina et di castità, fu ancora maestra [17ʳ] de' suoi figliuoli. Seguirà dapoi Lelia, Muzia³⁸ et Porzia di Bruto,³⁹ la quale raccolse assai gran parte del senno di quel gran Catone suo padre. Verrà appresso Cleobolina, di Cleobolo, uno de' sette savi della Grecia, figliuola: questa visse così intenta alle lettere et alla virtù che, tenendo a vile tutti i piaceri, di qua giù morì con la corona della virginità.⁴⁰ Il cui bello esempio seguitando la figliuola di Pitagora, doppo la sua morte fu eletta a legger

---

³⁵ Leontion (4th–3rd century BC) was an Athenian courtesan, a companion of the philosopher Epicurus at his school in Athens and a philosopher herself. After Epicurus's death, she and Metrodorus of Lampsacus (*c*. 331–277 BC), the most famous of the philosopher's disciples, became lovers and had a son named after Epicurus and a daughter called Danae.
³⁶ Sempronia (1st century BC) was well read in Greek and Latin literature, able to play the lyre and dance skilfully, beautiful, intelligent, and accomplished, as we read in Sallust (*Catiline*, XV. 1–5), but, he adds, she was also a woman who did not hold chastity or modesty in much esteem and committed many crimes. Sallust accuses her of being among those who supported Lucius Sergius Catilina in his conspiracy.
³⁷ On Cornelia, see n. 18 above.
³⁸ Laelia (2nd–1st century BC) was the daughter of Caius Laelius, one of the greatest and most skilled orators of his time. She learnt rhetoric from her father and was praised by Quintilian for her abilities in this art (*The Orator's Education*, I. 1. 6). Laelia married Quintus Mutius Scaevola, himself a well-known orator. Her daughter Mutia was also an elegant rhetorician: she married Lucius Licinius Crassus, himself a remarkable orator. Her two daughters, both called Licinia, carried on the tradition of rhetorical skills of the family.
³⁹ Porcia was the daughter of Marcus Porcius Cato Uticensis, consul, fierce opponent of Caesar and an outstanding orator. She first married Marcus Calpurnius Bibulus, and then, later in life, Marcus Iunius Brutus, who participated in the assassination of Caesar. She took her life in 43 BC.
⁴⁰ Cleobulina was the daughter of the philosopher Cleobulus of Rhodes, one of the Seven Sages, and was said to compose riddles in hexametres (Diogenes Laertius, I. 89). She is praised by Thales in Plutarch's *Dinner of the Seven Wise Men* (*Moralia*, 148 C-E).

nella scola del padre et insieme preposta a tutte le vergini.⁴¹ Di questa disciplina Teano Metapontina meritò d'esser lodata non meno per scienzia d'indovinare che per eccellenzia di castità. Leggesi ancora che le dieci Sibille furono vergini, et vergini furono parimente Cassandra et Crisse indovinatrici,⁴² l'una ripiena dello spirito d'Apollo et l'altra di Giunone. Et era la virginità a tutte sì fatte femine quasi proprio et speziale ornamento. Lasciarò da parte Femone,⁴³ inventrice del verso eroico, Ortensia figliuola di Ortensio,⁴⁴ donna di tanta onestà et di eloquenzia in modo simile al padre che ella ebbe una orazione dinanzi ai triumviri in materia del suo sesso. Et questa orazione la seguente età non solo conservò a maraviglia et onore di eloquenzia feminile, ma leggevasi eziandio nelle scole, come le orazioni di Cicerone et di Demostene. Trappasso similmente Adessia Alessandrina,⁴⁵ per virtù et costumi tenuta a miracolo del suo secolo; trappasso Corinna,⁴⁶ figliuola di Archidoro, giovane ripiena di castità et di prudenzia et tanto eccellente nella poesia che cinque volte, contendendo con [17ᵛ] Pindaro, lo superò; né parlo di Erinna Teia,⁴⁷ a' tempi di Platone nella maestà del verso eroico tenuta eguale a Omero, che è

---

⁴¹ Theano was, according to some, the daughter of Pythagoras and to others, his wife.
⁴² Cassandra was the daughter of King Priam of Troy and Hecuba. Chryseis was the daughter of Chryses, the oracle of Apollo at Troy.
⁴³ Phemonoe, mythical daughter of Apollus and his first priestess at Delphi. A poet, she was said to be the inventor of the hexameter which she used to express her prophecies. To her is attributed the famous maxim: 'Know thyself.'
⁴⁴ Hortensia was the daughter of the famous Roman orator Quintus Hortensius Hortalus (114-50 BC), a rival of Cicero. During the second Triumvirate, in 42 BC, she delivered a famous speech in which she argued against a special tax levied against the wealthiest women in Rome by the triumvirs Antony, Octavian and Lepidus, who needed to fund their war campaigns. Quintilian, *The Orator's Education*, I. 1. 6; Valerius Maximus, VIII. 3. The *Factorum et dictorum memorabilium libri IX* ('Nine Books of Memorable Deeds and Sayings') by the Roman historian and moralist Valerius Maximus is a collection of historical anecdotes, with memorable deeds and sayings, for the use of rhetoricians. The handbook was composed around 31 AD, during the reign of the Emperor Tiberius, and was intended for use in the schools of rhetoric. The anecdotes exemplify human virtues and vices and are mostly taken from Roman history (sources are not easy to determine, but they include Cicero, Livy, Pompeius Trogus, Varro), and include also extracts from the annals of other cultures, such as the Greeks. Despite its contradictions and errors, this collection proved very popular in the Middle Ages and the Renaissance. It is often a source for Vives and, consequently, also for Dolce's text.
⁴⁵ Aedesia was the spouse of the Neaplatonic philosopher Hermeias and a philosopher herself.
⁴⁶ Corinna, daughter of Acheloadorus, was a poet from Tanagra, in Greece. There are many stories about her alleged victory in poetry competition over Pindar.
⁴⁷ Erinna was an esteemed poetess from the Greek island of Telos, off the coast of western Asia Minor. Dolce picks up from Vives's *De institutione* [1538], p. 16, the adjective Teia, from Teos, the correct form being instead Telos (Fantazzi, in Vives, *The Education*, p. 67, n. 63). She is known for her poem *The Distaff* in three hundred hexameters.

pareggiato ad Apollo. Et chi non ha letto di Paula,⁴⁸ moglie di Seneca, la quale fu emula non solamente della dottrina del marito, ma ancora d'i costumi? Chi non ha udito ragionare di Pola Argentaria di Lucano, matrona di tanta dottrina et di sì vivo giudicio che più volte aiutò il marito nel componimento de' suoi versi, et il suo poema delle guerre civili tra Cesare et Pompeo, doppo la morte di esso Lucano, corresse et emendò, non meno acquistando insieme lode di bellezza che di castità?⁴⁹ A chi non è noto il nome di Zenobia,⁵⁰ specchio d'ogni bel costume, la quale non solo nella lingua greca et nella latina fu dotta, ma eziandio scrisse istoria? Che dirò io delle nostre cristiane? Incomincierò da Tecla,⁵¹ discepola di San Paolo, o da Barbara,⁵² di cui fu maestro Origene? O pure da Catarina figliuola di Costo, re di Alessandria,⁵³ la quale vinse disputando tanti dotti et eloquenti filosofi? Or non si leggono a' nostri dì molte epistole della beata Caterina da Siena,⁵⁴ vergine di sommo pregio, nelle quali

---

⁴⁸ Paulina chose to die with her husband Seneca and cut her veins too, but she was prevented from dying by Nero who did not want to further increase hatred towards him and had her arms bandaged to stop the bleeding. Tacitus, *Annals*, xv. 63–64.

⁴⁹ In Vives's text, the title of Lucan's poem, *Pharsalia*, is openly indicated (the title of his epic is now rather indicated as *On the Civil War*). Vives also includes a poem by Statius in which the Muse Calliope speaks to Lucan in praising terms of his wife Argentaria Polla, a poet herself who helped her husband in the revision of the first three books of the *Pharsalia*. Statius, *Silvae* II. 7. 62–63 and 120–27.

⁵⁰ Zenobia, queen of the Roman colony of Palmyra from 267 or 268 to 272 AD, she was legendary for her beauty, intelligence and virtue, as she was for her ruthlessness. Defeated by the emperor Aurelian in 274 AD, she was brought back to Rome in triumph with her son Wahballat. Sources vary as to her destiny after her defeat: according to some, she was allowed genteel retirement, living as a Roman matron; others reported that she starved herself to death during the journey to Rome.

⁵¹ Thecla of Iconium, according to the second-century apocryphal *Acts of Paul and Thecla*, was a virgin who listened to Paul's speech on virginity, converted to Christianity, and became one of his disciples.

⁵² Saint Barbara, virgin and martyr, was carefully guarded by her father who kept her locked up in a tower in order to preserve her from the outside world. After declaring to him her Christian faith, she was dragged by her father in front of the province prefect, tortured and condemned to death, the beheading being then executed by her own father — who was then, in punishment, struck by lighting. In writing that Barbara had been instructed in the Christian faith by Origen of Alexandria, Dolce, once again, follows Vives, who might have been familiar with the Flemish version of the story by Jean de Wackerzeele, published in Cologne in 1495 (Fantazzi, in Vives, *The Education*, p. 69, n. 71).

⁵³ Catherine of Alexandria, Christian martyr and saint (c. 3rd–4th century AD). A legendary figure, she was martyred c. 307, during the persection of Maxentius, first on the wheel and then by beheading. She was venerated in the Middle Ages and considered the patron of philosophers, students and unmarried women.

⁵⁴ Caterina Benincasa (1347–1380), from Siena, was a mystic and a saint. She entered the Dominican order in 1363 and dedicated her life to contemplation, as well as to charity and to pacification between states, cities and factions. She brought to an end the 'Avignonese Captivity' of the Papacy and fought for the unity of the Church, compromised by the antipope Clement VII. She left 381 letters dictated to her disciples, as well as 22 *Orazioni* and the *Libro*

si vede rilucer purità di santissimo animo? Nella età del glorioso Girolamo tutte le sante donne erano altresì dotte. Onde molte sue belle ed eleganti epistole si veggono scritte a diverse donne;[55] molte eziandio a diverse, Sant'Agostino, Sant'Ambrogio et Fulgenzio ne scrissero. Ma, per venire alla età nostra, ho udito affermare che le quattro figliuole della reina Issabella, delle quali ho detto innanzi, furono anch'elle molto letterate.[56] [18ʳ] Et raccontasi che la reina Giovanna, madre del sovradetto Carlo Imperadore, rispose d'improviso a tutte le orazioni latine che si sogliono dagli imbasciadori per le città dinanzi ai nuovi prencipi aver con eloquenza più che virile. Il simile della loro reina, sorella di essa Giovanna, favellano gli inglesi, et altrettanto ragiona ciascuno delle altre due che morirono in Portogallo. Et se gli si convenisse, Signora Dorotea, doppo le reine nominar le private, non vorrei tacere Cassandra Fedele della mia città,[57] la quale pudica donna fu talmente dotta che più volte disputò publicamente con grandissimo onore. Et fra le epistole del Poliziano una ve ne ho già letta scritta a lei,[58] nella quale quel chiaro uomo dimostra quanto istimasse le sue virtù. E 'l simile vi posso dire della Magnifica Euridice Barbara.[59] Ma che mi bisogna discendere alle private, avendo innanzi due illustri essempi, l'uno della Signora Vittoria Colonna, Marchesa di

---

della divina dottrina, also called *Dialogo della divina provvidenza*, written in the vernacular and then translated into Latin.

[55] In Vives's text the names of these women are specified: Paula, Laeta, Eustochium, Fabiola, Marcella, Furia, Demetrias, Salvina, Herontia (*De institutione* [1538], p. 18; *The Education*, p. 69).

[56] On Isabel's daughters, see n. 30 above.

[57] The Venetian Cassandra Fedele (1465?-1558) was one of the most renowned woman scholars of the late fifteenth century. Her father took great care of her daughter's learning. She learnt Greek and Latin and studied classical literature, philosophy, the sciences, and dialectics with Gasparino Borro. After she delivered, in 1487, aged 22, a Latin speech in praise of the arts and sciences at her cousin's graduation at Padua, she became widely renowned, entertaining correspondences with well-known humanists and the nobility in Italy and Spain. In addition to her letters and orations, it is believed that she also wrote Latin poetry (none extant). She was invited to speak before the doge Agostino Barbarigo and the Venetian Senate on the subject of higher education for women.

[58] The Tuscan humanist Angelo Poliziano (1454-1494) praised Cassandra Fedele in one of his letters as 'Decus Italiae' ('glory of Italy'), who focused on reading books and writing, instead of the more usually 'feminine' activities of spinning wool, applying rouge on her cheeks, and needlework ('pro lana librum, pro fuco calamum, stylum pro acu'). See Cassandra Fedele, *Orazioni ed epistole*, ed. and trans. by Antonino Fedele (Padua: Il Poligrafo, 2011), p. 384. It might be worth pointing out here how Dolce has Flaminio implicitly hint at some other conversation in which he had explained Poliziano's letter to Dorotea.

[59] In *Lo Scoglio dell'Umanità ossia avvertimento salutare alla gioventù per cautelarsi contro le male qualità delle donne cattive, al quale segue l'elogio delle donne illustri. Operetta lepido-critico-poetico morale* (Turin: Giammichele Briolo, 1776 [1774]) by Diunilgo Valdecio (pseud. of Carlo Maria Chiaraviglio), a text which had several other editions in the eighteenth and nineteenth centuries and in which several of the illustrious ladies mentioned by Dolce are also included, we find a reference to 'la veneta matrona, detta Euridice' (p. 359).

Pescara,[60] et l'altro della Signora Veronica Gambara,[61] Contessa di Correggio, ambedue dotte nelle umane et nelle divine lettere et ambedue essemplari di religione et di castità parimente? Io vidi in Melano la Signora Anna,[62] sorella del reverendissimo Cardinal Morono Legato di Bologna, et già figliuola del valoroso Signor Girolamo che fu Governatore di quello stato, la quale al presente, moglie del Conte Massimiano Stampa Marchese di Soncino, è (per quanto io n'odo per fama) donna di tanta virtù che questa sola bastarebbe a far chiara la nostra età. [18ᵛ] Vi vidi le sue due sorelle, la Signora Eleonora, già moglie dell'onorato cavaliere il Signor Girolamo de' Botti, et ora vedova di somma virtù et onestà, et la moglie del Signor Cateliano Galerato, a lei in ogni cosa eguale.[63] In Pavia udì ancora ragionare della Signora Giulia, consorte del

---

[60] Vittoria Colonna (1490/92–1547), one of the most famous women poets of Renaissance Italy. She married Ferdinand d'Avalos, marquis of Pescara, in 1509 and was widowed in 1525. She never remarried. Her fame as a poet grew exponentially in the years to follow, her poetry insisting on spirituality and contemplation, and her own life promoting a chaste and pious persona that further contributed to increase admiration and respect among her contemporaries. She chose to limit the circulation of her verse to manuscripts, but a first collection of her poems was published, against her will, in 1538 (*Rime*, Parma: Antonio Viotti), which had a further twelve editions before her death.

[61] Veronica Gambara (1485–1550) married in 1509 Gilberto X of Correggio, who died in 1518. Her court became a small centre of learning and patronage and she was a celebrated poet in her lifetime, although there were no editions of her poems while she was still alive. Her compositions are included in a number of collective anthologies and the extant body of her correspondence is an interesting reflection of the historical period she lived in.

[62] Anna Morone (Moroni), married to the Milanese Massimiliano (I) Stampa, marquis of Soncino. After his death in 1552 (he is buried in the Church of San Marco), his wealth passed to her wife, who took up residence in the castle of Cusago. Her nephew, Massimiliano II (son of Hermes, her husband's brother) married Marianna de Leyva, paternal aunt of the unfortunate Marianna (Virginia Maria) de Leyva, Manzoni's Monaca di Monza. Anna Morone's brother, Giovanni Morone (Moroni), was bishop of Modena and later elevated to Cardinal in 1542. Domenichi mentions her among the illustrious women of Milan in *La nobiltà delle donne* (fol. 269ʳ), and so does Paolo Morigia in his *Historia dell'antichità di Milano, divisa in quattro libri* (Venice: Domenico et Giovanni Battista Guerra, 1592), p. 655.

[63] Eleonora Morona Botta and her sister Amabilia Morona Galerata are remembered by Domenichi as 'ornate di onesta bellezza et molto gentili et valorose' (*La nobiltà delle donne*, fol. 269ʳ). Eleonora's husband, the wealthy Girolamo Botta, was 'Viceprefetto della Fortezza di Porta Giove' in Milan. Her father, Girolamo Morone, was 'Gran Cancelliere' of the State of Milan and gave her a dowry of 60.000 'imperiali'. See Bonaventura De Rossi, *Istoria genealogica, e cronologica delle due nobilissime case Adorna, e Botta antichissime, e celeberrime l'una in Genova, e l'altra in Milano, e Pavia* (Florence: nella Stamperia di Sua Altezza Reale, per Giovanni Gaetano Tartini e Santi Franchi, 1719), p. 219. Amabilia Morona's husband Cateliano belonged to the noble family of the Galerati (Gallarate) from Milan. She is mentioned in Franco, fol. 53ʳ, and in Morigia, p. 655. Biagio Adimari, in his *Memorie storiche di diverse famiglie nobili, così napoletane, come forastiere [...]. Divise in tre libri* (Naples: Giacomo Raillard, 1691), dedicates a few pages to the Galerati, pp. 301-04; see also Morigia, pp. 499–504.

Conte Scaramuccia Visconte,⁶⁴ la quale fu figliuola di Alfonso pur de' Visconti, già in Melano cavaliere di molto nome. Costei è lodata di virtù, di bellezza, di onestà et d'ogni gentil costume. Né minor laude udì dare alla Signora Ottavia Baiarda di Beccaria,⁶⁵ giovane di tanta bellezza che poche altre si possono comparare a lei et di tanta eloquenzia che tutti i virtuosi signori et gentiluomini che passano quel paese non se ne sanno dipartire, tratenuti dai suoi accorti et dolci ragionamenti. Raccontano appresso alcuni gentiluomini miei amici la Signora Ippolita Gallarata esser donna di valore quasi sopra umano,⁶⁶ et nella Signora Eufrosina Visconte Pallavicina trovarsi con somma virtù congiunta una fortezza di animo così grande che la nimica fortuna,⁶⁷ che indegnamente la va perseguendo, di gran lunga è vinta da lei. Mi soviene ora della Signora Contessa Paola di Beccaria,⁶⁸ moglie del Conte Lodovico, di cui mi soleva dire

---

⁶⁴ Giulia Visconti was the first wife of Carlo Scaramuzza (Scaramuccia) Aicardi Visconti, count of Bronno, Cicognola and Canevino. A soldier of fortune, he died in Pavia in 1562. Domenichi praises her at length in his *La nobiltà delle donne*, recalling also how Margaret of Austria, visiting the town of Pavia, had been so positively impressed by her and 'tuttavia le presentava di grandissimi doni, degni di sua eccellenza, ma non di quella a chi gli donava' (fol. 265ʳ).
⁶⁵ Ottavia Bajardi Beccaria was celebrated as a poet. Almost nothing is known of her life. She is mentioned as one of the illustrious women of Pavia, where her husband was from, in Domenichi's *La nobiltà delle donne*: 'Evvi la bella Signora Ottavia Beccaria tanto lodata et celebrata da tutte le lingue, et da tutte le penne, che chi non la conosce per fama et non la riverisce per debito, o non è al mondo o è ingrato' (fol. 264ᵛ). Bartolomeo Arnigio celebrated her in his *Lettera, rime, et oratione dell'Arnigio in lode della bellissima e gentilissima signora Ottavia Baiarda* ([Brescia: Ludovico Britannico], 1558) and members of the Accademia degli Affidati in Pavia (Alessandro Farra, Giovan Filippo Gherardo, Giovan Battista Brembato, and Filippo Zaffiri) wrote poemi per her, collected in the *Rime de gli Accademici Affidati di Pavia* (Pavia: Girolamo Bartoli, 1565; the title page gives mistakenly 1545). See also *Di Gio. Filippo Binaschi e Ottavia Bajarda Beccaria: note currenti calamo sopra documenti dell'Archivio Sola-Busca di Milano*, ed. by Adolfo and Alessandro Spinelli (Milan: Bernardoni, 1884). Ottavia Bajarda Beccaria is recalled also in Franco, fol. 53ʳ and in Giuseppe Betussi's *La Leonora: ragionamento sopra la vera bellezza* (Lucca: Vincenzo Busdraghi, 1557), p. 30 (also id., *La Leonora*, in Zonta (ed.), *Trattati d'amore del Cinquecento*, pp. 305-50 (p. 323).
⁶⁶ Ippolita Gallarate (Gallerati) is quoted in a document of the Archivio Storico of Milan in 1554 (see Robert L. Kendrick, *Celestial Sirens: Nuns and Their Music in Early Modern Milan* (Oxford: Clarendon Press, 1996), p. 434. I am grateful to Paolo Procaccioli and Giuseppe Crimi for this reference.
⁶⁷ Eufrosina Visconti Pallavicina, daughter of Alfonso Visconti, count of Saliceto, and Antonia Gonzaga, and wife of Uberto Pallavicino, marquis of Zibello and Roccabianca. Domenichi, fol. 269ʳ, praises her at length for the fortitude she demonstrated despite her husband's adverse fortune, who lost 'stato et le facultà' and for her virtues: 'Dilettasi di tutte le virtù et di leggere i buoni auttori, et massimamente della lingua toscana, nella quale ha ottimo giudicio'. She was the sister of Giulia Visconti, mentioned earlier, married to Carlo Scaramuzza Aicardi Visconti.
⁶⁸ Paola Beccaria was married to Count Lodovico Beccaria. She, too, is recorded among the famous women of Pavia in Domenichi's *Nobiltà delle donne*, where we read: 'Mostrasi in un

il Domenichi[69] ch'egli era stato sempre in dubbio quale in lei fosse maggiore, o la bellezza o la virtù o la onestà. Della Signora Alda Torella,[70] consorte del Signor Giovan Maria da Lonate, io non vi dirò molte parole, perciò che i bei parti che nascono dal suo nobile et gentile intelletto vi [19^r] possono aver dimostrato quanto ella sia adorna di lettere, sì come i costumi fanno fede a chi la conosce della purità del suo animo. Non potrei passare con silenzio la Signora Violante da San Giorgio,[71] la quale, se difetto alcuno avesse, che non è da credere, altro non può essere se non che ella è molto più bella et molto più onesta ch'alla bellezza et onestà non pare che si convenga. Né la Signora Pantasilea dalla Valle,[72] la quale ha degnissime cagioni di essere annoverata

---

medesimo tempo la Signora Contessa Paola, moglie del Conte Lodovico Beccaria, di cui bene è tacere, conoscendosi indegno di parlarne […]. Questo non tacerò già io di lei, ch'ella è ben degna quanto altra ch'oggi viva, che gli inchiostri famosi l'onorino et gli spiriti gentili l'adorino' (fol. 264^v). She is not included in the 1547 edition; she is replaced instead with Anna Bazana (mentioned in Franco, fol. 63^r).

[69] The polygraph Lodovico Domenichi (1515-1564), from Piacenza, who, as we saw in the Introduction, was active in Venice in the same years as Dolce.

[70] The poet Alda Torelli Lunati, spouse of Giovan Maria da Lonate [Lunate], features in the female poetic anthology by Lodovico Domenichi, *Rime diverse d'alcune nobilissime, et virtuosissime donne* (Lucca: Vincenzo Busdraghi, 1559), pp. 129 and 236-37. She is the dedicatee of one of the six extant sonnets (pp. 102-04) of the Sienese Laudomia Forteguerri, also contained in the anthology (p. 104). See Laudomia Forteguerri, *Sonetti di madonna Laudomia Forteguerri, poetessa senese del secolo XVI*, ed. by Alessandro Lisini and Pilade Bandini (Siena: Tip. Sordomuti di L. Lazzeri, 1901), p. 20. Torelli Lunati inspired several poems by the members of the Pavian Accademia degli Affidati in their *Rime*. See Giovanni Filippo Binaschi's *Delle rime del S. Filippo Binaschi, gentilhuomo Pavese, academico affidato, parte prima, et seconda. Nuovamente stampate*, 2 vols (Pavia: Girolamo Bartoli ad instanza di Giovanni Andrea Viano, 1588-89). Her name is left out from the 1547 edition by Dolce.

[71] Here Dolce moves on to the ladies from Casale Monferrato. In the revised 1547 edition, he presents the illustrious women who follow in the list as if they had been praised to Flaminio directly by Gabriele Giolito (who, as we saw in the Introduction, was originally from there): 'Il gentile e virtuoso Messer Gabriele Giolito, il cui nome vi dèe essere noto per le diverse opere che così spesso sono portate in luce dalle sue belle stampe, trovandomi io in Casale di Monferrato, mi fece vedere la Signora Violante di San Giorgio, degnissima consorte del Signor Presidente di quel luogo, nella quale — parendo a me aver veduto insieme con una donnesca maestà et piacevole umanità, che ella dimostra nell'aspetto, la perfezione di tutte quelle bellezze che Zeusi con fatica trovò nelle cinque fanciulle di Crotoniati — egli mi disse che la bellezza dell'animo non era punto minore di quella del corpo, sì come di donna che di virtù, di onestà et di molestia poteva agguagliarsi a qualunque delle più onorate et famose antiche' (fol. 16^{r-v}).

[72] The praise of Pantasilea dalla Valle is shorter in the 1547 edition. Pantasilea (Bignone) dalla Valle, from Casale Monferrato, married to Rolando dalla Valle, one of the most important jurists of the sixteenth century. She is described in Franco's *Dialogo*, fol. 57^v (Rolando dalla Valle is one of the speakers in the dialogue; see fol. 10^r, *passim*), as 'ha degnissime cagioni d'essere annoverata fra le più belle, se con le opre de le più oneste, de le più saggie, de le più accorte, de le più modeste, et de le più affabili, ha saputo tanto accrescere i duoni del corpo che per questo chiarissima n'è a voi, che consorte le sete, et a tutta la schiera de le donne onorate, le quali non pur si rallegrano del vederla, ma s'essaltano ne l'accoglienza et ne l'amorevolezza che ricevono dai gesti suoi'.

tra le più belle, le più oneste, le più saggie, le più accorte, le più modeste et le più affabili. Tacerò io la Signora Isabetta Scozia,⁷³ la quale meritamente è posta nel numero delle più rare et virtuose donne del mondo, insieme con la Signora Buona Maria Soarda da San Giorgio,⁷⁴ onore, gloria et dignità delle donne. Accompagnata dalla Signora Anna del Carretto,⁷⁵ lume del secol nostro et splendore del suo sesso, et della Signora Laura del Carretto,⁷⁶ nipote di questa rarissima fenice et vero essempio et paragon di lei. Conosco ancora che la Signora Lionora Montaliere et la Signora Margherita Soliere,⁷⁷ di lei figliuola, son degne d'entrare in così onorato et gradito consorzio. Ma ecco che mi rimembra della Signora Cecilia da San Giorgio,⁷⁸ con la quale non altrimenti vanno in compagnia la bellezza et la onestà che vada il sole col giorno et con la notte la luna. Dirò parimente delle bellezze et virtù della Signora Caterina dal Pero,⁷⁹ la quale, per riuscire ogni [19ᵛ] giorno più bella et più virtuosa, è oggimai giunta al sommo della gloria. Ma sarei invero troppo lungo, se io volessi seguir ragionando di tutte le valorose et oneste donne, et la nostra fanciulla indarno aspettarebbe che io ritornassi a lei. Perché saria di bisogno che in questo si logorasse tutto il rimanente del giorno.

---

[73] Isabetta (Elisabetta) Scozia is mentioned in Franco's *Dialogo*, fols 59ᵛ–60ᵛ (misnumbered as 80ᵛ), where we also find a detailed description of her beauty, and is listed among the 'Donne illustri in dottrina' in Valdecio, p. 359. She was married to the senator Francesco Scozia, another speaker of Franco's dialogue, fol. 10ʳ, *passim*. See also Francesco De Conti, *Notizie storiche della città di Casale e del Monferrato*, 11 vols (Casale: Casuccio, 1838–41), v (1840), p. 256.

[74] Buona (Bona) Maria Soarda (Soardi) da San Giorgio, was, writes Domenichi in *La nobiltà delle donne* 'prudentissima, et valorosa matrona, et d'ottimo discorso nelle cose del mondo' (fol. 270ᵛ). Gabriele Giolito dedicated to her (fols A2ʳ–3ʳ) the treatise *Della nobiltà et eccellenza delle donne, dalla lingua francese nella Italiana tradotto* (Venice: Gabriele Giolito, 1549). A letter by her to Gabriele Giolito (dated the Day of St Martin — 11 November — 1544) is in Bernardino Pino's *Della nuova scielta di lettere di diversi nobilissimi huomini, et eccel.mi ingegni, scritte in diverse materie, fatta da tutti i libri sin'hora stampati*, 4 vols (Venice: Aldo Manuzio, 1574), II, pp. 336–37. A flattering portrait of her can be found in Franco's *Dialogo*, set in Casale Monferrato, in her own house, and of which she is one of the female speakers.

[75] Anna del Carretto married Galeazzo Scarampo, count of Roccaverano in 1560. In Domenichi's *La nobiltà delle donne* she is remembered for her 'angeliche parole accompagnate da cortesi, et divini modi' (fol. 270ᵛ). She is also mentioned in Franco, fol. 60ᵛ.

[76] Laura del Carretto was married 'con l'illustre Monsignor d'Ormea, il Signor Garzilaso dei Marchesi di Ceva', as indicated in Franco, fol. 61ᵛ.

[77] Lionora Montaliere is recalled, together with her daughter Margherita Soliere, in Franco, fol. 63ᵛ, as well as in Valdecio, p. 358, among the 'Donne illustri in dottrina'.

[78] Cecilia da San Giorgio is mentioned among the ladies of Casale in Franco's *Dialogo*, fols 61ᵛ–62ʳ (misnumbered as 82ʳ). She is said to resemble 'un'angioletta'. There is no reference to her in the 1547 edition of Dolce's *Dialogo*. She is also listed among the 'Donne illustri in dottrina' in Valdecio, p. 359.

[79] Another illustrious lady of Casale, remembered in both Franco's *Dialogo*, fol. 67ᵛ (misnumbered as 87ᵛ) and Domenichi's *La nobiltà delle donne*, fol. 270ᵛ. She is not mentioned in Dolce's 1547 edition.

Dor. Quei che dicono mal delle donne non debbono averne letto né inteso la eccellenzia di niuna di queste.

Fla. Quei che ne dicono male sono mossi da altra cagione. Ma non voglio uscire del mio primo ragionamento. Là onde per li addotti esempi conchiudo che li studi delle lettere fanno le donne buone et più le affermano nella onestà, perciò che tengano prima la mente loro tutta occupata, dapoi la innalzano a bel pensiero di cose nobili, di maniera che non lasciano entrar vil considerazione in quella. Et se pure alcuna ardisce alle volte d'entrarvi, essendo ella cinta de' forti ripari che le fanno d'intorno gli ammaestramenti buoni, di subito la scaccia di fuori, overo non si piega a cosa brutta o vile, avendo da tutte le parti tante maniere di diletti, ciascun verissimo, purissimo, dolcissimo et dal quale si attende gloria et onore, onde ella si può pascere di ogni tempo. Di qui io penso che Pallade, dea degli ingegni et delle scienzie, et parimente le Muse, furono dagli antichi riputate vergini. Né solo allontanerà da sé i pensieri contaminati il petto nudrito col latte delle buone dottrine, conservandosi puro et sincero, ma tutte quelle sciocche vanità, le quali sono apprezzate et avute care dalle volgari, cioè le pompe, le danze, le feste et i conviti. Perché [20^r] adunque il primo fine al quale si dèe indrizzare la nostra fanciulla ragionevolmente abbiamo posto la religione — la quale è appoggiata sopra un solo capo, che è Cristo Signore et conservatore nostro — la prima dottrina che debbono cercare i padri d'imprimer nel cuore della figliuola sia esso Cristo, il che fare non si potrà, se ella non conosce lui esser suo creatore et suo redentore. Et non potrà similmente venire a notizia di questo, se non per via delle scritture, nelle quali si contengono i maravigliosi misteri delle sue parole. Altramente indarno ci avrebbe egli ammoniti che, volendolo noi ritrovare, riguardassimo in quelle. Onde la principale dottrina, come io dico, saranno le sacre lettere, cioè Cristo. Ma perché non si può ascendere all'altezza, se non per gradi, et prima che 'l fanciullo sia atto a mangiare il pane è mestieri che egli asciughi molto tempo il latte, stando per ora nei primi termini, trovisi alla fanciulla, se trovare si può, una maestra letterata et di ottima vita. Se non si può, scelgasi a questo officio in iscambio di lei un uomo di molt'anni, buono et intero, il quale mi sarebbe caro che moglie avesse, donna di qualche bellezza et che egli molto amasse, perciò che chi può vivere commodamente di suo di rado si move a occupar quello d'altrui. Questo mi par ricordo tanto necessario che non so se verun altro gli sia eguale, con ciò sia cosa che i maestri di lettere sono o sola o principal cagione di tutti i beni et di tutti i mali che si fanno per le cittadi, perché tutti, essendo fanciulli, sotto le loro discipline stati siamo. Et quanto importino i buoni [20^v] et i cattivi principi, dimandatene non pure ad Aristotele, ma alla esperienzia istessa, che suole essere certa et infallibile maestra di tutte le cose. Incominciandosi adunque insegnare a leggere alla fanciulla, prendasi questo principio solamente da alcuni libretti santi et ripieni di ottimi ammaestramenti, acciò ch'ella impari insieme gli elementi delle lettere et le regole della bontà. Similmente, insegnandole il modo di scrivere, non le si proponga per essempio alcun verso vano o ripieno di malo odore, ma qualche brieve sentenzietta raccolta o dalle lettere che detto abbiamo o da precetti de' buoni filosofi, acciò che ella, scrivendola molte volte, la imprimi et conservi nella memoria. Quanto all'imparare, fu giudicato da' savi uomini che fosse poco spazio tutto il corso della vita, però io posso credere che non si convenga determinare alcun fine così alla donna come all'uomo, se non in quanto all'uomo è mestiero la cognizione di più discipline, essendo tenuto di procurar non pur l'utile di se stesso et della sua famiglia, ma il bene della sua republica o del suo prencipe et parimente degli amici. Ma la donna, in cui altro non si ricerca che 'l governo della casa, vorrei che, oltra allo studio sopradetto, fosse rivolta a quello della filosofia morale senza più. Perciò che non dèe esser maestra di altri che di se medesima et de' suoi figliuoli et non le appartiene tener scola, o disputar tra gli uomini, il che molto accuratamente le è insegnato da San Paolo nella epistola che egli scrive a' Corinzi et in quella che a Timoteo è scritta.[80] Non m'è ascoso [21^r] trovarsi alcune fanciulle che sono poco atte alle lettere, come ancora si trovano alcuni fanciulli. A queste insegni la viva voce quello che non possono le morte parole, il che sarà pure di molto utile.

Dor. Fin qui io vi veggo formare una fanciulla che potrebbe esser bastante a governare un regno, nonché una casa privata. Ma avrei caro d'intender quai libri vorreste che fossero letti da lei.

Fla. Quanto alla cognizione di Dio, penso che indubitatamente bastino i duo sacri volumi del Vecchio et del Nuovo Testamento, i quali tenga sempre innanzi la notte e il giorno. Et gli espositori di questi le saranno Ambrogio, Agostino, Girolamo et sì fatti,[81] appresso quel tanto di lume che piacerà di concedere il Signore, aprendole esso gli occhi dello spirito et chiudendole quei della carne. Nel che dèe avvertire di non esser molto curiosa, ma, avendo trovato Cristo, tenga per fermo di esser lavata nel Suo sangue et, affaticandosi, con l'aiuto di Lui, di conformarsi con la sua volontà in modo ch'Egli solo regni in lei, non cerchi più oltre. Quanto alle discipline morali, come che le sacre lettere insegnino a bastanza tutto quello che alla vita s'appartiene, pure per ornamento, et per aver sempre in che tenere occupato l'animo, studierà insieme con Platone, Seneca et tutti quei filosofi dai quali si possono ritrar santi et onesti costumi. Né vorrei che 'l padre fosse così severo che le vietasse alcuna volta la lezione di quei libri che il nome prendono dalla umanità. Perché, oltra che eziandio da questi si ritraggono esempi buoni, non può [21^v] trovarsi a una giovane né il più onesto né il più virtuoso intertenimento. È vero che le

---

[80] I Cor. 14, 34-35; I Tim. 2. 11-12.
[81] A critical comment by Dolce follows here in the 1547 text: 'et anco alcuno autore moderno (non parlo di quelli che espongono la scrittura non secondo il vero sentimento, ma a soddisfazione del mondo et ad utile di se medesimi)' (fol. 18^{r-v}).

bisogna farne scelta. Onde voi dovete sapere che noi abbiamo due lingue: l'una moderna et l'altra antica. La moderna è detta volgare et l'antica latina. Questa è imparata da noi per esser necessaria alla cognizione di molte cose che gli antichi in essa dottamente et con molta diligenzia hanno scritto. Quella per usarla, quando ci accade, o parlando o scrivendo, esprimere i nostri concetti. La greca io lascio da parte, sì per non metter così gran peso sopra le spalle delle donne et sì ancora perché forse ci può bastar la cognizione di queste due. Ora molti libri si trovano nella lingua latina i quali io non vorrei che fossero veduti, nonché letti, dalle oneste donne. Et intendo in questi quasi tutti i poeti, eccetto Virgilio, il quale non consiglierei però che si leggesse tutto, et eccetto alcune parti di Orazio, cioè le più caste et le più morali. Ben le conforto a legger Prudenzio, Prospero, Giuvenco, Paolino[82] et tra ' moderni la *Cristeida* del Sannazzaro et quella del Vidda.[83] De' scrittori di prosa potranno vedere tutte le opere di Cicerone et tutti gli istorici, sì come Livio, Sallustio, Quinto Curzio, Tranquillo Svetonio et gli altri,[84] perché dalle lezioni di Cicerone altro non si può raccogliere che essempi di virtù et buoni consigli et la istoria è maestra della vita. Nella lingua volgare fuggano tutti i libri lascivi, come si fuggono le serpi et gli altri animali velenosi. Et se noi veggiamo che le nostre fanciulle si dilettino di legger sì fatti libri, [22ʳ] procuriamo che elle alcun libro più non leggano et, se fare si può, che abbiano a disimparar di leggere, perché è meglio esser privo d'una cosa buona che male usarla. Tra quelli che si debbono fuggire, le novelle del Boccaccio terranno il primo luogo,[85] et tra quelli che meritano

---

[82] These are all Christian poets, Juvencus and Prudentius from Spain, and Paulinus and Prosper respectively from Bordeaux and Aquitaine. Vives (*De institutione* [1538], p. 28; *The Education*, p. 78) also lists Arator, whom Dolce leaves out.

[83] Iacopo Sannazaro, *De partu Virginis. Lamentatio de morte Christi. Piscatoria* (Rome: Francesco Minizio Calvo, 1526); Marco Girolamo Vida, *Christiados libri sex* (Cremona: Lodovico Britannico, 1535). These two texts suggested by Dolce were not yet available in a printed Italian translation at the time when he was writing his *Dialogo*. They were translated into Italian later in the century, respectively as *Il parto della Vergine del Sannazaro Napolitano. Di latino tradotto in versi sciolti volgari per Francesco Monosini [...] Con il lamento a gli huomini de la morte di Christo nostro Signore* (Venice: Francesco Monosini, 1552) and *Della christiade del reverendiss. mons. m. Gieronimo Vida vescovo d'Alba libro primo. Tradotto per Alessandro Lami di Federigo nobile cremonese* (Cremona: Cristoforo Draconi, 1573).

[84] The Roman historians Livy, Sallust, Quintus Curtius Rufus, and Caius Tranquillus Suetonius are not listed in Vives's *De institutione* and are, rather, an addition by Dolce himself.

[85] Dolce of course adapts Vives's list of books that are disreputable for women to fit instead an Italian readership and context. Vives considers as pernicious readings for the female sex Spanish tales of chivalry such as *Amadís de Gaula*, *Esplanadián*, *Florisando*, Catalan ones such as *Tirant lo Blanch*, the Celtic legend translated from French into Spanish of *Tristan de Leonís*, the dialogue novel by Fernando de Rojas *La Celestina*, and the courtly love novel *Cárcel de amor*. He also deplores, in France, works such as *Lancelot du Lac*, *Paris et Vienne*, *Ponthus et la belle Sidonie*, *Pierre de Provence et la belle Maguelonne*, and *Mélusine*. Besides listing some pernicious books in Flanders (among these *Floire et Blanchifleur*), he turns his attention to

esser letti sarà uno in prima il Petrarca et Dante. Nell'uno troveranno, insieme con le bellezze della volgar poesia et de la lingua toscana, esempio d'onestissimo et castissimo amore, et nell'altro un eccellente ritratto di tutta la filosofia cristiana.[86] Ma non però la mia discepola sia tanto intenta a questi studi che lasci da parte i lavori convenienti et, essendo congiunta al marito, i governi della casa, perché questo non ricerca Iddio. Il quale vuole che tutti, secondo il grado et condizione loro, si travaglino nei bisogni necessari della vita et, per quella strada che sono chiamate, caminino al Regno della beatitudine. Ma siano le ore di questa fanciulla divise et compartite in guisa che ciascun delli studi et uffici che le appartengono abbia propria et commoda azione. Et la principale ottengano le orazioni, delle quali è da credere che non si possa trovar la migliore di quella che insegnò a' suoi discepoli il figliuolo di Dio, preponendo loro la brevità et dannando coloro che istimavano d'essere essauditi per la copia delle parole. Et giudico che questa basti. Lodo bene l'ore dedicate alla beatissima Vergine Nostra Signora, alla quale dèe aversi dalla fanciulla ogni debita riverenzia et divozione, considerando che ella fu madre di colui che è padre di tutti i viventi. Onde egli la santificò prima ch'ella fosse creata et fece quella santa anima [22^v] et quel santo corpo ripieno albergo di tutti i tesori delle sue grazie. Et poiché 'l filo del ragionamento m'ha tirato a far menzione della reina di tutte le vergini, nella quale non si trovò macchia, lasciando da parte le lettere (che oggimai mi pare averne parlato a bastanza), ragionarò della virginità, la quale certamente è tale che di lei non si può né se dèe dire poche parole. Ma io sarò breve, per non esser questo il mio principale soggetto.

Dor. Molto mi sarebbe caro che vi venisse desiderio di scriver questo ragionamento o, se il soggetto è scritto da altri, vi disponeste a ridurlo in forma che potesse esser letto et inteso da tutte le donne.

Fla. Forse che quel desiderio ch'è in me di far cosa che grata vi sia ne accenderà un altro di mettermi a questa fatica. Ma intanto ascoltate il rimanente. Chiamo virginità, virtuosa Signora mia, così la integrità della mente come del corpo, la quale integrità non pate né infermità né corruzione alcuna. Et di così fatta vita niuna è più simile alla celeste, perciò che nel regno di Dio, liberi dai lacci della

---

works translated into the vernacular languages from Latin, such as Poggio Bracciolini's *Facetiae*, Enea Silvio Piccolomini's *Euryalus et Lucretia* and, erroneously, since it was of course not written in Latin, Boccaccio's *Decameron* (Vives, *De institutione* [1538], p. 24; *The Education*, pp. 74-75).

[86] As we saw earlier in the Introduction, the 1547 edition presents an interesting addition that refers to modern authors: 'A questi s'accompagnino le divine opere del dottissimo Bembo, l'Arcadia del Sannazaro, i morali et eleganti Dialoghi dell'eccellentissimo Sprone et il Cortigiano del Castiglione, dal quale, per mio giudizio, potrà imparare tutte le virtù et i belli et onesti costumi che appartengono a gentildonna, et insieme un modo di dire se non del tutto toscano, almen puro, illustre et senza alcuna affettazione' (fol. 19^{r-v}).

carne et purificati nel fuoco del suo Santo Spirito, saremo a guisa di angeli, dove non si faranno nozze né dell'uno sesso né dell'altro. Et invero, se fra tutte le creature del Signore non vi sono né le più pure né le più sciolte da tutte le servitù di questa carne che le sustanze angeliche, quale altra virtù fra ' mortali questa perfezione più rappresenta di quello che fa la virginità? Ma la parte principale di essa virginità, anzi quasi tutta, è posta nell'animo, nel quale ancora è il fonte [23ʳ] di tutte le virtù. Perché il corpo, come cosa terrena et brutta, è solo ministro della nostra volontà, né lui riguarda né apprezza Dio, perché non è suo, ma bene ama et gradisce la mente come natura a lui simile et molto vicina. Onde chiunque conserva il corpo mondo, et corrotto ha l'animo, indegnamente s'attribuisce il nome et la laude della virginità. Et cotali vergini sono dal maestro della vera dottrina addimandate fatue, perciò che non sono differenti dalle statue finte e dalle dipinture vane, le quali altro di bello che la superficie non hanno. Potranno per aventura queste esser vergini appresso gli uomini che riguardano la carne con gli occhi della carne, ma non appresso Dio, il quale mira lo spirito con lo spirito. Ma né anco sono vergini appresso gli uomini, quando avviene che si conosca da alcuno l'intrinseco del contaminato cuore. Là onde ben disse uno autore che la vergine che desidera lo stupro, benché ci manca l'effetto, è già corrotta.[87] Ora, se la donna che riceve il congiungimento dell'uomo senza dubbio perde l'ornamento et il titolo della virginità, come si potrà addimandar vergine di Cristo colei ch'è violata et contaminata dall'avversario del Suo regno? Quale convenevolezza, Signora Dorotea, può aver Balaal col figliuolo di Dio? Quale Iddio purissimo con l'animo guasto? Il perché non senza cagione le sacre lettere, quando l'uomo si diparte da Dio, chiamano quella dipartenza fornicazione, con ciò sia cosa che 'l nostro animo sottometta la sua castità (che solamente è [23ᵛ] debita a esso Dio) al dominio del nemico della salute. Certo è che questo nimico s'affatica di toglier la virginità del corpo con l'instrumento dell'uomo, ma a quella del cuore per se medesimo è intento. Adunque, dove veggiamo soprastare il pericolo maggiore, quivi dobbiamo fare i ripari più forti. Cingasi di fermi steccati la mente, di maniera che ella nel corpo vergine non riceva oltraggio et parimente tutte le bellezze et le ricchezze della integrità in quello sode et inespugnabili si conservino. Tenga la mia fanciulla, come da principio io dissi, gli occhi et gli orecchi talmente serrati che non veggano né intendano alcuna cosa che contaminare la possa. Regga col freno della ragione i losinghevoli appetiti et guardi che la rocca dell'animo non sia vinta e tradita da quei di dentro. La virginità veramente esteriore, cioè del corpo (la quale non può esser senza l'interna) è, come la veggiamo, tanto nobile che per insino agli uomini impudichi la inchinano et la tengono in riverenzia. Di qui fingono i poeti che,

---

[87] Jerome, *Adversus Jovinianum*, PL 23, col. 231; *Against Jovinianus*, I, 13, p. 357.

quando la maestà discese in terra, ella fece la sua prima abitazione con le vergini, non altramente che con i principi et con i re. Danno ancora la virginità a Cibele et madre di tutti i dei la descrivono. La diedero similmente a Diana et in Minerva tre cose notarono eccellentissime: la virginità, la fortezza et la sapienzia. Et dissero che ella fu prodotta del cervello di Giove, il quale istimarono re et padre degli uomini et di tutti i dei, et da cui non poteva uscir parto, se non puro, casto, pieno d'intelletto, nobile et maraviglioso. Appresso giudicarono la virginità in [24^r] modo congiunta con la sapienza che il numero settenario dedicarono all'una et all'altra. Et, per non ripigliar da capo quello ch'io ho detto delle Muse et delle Sibille, fu in Roma un tempio alla dea Vesta, i cui sacrifici erano solamente amministrati da certo numero di vergini, alle quali il Senato rendeva grandissimo onore, et venivano parimente onorate dai magistrati et da tutto il popolo. Dirò più avanti che s'è assai volte veduto molte donne aver serbata la virginità loro tra le mani di crudeli tiranni, di libidinosi capitani et di licenziosi soldati et senza offesa esser sute rimesse alla libertà. Perché reputavano essi gran peccato, per cosa di sì poco diletto, guastare un bene di tanta nobiltà. È ben dunque scelerata et indegna di vita quella giovane che volontariamente priva se medesima di quel tesoro che i tiranni sprezzatori delle leggi, i capitani le più volte senza onestà et i soldati a tutte le rapine et sceleraggini avezzi hanno paura di dipredare, et che ancora li amanti in mezo a' caldi stimoli delle amorose fiamme suol ritardare et raffrenare assai sovente. Perciò che niuno è che così perdutamente ami che, venendogli a mente l'amata esser vergine, non si risvegli et, ritirandosi in se stesso, di lasciar quella impresa non si consigli. Sì fattamente tutti paventano di levare alle donne un tanto prezioso ornamento, il quale né essi possono dapoi per se medesimi ritenere né a quelle ritornarlo, tutto che del suo non facciano alcuna perdita. Et la scelerata fanciulla non temerà di perder cosa che, perduta, non potrà più racquistare et tanto più essendo quella la più nobil gioia che venga posseduta da lei? Io questa prego che, se gli affetti umani ponno alcuna cosa ne' nostri cuori, [24^v] massimamente i naturali et onesti (che pur molto ponno), doppo tal perdita rivolga gli occhi et la considerazione dovunque ella vuole: et vedrà ciò che c'è, tutto per sua cagione, ripieno di tristezza, tutto mesto, tutto lamentevole, tutto lagrimoso, irato et nimico a lei. Quale pensate voi che sia la doglia de' parenti, i quali tutti, per la sola macchia di costei, si veggono diffamati et vituperati? Quale il ramarico et il pianto del padre, della madre et di coloro che l'hanno allevata? Tali sono i contenti et i diletti che loro si danno per tanti travagli e fatiche? Cotale è il premio della nutritura? O quanto vitupero ne segue alle famiglie? O come tutti i vicini, gli amici et i conoscenti dicono male di lei et acerbamente la mordono, come viene mostrata a dito et beffata dalle altre vergini? et come divien favola a tutte le donne, senza che niuna savia se la vuole per compagna, anzi da ciascuna è fuggita, come si fuggono le cose orribili. Et non pur le donne, ma i giovani che da prima l'amavano et la vagheggiavano, l'hanno in odio et ad altre rivolgono i loro amori. Maravigliomi io che la meschina, ciò veggendo, mille volte il dì non desideri di morire o che il dolore da se medesima non l'ancida. Che dirò lei esser non pure in odio, ma in ira al mondo et agli uomini? Per li quali ire s'è veduto molte fiate da' propri padri occider le figliuole, da' fratelli le sorelle, da' tutori le pupille et da' parenti le congiunte. Ippomene,[88] prencipe d'Ateniesi, avendo trovato la figliuola aver data la virginità in preda a un suo amante, lei insieme [25ʳ] con un ferocissimo cavallo fece mettere dentro una serraglia senza cibo. Il cavallo, avendo per alquanto spazio sostenuta la fame, da questa et dalla naturale ferocità rivolto in rabbia, sbranò la giovane et spense il digiuno con le sue carni. In Roma, Ponzio Aufediano,[89] trovata la sua dal pedagogo data nelle mani di Saturnino, svenò lei et il servo. Il somigliante fece Attilio Fusco della sua,[90] essendo in sì fatto biasimo incorsa. Fu ancora nella istessa città trovato Lucio Virginio,[91] il quale volle più tosto perder la figliuola vergine che aver lei viva, guasta et contaminata dalla forza del furioso tiranno. Onde, come dice il nostro poeta:

A sua figlia et a Roma cangiò stato,
l'una et l'altra ponendo in libertate.[92]

La qual libertà, non potendo egli darle per altra via, gliela diede con la morte. Ho udito ragionare a Messer Lodovico Pigna[93] non esser molto tempo passato che in Padova furono due fratelli, i quali, essendosi avveduti che una loro sorella non ancora congiunta a marito era gravida, tennero tanto tempo ascoso il conceputo sdegno che venne il giorno del partorire e, attesa l'ora che ella avea deposto il parto, trovandosi ivi ancora presente la comare, le corsero adosso con gli pugnali ignudi et lei con molte ferite, con le quali le apersero in più parti il corpo, tolsero di vita miseramente. Ma di tali esempi ne sono ripiene

---

[88] Aeschines, *Against Timarchus*, 182.
[89] The Roman knight Pontius Aufidianus who, after learning that his daughter's virginity had been betrayed by her tutor to Fannius Saturninus, punished the slave and killed her too. Valerius Maximus VI. 1. 3.
[90] Publius Atilius Philiscus had been forced as a boy into prostitution by his master. He too put his daughter to death because she had defiled herself with illicit intercourse. Valerius Maximus VI. 1. 6.
[91] The plebeian centurion Lucius Verginius was said to have killed his daughter Verginia, betrothed to the former tribune Lucius Icilius, rather than seeing her fall victim to the lust of the Decemvir Appius Claudius Crassus. The episode is mentioned in Valerius Maximus, VI. 1. 2 and narrated at length in Livy, III. 44. 1–48.
[92] Petrarch, *Triumphus Pudicitiae*, 138–39.
[93] A Lodovico Pigna is mentioned in Grazia Camardi, 'La giostra generale del 1582 nelle lettere di Livio Ferro e Francesco Bilirotto a Hermes Forcadura', *Bollettino del Museo Civico di Padova*, 80 (1991), 251–62 (p. 259). At the current state of research no further information is available on Lodovico Pigna.

le istorie degli antichi et se ne veggono di novelli tutto dì. Né invero è da meravigliarsi che tali et così spaventosi omicidi si commettano da' padri [25ᵛ] o da' fratelli et che essi spengano così in un subito ogni favilla di paterno et di fraterno amore, quando, all'incontro, si vede che alcune donne, per conseguire i loro sozzi et disonesti appetiti, discacciando in tutto del petto ogni debita pietà, odiano molte volte i padri, le madri, i fratelli et le sorelle, non pure i propinqui, gli amici, i domestici et i famigliari. Ma quando eziandio morte alcuna loro non ne dovesse seguire, quanto stimate voi che a molte rodi di ogni tempo il cuore il rimordimento della propria conscienzia? Certo infinitamente, ché non è alcuna così malvagia che, ritornando in se stessa, non consideri la grandezza della sceleraggine nella quale è incorsa et che non si vergogni di comparer fra le donne. Né cosa si ragiona che ella non la stimi detta sopra il suo vituperoso peccato, né uomo o femina vede a cui non tema che esso sia manifesto. Questi sono li stimoli che affligono li scelerati et queste le furie affigurate dai poeti, i quali stimoli, benché nell'un sesso et nell'altro siano pungentissimi, nel vostro avanzano di gran lunga le consuete punture. Et certamente chiunque, senza lasciarsi corromper dalla affezione, vorrà confessare la verità, sarà indotto a dire che tali femine sono degne di più aspri flagelli et di più severe pene che non sono gli uomini, per pessimi che essi si trovino; perciò che all'uomo sono insieme necessarie molte cose, come sarebbe a dire prudenzia, eloquenzia, perizia di governar republica, ingegno, memoria, arte et industria di regger la vita, giustizia, liberalità, magnanimità et altre parti, le quali sarebbe troppo [26ʳ] lungo a raccontar tutte. Di queste, se alcuna gli manca, non è da esser ripreso, pure che alcune ve ne abbia. Ma nella donna non si ricerca o profonda eloquenzia o sottile ingegno o esquisita prudenzia o arte de vivere o amministrazion di republica o giustizia o altro, fuori che la castità. La quale in lei non si trovando, è come se mancassero all'uomo tutte le sopradette virtù, perciò che in femina questa vale per ogni altra eccellenzia. Et per certo è ben vile et da poco colui che non sa difendere et conservare una rocca commessa al suo governo, dovendogli da quella conservazione derivare utile et onore onde rimanga sempre lieto, et dal contrario riuscir danno et vergogna da viver sempre misero. Et tanto più non essendo alcuno che gliela possa togliere né impatronirsi di lei, senza che egli non lo consenta. Se a questo solo rivolgerà il pensiero l'accorta giovane, sarà più attenta et più sollecita guardiana della sua onestà, la qual conservando, conserva ogni suo ornamento et, perdendola, perde ogni suo bene. Deh, disse Lucrezia, quale cosa può esser salva, quando è perduta la castità? Et, tuttavia, nel corpo corrotto avea casto l'animo. Non però rimase ella d'aprire il suo mondo et disdegnoso petto, acciò che l'animo pudico si partisse dall'albergo contaminato. Non racconto io questo essempio, perché lo proponga da imitare alla mia discepola ché, come s'è detto, la castità et la verginità che si conserva nell'animo non può ricever macchia nel corpo.

[26ᵛ] *Dor.* O quante femine, Signor Flaminio, si dipartono di questa vita con la ghirlanda della virginità che dal giusto Giudice, conoscitore de' nostri cuori, sono ammesse nel numero delle meretrici! Et, per contrario, quante ne teniamo noi impudiche che dal medesimo saranno castissime giudicate!

Fla. Così è, come dite, senza dubbio alcuno. Levate, adunque, alla donna la bellezza, la nobiltà del sangue, le ricchezze, la grazia, la eloquenzia, la prontezza dell'ingegno et infine ciò che più desìa, et datele in contracambio o la verginità o la castità: ogni cosa pienamente le avete data. Allo 'ncontro concedetele con piena mano le cose predette et rimovetele l'una di queste due: il tutto le avete tolto. Et però si legge che:

> chi lascia di suo onor private,⁹⁴
> né donna è più, né viva.

Chi direbbe che un sì piccolo animale come è l'armelino consenta lasciarsi prendere et morire, prima che macchiar nel fango la candidezza della sua pelle? Magnanima natura et degno costume, onde la donna prenda esempio di conservare la castità, et tanto più essendo cosa che non si può racquistare, quando una volta s'è perduta. Et basti quanto alla virginità et alla castità aver detto fin qui. Ma, se io parlando del primo stato, che è della vergine, mescolo alcuna parte che appartiene al secondo, che è quello della maritata, lo fo per seguir l'ordine di questo libro et ancora perché, favellando con voi, per tutto questo discorso si tocchi qualche cosa che si acconvenga a voi che avete ascesi i due gradi et sete nel terzo.

Dor. Tutto, Signor [27ʳ] Flaminio, è ben detto, et fino a qui conosco d'esser molto tenuto alla vostra cortesia et alla vostra memoria, perciò che vo gustando nel mio animo un grandissimo piacere di questo bello ragionamento, il quale io non dubito che non abbia a produrre in lui frutto tale che potrà essere eziandio di molto utile alla mia Lauretta. Et forse che meriteremo noi ancora parte di quella lode che merita il conservator della rocca che avete detto.⁹⁵ Seguite, adunque.

Fla. È consiglio d'Aristotele che, quantunque il padre et la madre debbano essere in tutti i tempi diligentissimi guardiani delle loro figliuole, questa guardia si metta in opera con più cura, alora ch'ella si accosta agli anni maturi.⁹⁶ Prima regola, adunque, come s'è detto, sia di non lasciare alla nostra vergine occasione di vedere, né di ascoltare né eziandio di pensar cosa che possa non

---

⁹⁴ The *private* in the text is corrected to *privare* in the 1547 edition. See Petrarch, *Canzoniere*, CCLXII. 5–6: 'et qual si lascia di suo honor privare, | né donna è più né viva'.
⁹⁵ See above fol. 26ʳ.
⁹⁶ Aristotle, *History of Animals* 7.1, 581b. See *The Complete Works of Aristotle: The Revised Oxford Translation*, ed. by Jonathan Barnes, 2 vols (Princeton: Princeton University Press, 1984).

pur corrompere, ma sviar la mente sana et indrizzata a quei buoni studi che di sopra furono detti da me. Nel che giova assai la moderatezza del vivere. Sarà, adunque, il suo cibo parco et di tutte quelle vivande communi schifando, et allontanando da lei tutte quelle che possono aggravar l'intelletto et destar la lussuria. Le molte astinenze non lodo et ricerco un ordine di vivere non che indebolisca il corpo, ma che solamente snervi le forze et raffreddi il calore della fervida giovanezza. L'uso del vino non lo posso dannare, essendo oggidì commune all'un sesso et all'altro. Dirò bene che alle antiche romane era vietato, sapendo quei savi né mai a bastanza lodati uomini questo esser dannoso alla castità. È vero che, usandolo [27^v] temperamente, non solo la castità non offende, ma conserva egli et accresce la sanità. Però esorto che la mia giovane sia ancora in questo moderatissima et le si tolgano i più preziosi et delicati vini. Benché, quanto alla sanità del corpo, è meglio che si dolga lo stomaco che la mente, che l'animo sia padrone del corpo che servo, che zopi anzi il piede che la onestà. La natura fu sempre di poco contenta. Onde ciascuna donna che si riguarderà di non passare a quel troppo che in tutte le cose è dannoso, serbando la mediocrità, non solo si conserverà incorrotta dalla libidine, ma si troverà sempre l'intelletto puro et levato alla considerazione delle cose celesti, che è quel fine per cui siamo nati. Molti esempi si potrebbono in questo luogo addurre, i quali lascio da parte, perché sono troppo noti. Il letto della mia virgine sarà non delicato, ma mondo; non sontuoso, ma commodo. Il simile sia detto del vestire, il quale non vuole esser lascivo, ma onesto; non ricco, ma ripieno di mondezza. Perciò che e' pare che l'animo mondo ami naturalmente una semplice mondezza et il corrotto i panni pomposi et fregiati con profume di diversi odori. Il sonno non sia lungo; non però che si tolgano le ore convenevoli al ristoro del corpo, ma sappia, come ho detto, che in tutte queste bisogne naturali la mediocrità è sempre utile et il troppo dannoso. Da quella ne viene la tranquillità dell'animo et la buona disposizione del corpo; da questo ne deriva la perturbazione dell'uno et la infirmità dell'altro. Appresso tutte [28^r] queste necessarissime osservazioni, bisogna che la giovane sia occupata di continuo in alcuno di quelli studi, lavori et intertenimenti che sono detti di sopra et che mai non si trovi oziosa, perciò che l'ozio è nimico delle virtù et cagione di tutti i vizi. Né l'avversario trova più larga strada da entrare alla più bella parte di noi et offenderla con le sue armi che quella dell'ozio. Di qui nasce l'amore, non quel divino et nobile che accende l'anima della bellezza celeste, ma quel vile et terreno che la infiamma delle brutture di qua giù. Et non solo ciò avviene nella donna, ma nel più forte et più continente animale, che è l'uomo, si vede avvenire. Con ciò sia cosa che gl'animi nostri, per esser tutti gli uomini creati alle fatiche, godono d'i lavori onesti et della industria, in che si tengono occupati et di quelli si pascono, si ricreano e prendono fortezza et vigore. Il contrario ne avviene quando a niuna opera virtuosa sono intenti: onde, per non istare oziosi, necessariamente alle cattive discendono. Quel lascivo maestro degli amanti, Ovidio, nei libri del rimedio, volendo addur la cagione che indusse Egisto a corromper la mogliera del suo cugino Agamennone,[97] dice perché era ocioso. Et il primo rimedio che egli insegna contra Amore si è il fuggir l'ocio, mentre dice:

> Se togli l'ocio, indarno l'arco tira[98]
> Cupido et resta ogni sua face estinta.[99]

Cresce Amore et fa grandissime radici dentro l'animo [28ᵛ] di colui che molto pensa d'intorno alla cosa amata. Però si legge appresso quel nostro:

> Datemi pace o duri miei pensieri.[100]

Chiudesi adunque facilmente l'entrata alle dannose cogitazioni con l'esser sempre rivolti a qualche lavoro. Grida, Signora Dorotea, il trombetta di Cristo 'Non mangi l'uomo che si sta indarno';[101] dall'altra parte canta il profeta: 'Benedetto colui che delle fatiche delle sue mani si vive'.[102]

I giuochi delle carte, d'i dadi et del tavoliere veggo usarsi comunemente fra le donne; ma, se noi vorremo esser veramente nello effetto quelli di che facciamo professione, nel nome del tutto gli bandiremo dalla nostra figliuola. Ché, se essi sono di danno non meno che di vergogna negli uomini (che non si può dire che non siano), quanto maggiormente è da credere che esser debbano nelle donne. Ma cerca al vestire et all'ornamento del corpo, l'uso d'oggidì è così guasto che poco è quello che ne ho detto di sopra. Dimostrimi alcuno per qual cagione sogliono adoperar le donne tante e sì diverse maniere di belletti? Cosa necessaria è che esse ciò facciano o per piacere a se medesime o agli uomini. Se lo fanno per piacere a se medesime, è soverchio, perché ciascuno è troppo più caro a se stesso di quello che per aventura farebbe di bisogno. Se per piacere agli uomini, questo non è convenevole a donna onesta et tale quale ricerchiamo che debba esser la nostra vergine. Ma, quando pure le fosse conceduto che ciò stesse bene et piacesse a Dio (a cui chi vuol piacere conviene che prima dispiaccia a se medesimo), [29ʳ] vorrei che alcuna mi

---

[97] Mythical son of Thyestes and cousin of Agamemnon. When Agamemnon was in Troy, Aegisthus seduced his wife Clytemnestra and took over the Mycenean throne. Upon his return, Agamemnon was killed by Aegisthus, who, in turn was killed by Agamemnon's son, seven years later. According to other legends, Aegisthus was born of the incestuous relationship between Thyestes and his daughter Pelopia.
[98] In the 1547 edition: 'Contra chi l'ocio fugge, in darno scocca | Cupido; et resta ogni sua face estinta' (fol. 25ᵛ).
[99] Ovid, *Remedia amoris*, 139-40: 'Otia si tollas, periere Cupidinis arcus, | contemptaeque iacent et sine luce faces'.
[100] Petrarch, *Canzoniere*, CCLXXIV. 1.
[101] II Thessalonians 3. 5-10.
[102] Psalms 128. 2.

dicesse se, per cagione del belletto, ella procaccia di parer bella ad altrui (et pongasi che nessun altro s'abbia intendere salvo che 'l marito), quando poscia se lo avrà levato dal viso in che maniera gli potrà ella esser grata, se per aventura non facesse pensiero di non si lavar giamai le tinte et gli impiastri, ma di portar sempre la mascara et quando ne va al letto et quando leva et a tutte l'ore, così tra la moltitudine come in casa; il che tuttavia non si può fare, perciò che il sudore, il caldo et una gocciola d'acqua, levandone or qua or là le tinture, ne fanno vedere la pelle natìa. Onde non si può dire a bastanza quanto alora paia brutto et contrafatto quel viso. Facevasi qui in Vinegia tra alcune gentildonne uno assai solenne convito, doppo la fine del quale, avendo una di loro ordinato quel nostro giuoco piacevole in cui ciascuno ha auttorità di comandare per una volta a' compagni quello che le è in piacere, seguendo l'ordine di mano in mano, toccò la sua auttorità a una giovane virtuosa et di gentile intelletto. La quale fece recar dell'acqua et l'asciugatoio et comandò che ciascuno si bagnasse le mani in quell'acqua et, lavatosi con quella bene il volto, dapoi lo asciugasse col panno ivi recato. La qual cosa fu ella a far prima et, perché non ci aveva belletto, il suo viso col lavare più bello et più lucido ne divenne. Le altre, che erano dipinte, levandosi con l'acqua i colori, rimasero assai più brutte et, vergognandosi l'una dell'altra, d'indi in poi i belletti non adoperarono, ma, contentandosi della faccia naturale, disprezzarono la [29ᵛ] finta et mendicata dell'arteficio.

Dor. Certo fu molto prudente colei che comandò questo giuoco.

Fla. Appresso, chi sarà quella giovane accorta che bella stimi una donna, la quale egli conosca avere il volto impiastrato di questi belletti? Senza che eziandio quelle che sono belle, veggendosi dagli uomini esser dipinte, perdono l'onore et la lode della bellezza. Perciò che tutto quello che appare di bello et di grazioso si attribuisse all'arte et non alla natura. Ma che diremo noi che tali belletti sono cagione di far crespare la pelle et il viso giovanile parer vecchio innanzi tempo? S'aggiunge a questo che 'l fiato diviene puzzolente, i denti negri et tutto il corpo rende grave et cattivo odore, per cagione del sullimato, dell'argento vivo, della biacca et di sì fatte lordure e, come ben gli chiamò Ovidio, veleni, con li quali si dispongono et si lisciano il volto. Dirò ancora che, se le donne non potessero trovar marito, se non per cagione del bianco e del vermiglio, sarebbe assai meglio che serbassero perpetua virginità con la perdita di tutto il seme umano che maritarsi con la offesa di Dio, et maritarsi ad uno a cui piace più un poco d'incrostatura bianca che una femina buona. Deh, che si può egli dire che sia l'uso di cotai belletti altro che non contentarsi di quella faccia che ci ha fatta Domenedio creatore di tutte le cose? Se il nostro Messer Tiziano dipingesse una figura et la riducesse al suo fine,[103] non farebbe a lui grandissima ingiuria

---

[103] The reference is to the Venetian painter Titian (Tiziano Vecellio, *c.* 1490-1576), a contemporary of Dolce's.

un altro di quell'arte (posto che fosse buon dipintore) che ponendo le mani sopra quella [30ʳ] mutasse o riformassene alcuna parte? Non farebbe questo un dannar la sua opera? Certo sì. Et le donne stimeranno che 'l mutar così spesso con i belletti il vero viso, che è la istessa imagine di Dio, non sia offendere esso Dio? Lascierò da parte quello che sopra di ciò scrissero molti santi uomini et solamente addurrò una sola auttorità di quel Licurgo,[104] che diede le leggi a' Lacedemoni, il quale, giudicando che solamente si dovessero prezzar le donne per la virtù, et non per li ricchi panni et per gli ornamenti esteriori, ordinò che in tutta Sparta a niuna donna fosse lecito usar belletti, annodar le chiome et ornar la persona con vestimenti di molta spesa, sì come cose, le quali egli conosceva, che corrompevano le virtù et le buone discipline. Che diremo noi ancora di tante tinte di capelli, con li quali amano le giovani, alcune di farsegli biondi, altre negri et le vecchie (quanto il più possono) trasformare la canutezza? Che diremo di tanti ricciuoli, avolgiture et diversi modi di legare le trezze? Che delle cuffie d'oro quando a una foggia et quando a un'altra? Che dirò, infine, delle perle, delle gemme, delle catene d'oro et delle vesti raccamate, con rimesse, con fratagli et con fodere d'infinito costo? Credete a me, che di qui nasce la origine di tutti i mali, perciò che, mentre che l'una contende di avanzar l'altra et più pomposa apparere, non potendo aver dal marito le ricche vesti, procaccia di averne per altra via. Racconta Plutarco che le femine [30ᵛ] di Egitto per costume della patria non solevano portare scarpe,[105] acciò che avessero cagione di non uscir di casa. Vorrei che questo costume fosse oggidì nella Italia, solamente nelle soverchie pompe. Et ben fa questa eccellente republica a provedervici così spesso.[106] Ma sappia la mia onesta fanciulla che la naturale bellezza ha più grazia in un vestir mediocre et schietto che nei panni d'oro o variati di tanti colori, perché è di necessità che la cosa minore sia soverchiata dalla maggiore et quello che in tal guisa piace, recasi, come s'è detto, a ornamento et non a bellezza. Però si legge appresso il miglior poeta della nostra età:

Né in drappo schietto care membra accolse

et

Vincea la neve il vestir puro et bianco.[107]

---

[104] On the regulations of Lycurgus of Sparta, the legendary lawgiver (c. 820-730 BC), concerning women and marriage, see Plutarch, *Lives*, I, *Lycurgus*, XIV-XV.
[105] This is recalled by Plutarch in his *Advice to Bride and Groom* (*Moralia*, 142C).
[106] The Republic of Venice, where Dolce was born and where the dialogue is set.
[107] The reference is to Bembo's *Asolani*, respectively Book II. 5 and Book III. 49. Pietro Bembo, *Prose della volgar lingua; Gli asolani; Rime*, ed. by Carlo Dionisotti (Milan: Editori Associati, 1989), pp. 412 and 472.

Non dico però che la donna non vesta secondo il grado che tiene, ma scelga sempre le forme più semplici et le più oneste et avverrà che, sì come nel più troverà di ogni tempo chi l'avanzi, così nel meno (che è questo mondo et onesto vestire) avrà poche che l'agguaglino. Et quello che par cosa difficile a poter fare piacerà insieme et a Dio et al mondo, tenendo per cosa ferma et indubitata che l'ornamento delle donne sono non i panni fregiati, ma i costumi buoni. Gli odori veramente né in tutto gli ammetto né in tutto gli danno, ma laudo ancora in questi la mediocrità, perciò che, se sono moderati, essi confortano l'animo. Onde leggesi che la peccatrice ebrea versò sopra il capo di colui che era Dio et uomo un vaso di prezioso nardo,[108] per lo quale tutta la casa [31ʳ] fu rempiuta d'odore, il che a lui non dispiacque. Ma i soverchi odori altro che uno incitamento di lussuria non sono et spesse volte danno da sospettare agli uomini che colei che gli usa faccia per così estinguer la puzza che per qualche diffetto esca delle sua carni. Per conchiudere, la nostra fanciulla non s'imbratti la faccia col belletto, ma la mondi con l'acqua pura; non s'intinga i capelli, ma gli tenga netti et purgati dalle immondicie; non si diletti di odori delicati, ma sia intenta che non esca da lei cattivo odore. Guardisi nello specchio, non per ordinar le trezze con soverchia cura, ma con uno avolgimento schietto che convenga a tutto il corpo et per vedere che in niuna parte vi resti cosa che possa dar biasimo a una giovane vergine et modesta. E, se ella è bella, curi di fare che non abbia l'animo brutto. Se è brutta, s'affatichi di ricompensar la bruttezza del corpo con la bellezza dell'animo. Esca di rado fuori di casa et, quando vi esce, abbia sempre la madre con esso lei. Né solamente tenga la madre compagnia alla figliuola fuor di casa, ma eziandio, essendo in casa, non la lasci mai allontanare dagli occhi. Né voglio che dovunque ella va la meni seco, come sarebbe a danze, a feste, a conviti, o dove qualche cura domestica ve la induce. Ma abbia nella casa alcuna femina da bene et fidata a cui possa securamente commetter la guardia di lei. Et in ciò si dèe porre una diligentissima considerazione, perché niuna peste è maggiore né più dannosa che quella che si rinchiude in casa. Et indarno si procaccia di conservare un legno dal di fuori, se di dentro è roso dai tarli. Sia ancora questa tal [31ᵛ] femina non solo da bene, ma di qualche anno et tale che la prudenzia, i costumi, le parole et il volto la facciano degna di riverenzia et d'onore. Sia i solazzi di questa vergine (che pure alle volte bisogna ristorar l'animo con qualche diporto onesto) con le vergini sue eguali, così di età come di condizione. Ami sopra tutte le cose et tema prima Dio, et dapoi abbia in somma riverenzia la madre, alla quale sempre si dimostri nelle parole et nell'opere obbediente. Sia modesta, sia umile et sempre diligente sì nelli studi, che detto abbiamo, come in tutti i lavori et uffici che le appartengono.

---

[108] A body ointment known since antiquity. The reference is to Mary Magdalene (Luke 7. 36–50).

Propongasi innanzi qualche bello essempio da imitare et s'affatichi d'esser sempre simile alle migliori. Abbia la castità, della quale spesso io parlo, come reina di tutte le virtù. A questa seguiranno le due inseparabili sue compagne, la vergogna et la sobrietà, alle quali verrà dietro tutto il coro delle altre, la modestia, la continenza, la umiltà, la frugalità, la diligenza et quella che tiene il primo luoco, la cura della religione. Torno a dire che di rado esca di casa. Et, quando vi esce, pensi d'andare in un spettacolo della vita umana, i vizi della quale, che d'ogn'intorno le si dimostreranno, non abbiano forza di corrompere il bene disposto animo, ma più tosto di ammendarne i suoi; et esca, come s'è detto, in compagnia della madre o di alcuna sua congiunta, donna attempata et di interissima vita. Sia il suo passo né con molta fretta né molto tardo, perché l'uno è indizio di leggierezza et l'altro di superbia. Et perché è [32ʳ] costume (massimamente della nostra città) che le vergini portino per istrada d'un lungo velo il viso coperto,[109] non cerchi la mia onesta giovane di riguardare altrui né di esser riguardata da alcuno et non rivolga gli occhi in diverse parti, ma tanto si contenti di vedere quanto le è mestiero al camino. Non pensi che i circostanti riguardino lei o ragionino di lei, il che avviene appresso di alcune per riputarsi belle. O se ciò fanno dimostri di non se ne avvedere. Fugga sopra tutto il riso in tutti i luoghi, per esser segno di lieve animo et nelle occasioni più tosto lo accenni che ne dimostri effetto, avendo sempre con esso lei:

timor d'infamia et sol desìo d'onore,[110]

et d'esser meritamente tenuta onesta et prudente. Cerca il favellare non lodo che ella usi molta copia di parole tra le donne, nonché tra gli uomini. Non mi piace però che stia mutola, ma che poco parli et consideratamente nei tempi et secondo che verrà la occasione.[111] Né si lasci mai in luogo soletario ragionar

---

[109] See Cesare Vecellio, *Degli habiti antichi, et moderni di diverse parti del mondo* (Venice: Damian Zenaro, 1590): 'Abiti delle nobili veneziane, et altre qualità della città. Donzelle et fanciulle di Venezia', fol. 124ʳ⁻ᵛ: '[Le donzelle nobili in Venezia] portano in testa un velo di seta bianca, ch'esse chiamano fazzuolo, d'assai ampia larghezza et con esso si coprono il viso e 'l petto. [...] [Q]uando poi sono venute alla perfezione di grandezza, vanno vestite tutte di nero con un fazzuolo chiamato cappa, di seta finissima, molto amplo e grande, fisso et stoccato, che è di molta valuta; così si coprono il viso, che non sono vedute e veggono gli altri' (fol. 124ᵛ).
[110] Petrarch, *Triumphus Pudicitiae*, 87.
[111] The 1547 edition presents here a long section (fols 29ʳ–30ᵛ) on women's speech and silence. Dolce points out that it is necessary to make sure women learn to preserve silence since early age, then adds a commonplace which is often present in conduct literature on the topic: just as the intellect is placed in the higher part of the body, in the brain, 'quasi rocca del corpo', so Nature 'volse collocar la lingua in parte et legarla in modo che assai bene si potesse comprender niun membro di tutto il corpo esser più dannoso né anco più utile' (fol. 29ᵛ). Every part of the body, the brain, the heart, the lungs, the ventricule, and so on, found their right and correct placement, and so did the tongue, which is just between the brain — the intellect — and the heart, and next to 'gli organi di tutti i sentimenti, gli occhi, le orecchi et il naso et essendo dalla

molto a lungo con verun uomo, ancora che esso le fosse fratello o strettissimo parente, perché gran potere è quello che ha il nimico sopra di noi. Et si possono addur molti esempi di coloro che per tal via le sorelle violarono. Amon, figliuolo di David, innamorato di Tamàr sua sorella, finse d'essere amalato et, chiesta al padre lei per ministra, con l'agio della soletudine pervenne allo scelerato effetto.[112] Insomma, tanto più è utile, quanto men di domestichezza ha la fanciulla con gli uomini. [32^v] Et le parole debbono esser, come s'è detto, poche et piene di modestia et di prudenzia. Nel che m'è di caro che ella sia tenuta da' cattivi anzi poco eloquente che da' buoni poco onesta. Et per raccoglier le molte parole in una: bellissima laude della donna è il silenzio.[113] Il saper danzare, sonare et cantare a una giovane non è di biasimo, né di molta loda, comunque si sia. Molte cose io potrei ancor dire oltra alle ragionate, le quali pretermetto sì perché la memoria non mi serve et sì per venire al secondo stato, che è quello della maritata.

Dor. Io di quanto ne avete detto rimango sodisfattissima, sì che passate pure a quest'altro grado.

Fla. Giunta la mia ben creata fanciulla in età da marito, resta una grande impresa per trovare a quella uno sposo tale che con esso lui possa vivere tutti i giorni di sua vita quietamente et senza disturbo. Tutte le diverse qualità d'animali con la generazion de' figliuoli fanno perpetua la spezie loro. Ma per esser gli animali bruti creati per l'uomo, et l'uomo per quella maravigliosa deità che lo fece consorte del suo figliuolo, di qui avviene che, acciò che la prole di età in età si conservasse santa et pura, dove gli altri animali s'accompagnano l'uno

---

parte inferiore legata dalle precordie alla casa del cuore' (fol. 30^r). This implies that 'non dèe essere contraria al cuore, ma obbediente alla ragione a cui è sottoposta, né prima dar corso alla voce, se non s'è consigliata con le orecchie et con gli occhi suoi vicini, a cui tra i sensi del corpo è attribuito il principato, ma doversi consigliare molto più con l'intelletto o con la ragione et memoria, interne parti dell'anima, le quali ancora hanno il lor seggio et albergo nel cervello' (fol. 30^r). All this to explain to Dorotea 'quanto fanno contra gli ordini di Natura et peccano stranamente quelle donne [...] le quali sciolgono la lingua in varie parole, prima che abbiano o inteso o veduto o considerato nel loro animo la forma et qualità di quello che vogliono profferire, o quali siano coloro inanzi i quali dèe ragionare, facendo mestiero che l'ufficio della lingua sia l'ultimo di tutti' (fol. 30^{r-v}). Nature gave us only one tongue, hidden in the dark cavern of the palate, tied very strongly to it and well guarded by a double set of teeth, all indications of the fact that it has to be preserved (and used) carefully. And he concludes: 'Insegnisi adunque alla nostra fanciulla l'uso di parlar poco et bene, facendole avedere quando è tempo di tacere et quando di favellare; et ancora curiamo che ella non costumi altra favella che la propria et natìa della città, pure che ella si accosti più all'uso civile che a quello del popolo, per fuggire il biasimo in che incorrono alcune (né tolgo fuori anco le nostre), le quali, per aver qualche famigliarità con le rime del Petrarca, o letto alcuna prosa del Boccaccio, cercano d'imitar la lingua toscana, di maniera che, chi ha giudicio, non le può udire senza riso' (fol. 30^v).

[112] II Samuel 13. Tamar was David's daughter and was raped by her brother Amnon.
[113] See Sophocles, *Ajax*, 293, where we read: 'Silence is the ornament of women'. Sophocles owed this saying to Democritus who, in turn, had taken it from a Greek proverb.

con l'altro confusamente et senza ordine o legge alcuna, piacque a Dio di ordinar per l'uomo il matrimonio, con la legge del quale egli potesse servire a questa opera di natura senza peccato. Et perché si ricerca l'uomo a parte di tutti i beni et fortune della donna, così publiche come private — et a lei compagno et signore perpetuo et inseparabile è dato, di maniera che sola morte [33ʳ] ne rompe quel nodo — procede ancora ragionevolmente che questo sia carico di tanto peso che forse non ve ne è alcuno più grave, essendo cosa che, come è in proverbio, non si ha a fare se non una volta et errore, quando avviene, che correggere non si può. Però di sottile discorrimento et di lunga considerazione fa di bisogno. Ma perché la vera verginità non conosce né desidera il congiungimento dell'uomo, la nostra fanciulla lascierà tutta la deliberazione di questo nella cura del padre, ricevendo con lieto animo colui in marito che le sarà eletto da lui. Perciò che, oltra che tal cura non si conviene alla vergine, per non avere ella esperienzia delle cose del mondo non potrebbe fare buona elezione. Bene è uffizio convenevole di padre usare in ciò non solo la debita carità, ma ricevere (per dir così) in se medesimo la persona della figliuola. Con ciò sia cosa che molti, o per imprudenzia o per malignità, vi peccano grandemente, movendosi a credere che colui il quale istimano dovere essere utile genero a loro stessi debba esser similmente buon marito alla figliuola. Onde le più volte ad altro non riguardano che alle ricchezze, alla nobiltà e a quelle condizioni delle quali si credono di trar profitto maggior, et non hanno in considerazione il bene della figliuola, la quale insieme col marito, in una medesima casa et in un medesimo letto, dèe vivere et giacere, infino che la morte, di tutte le cose ultimo fine, quella compagnia ne diparta. Di qui altri aspettano d'arricchire et altri col nuovo parentado (essendo tali gli appetiti degli uomini) o di accrescere in dignità o di destruggere i loro nimici fanno [33ᵛ] dissegno. Questo ultimo avviene in quelle città dove sono odi et parti, et quel primo può avvenire nella nostra. Perciò questi tali dire si debbono più tosto mercatanti che padri delle loro figliuole. Ma il buon padre che solo procaccia l'utile della figliuola, et comprende quanto importa a legare altrui d'un nodo che non si può mai disciogliere, metterà in ciò quella diligenzia che si conviene a opera di tanto pericolo. Due cose sono da esser considerate nel matrimonio: la compagnia et la prole. Nell'una consiste il perpetuo vivere, nell'altra il modo di mantenere i figliuoli, secondo il grado et la condizione del padre. Quanto alla prima, dovendo la vergine lasciare il padre, la madre et i fratelli, et altrove vivere soggetta all'uomo, acciò che ne nasca quella perfetta unione che è detta da Dio, è mestiero che 'l padre consideri primieramente la condizion di colui che cerca eleggerle a marito, scegliendo uomo di eguale alla sua, et non di maggiore né di minore. Perché tra disuguali di rado si vede nascere amore che fermo et durabile sia. Et spesso il marito nobile rimprovera alla moglie la ignobilità et così all'incontro la moglie nobile biasima il marito ignobile. Et mentre l'uno si pensa d'esser superiore all'altro, ne seguono le contese et le discordie fra ambedue. Et sì come una republica, quando i cittadini discordano et vi sono tra loro parti et divisioni, è forza che trabbocchi, così una casa privata, quando la concordia et l'amore del marito et della mogliera non la sostiene, di facile cade in rovina. Onde prudentemente Pittaco,[114] uno de' sette savi di Grecia, [34ʳ] essendo dimandato da un giovane qual dovesse in prender moglie da duoi partiti eleggere, o donna di lui più ricca et più nobile o a lui eguale, rispose: 'prendi quella che più ti si conviene', accennando alla eguale. Da questa prima considerazione ne deriverà una seconda, la qual è che tra il marito et la nostra figliuola si trovi conformità di natura et di costumi, perciò che la conformità d'i costumi è strettissimo legame di amore et, dove ella è, stanno sempre le guerre et i litigi lontani. Né insieme ben si accoppiano i nibi con le colombe, né i lupi con le agnella. A questa succede la cura del sostenere la vita: nel che non si dovrebbe ricercar più oltra, quando si vede nel futuro sposo tante facultà quante sono necessarie a un modesto vivere secondo il grado nostro, o tanta industria quanta per acquistar commodamente la sostanza della famiglia può bastare. Il che eziandio sia detto della seconda parte, che è cerca la prole: per la quale non conviene che 'l padre si affatichi in guisa che i figliuoli dapoi se ne debbano stare con le mani a cintola, o che le soverchie ricchezze lor porgano occasione del male. Basti aver proveduto in tanto che essi possano della eredità paterna cittadinescamente vivere. Dirò bene che le ricchezze non si debbano disprezzare, perché, quando in molta copia abondano, si possono compartire nelle opre della carità sovenendo a' poveri, ma sì bene posporle a tutte le altre condizioni debbiamo, et riponer tra i più ricchi tesori della memoria il consiglio di Temistocle, il quale è che si elegga più tosto uomo che abbia bisogno di danari che danari che abbiano bisogno d'uomo.[115] [34ᵛ] È vero che, come s'è detto, ci vuole una sostanza onesta et non dèe esser matrimonio senza patrimonio, perciò che è mestieri che la moglie da una parte rechi nella casa virtù di governar famiglia et facultà di partorir figliuoli, dall'altra il marito quello che appartiene alla conservazione

---

[114] Pittacus was a Greek stateman and military leader. According to Herodotus, he lived around 550 BC. He helped overthrow the tyrant of Mytilene in Lesbos and became the lawgiver there, where he ruled for ten years before retiring to private life. He was one of the Seven Sages of Greece. The saying is attributed to Pittacus by Diogenes Laertius, 'Pittacus', *Lives*, I. 79–80. Erasmus devotes an entire section in his *Adagia* (701) to the question of finding a wife who is equal in status. See Erasmus, *Adagia*, ed. by Emanuele Lelli (Milan: Bompiani, 2013), pp. 695–96.

[115] It is Themistocles' advice to a father, who had asked him whether he should give his only daughter to a poor man of high standing or a rich man of poor reputation. Valerius Maximus, VII. 2, ext. 9. The addition in the 1547 edition reads: 'al che allude gentilmente il Boccaccio nella novella del cortese fiorentino, il quale, amando, divenne povero et ottenne nella povertà quello che non potè ottenere nella ricchezza' (fol. 33ʳ). The reference is to Federigo degli Alberighi in Boccaccio, *Decameron*, V. 9.

della vita (sì come istrumento alle fatiche formato) vi porti et conduca. Dobbiamo ancora considerare in quest'uomo (ricercando i beni del corpo) la etade, la sanità, direi anche la bellezza, ma questa è cosa fragile et di poco momento. Et pure che egli non sia de' Baronci del Boccaccio,[116] bello dalla mogliera dèe esser tenuto. La sanità et la bona abitudine del corpo è ben necessaria, sì per poter servire alle bisogne della casa et della famiglia, le quali ricercano il governator ben disposto et sano; et sì ancora per beneficio della moglie et de' figliuoli, perché, altramente essendo, esso l'una ne infetta et gli altri per la corruzione del seme indisposti et infermi ne genera. La età vuole esser né molto giovanile né tale che si accosti alla vecchiezza, acciò che egli possa sostener bastevolmente il peso della famiglia et i figliuoli non rimangano privi del padre, prima che escano di fanciullezza. Senza che, quella è imprudente et questa sempre accompagnata da qualche noia et impedimento che apporta seco la vita che incomincia a discendere et cadere. Ma ogni altra considerazione si può riputar di picciola importanza (benché ella sia di grandissima) rispetto a quella, come s'è detto, della natura et d'i costumi, perciò che per l'ingegno s'istima l'uomo. Sia adunque il marito della nostra figliuola [35ʳ] uomo di chiaro intelletto, prudente, letterato et buono. Et se io desidero le lettere, Signora Dorotea, nell'un sesso et nell'altro, non ve ne fate maraviglia, perché dalla cognizion di queste s'impara (oltre il culto Divino, come s'è detto di sopra) il diritto governo della vita civile et, in breve, ogni ornamento dell'uomo, animale de tanta eccellenza. Onde ben disse un savio greco che l'uomo senza lettere, era a guisa d'arbore, che non fa frutti, che o si taglia o non è guardato da alcuno.[117] Diremo adunque che quel matrimonio nel quale si trovano queste parti sarà queto et ripieno di contentezza. Turbati et apportatori di molestie et di danni tutti quegli altri che sono legati dal debole filo delle ricchezze o della lascivia, come sarebbe che una onesta giovane, per cagione di torto appetito, s'accompagnasse con uomo infame, o che qualche pellegrino intelletto, mosso da basso et vil desiderio, a donna che avesse avuto effetti di meretrice et portasse titolo d'impudica et d'errante s'accostasse. Lo essempio si vede in Paris et in Elena, perché quella lasciò vincere la sua castità

---

[116] Boccaccio, *Decameron*, VI. 6. In this *novella* Michele Scalza ironically claims that the Baronci of Santa Maria Maggiore are 'i più gentili uomini e i più antichi' of the city of Florence and of the entire world, and cunningly uses the ugliness of the Baronci as evidence for their nobility and antiquity: the Baronci were created by God when He was just learning to paint, whereas other men were created later, when He had mastered his painting skills.

[117] Dolce used the same saying also in his *Dialogo* [...] *de i colori*, fol. 46ᵛ. In Giovan Mario Filelfo's *Consolatoria dedicata alla Duchessa di Milano Bona di Savoia*, it is attributed to the Athenian orator Hyperides: 'E però Hiperide, uomo dottissimo, disse l'uomo senza lettere esser qual un arbor senza frutto'. See Giovan Mario Filelfo's *Consolatoria dedicata alla Duchessa di Milano Bona di Savoia, per la morte del Duca Galeazzo Maria Sforza (1477)*, ed. by Anne Schoysman Zambrini (Bologna: Commissione per i testi di Lingua, 1991), 2326–28, p. 88. I am grateful to Stefano Giazzon for this reference.

dalle ricchezze troiane et questo in lei altro non amava, fuorché due begli occhi et un vago viso sottoposto alle ingiurie della fortuna et del tempo. Onde per possedere mortal bellezza, il sapere (cibo degli animi celesti) et il regnare (per cui tante corsero incontro alla morte) egualmente rifiutò et sprezzò. Di che poi uscirono quelle tempeste che rivolsero sottosopra il mondo. Dall'altra parte soavissima et molto felice fu la compagnia di Penelope con Ulisse, tutto che egli si vivesse molti anni lontano da lei; et questo avenne, [35ᵛ] perché l'uno era savio et parco et l'altra moderata et casta. Ora, se alcuno avesse a fare un lungo et faticoso viaggio, lo consigliareste voi che si eleggessero per compagno un uomo ricco, ben vestito et di bello aspetto, ma per altro sciocco, timido et di niun valore, o pure un povero, diforme et avvolto in umili panni, ma di piacevole ingegno, destro, forte et atto ad agevolar non pur l'asprezze della lunga via, ma a difenderlo nei pericoli? Io mi credo securamente che, volendo voi dare a costui buono et fedel consiglio, de quest'ultimo lo confortereste. Onde, non essendo la nostra vita altro che un continuo camino alla morte, pieno d'innumerabili travagli et fatiche, pazzamente fanno coloro che, dovendo avere per aiuto un compagno, non lo cerchino tale che essi possano seco compartir la metà di questi cotanti disturbi, et non accrescer per sua cagione la parte che hanno. Se tali et sì fatte diligenzie userà il padre, sarà bene allogata la figliuola. Se andrà drieto il costume de' volgari, meglio fia accompagnarla a un serpe che a uomo ricco et malvagio, perché è men grave una presta morte che una lunga miseria. Et quale sarà quella prudente giovane che tenga più caro di pianger nella molle seta et nell'oro che rider nelle aspre gonne et nei panni di poco prezzo, più essere avuta in odio et battuta nei ricchi palazzi et nelle superbe camere che amata e accarezzata negli umili alberghi fra i dolcissimi abbracciamenti del suo carissimo marito? S'aggiunge a questo che molti, [36ʳ] da non altra cagione che da furore o da falso sospetto mossi, divengono spesse volte micidiali delle innocenti moglieri. Sì come già adivenne a Giustina, nobilissima giovane romana, la quale di pochi giorni maritata a un ricco gentiluomo, ma forsenato et di fiera natura, egli, solamente per esser Giustina troppo bella, cadde in grandissima gelosia et, sospettando di adulterio, una notte, alora che questa infelice giovane, sì come di niun fallo colpevole, così incauta della sua morte per andare al letto si traeva i panni di dosso, con la tagliente spada le dipartì la misera testa dall'innocente busto. Questo accidente crudele dispiacque a tutta la città, di maniera che fu posto nella sepoltura di lei uno epigramma per cui si dava consiglio a' padri che fossero diligenti consideratori nel maritar delle figliuole, non le ricchezze, ma gli uomini prudenti et di sano intelletto cercando.[118] Ma di tali esempi n'è

---

[118] In Vives's Latin text the epigram mentioned by Dolce is given in full. Dolce uses the content to insert into his prose narration what Vives presents in verse. Fantazzi (in Vives, *The Education*, p. 163, n. 369) reports that the epigram is preserved in a Vatican manuscript.

avvenuto più d'uno a nostri dì. Ammonisce dirittamente Platone,[119] principe d'i filosofi, che tutti gli uomini, i quali hanno fatto deliberazione di prender moglie, debbano, a guisa di buoni et accurati agricoltori, riguardare in qual terreno spargano il seme, acciò che esso per diffetto della terra non avvilisca, tralignando dalla sua virtù; la quale avvertenza dèe con più cura esser osservata dalla femina, essendo ella stessa il terreno che riceve il seme et di esso poi simile a quello produce il frutto. Io mi penso che se il seme et il terreno avesse sentimento umano, l'uno et l'altro buon seme [36ᵛ] et buon terreno dimanderebbe, perciò che per la virtù d'ambedoi ne nasce il grano. Ma il terreno dimanderebbe la sementa molto più, con ciò sia cosa che 'l grano prende maggior qualità dal seme che dalla terra non fa. Vedesi eziandio per esperienzia che una generosa cavalla non degna accompagnarsi se non a generoso cavallo. È invero commune desiderio che i figliuoli siano simili al padre. Ma né la buona moglie vorrebbe vedere ch'i suoi figliuoli s'assimigliassero a sì fatto padre, né il suocero i nipoti a sì fatto genero. Però ciascuno che desidera di non cadere in questi errori dèe usar gli avvertimenti che si sono dati. Bella certo et degna di uomo d'alto cuore fu la risposta d'Aristide famigliare di Platone a Dionigi minore, quando, essendogli da lui dimandata in moglie una delle sue figliuole, disse che più grato gli sarebbe veder la figliuola morta che moglie d'un tiranno.[120] La cara compagnia della moglie col marito consiste non solo nella presenzia della persona, ma parte nei cotidiani ragionamenti et parte nella communanza delle voglie et di tutti i beni et delle fortune d'ambedoi. Pensate qual copia di belli et grati ragionamenti potrà aver la moglie dal marito superbo, ignorante, crudele et pieno di furore a guisa di Penteo,[121] essendo ella umile et, come l'abbiamo dipinta, letterata et di benigna et pietosa natura. Chi le insegnerà le cose non intese da lei? Chi ammaestrerà i figliuoli et modererà la famiglia? Et con ciò sia cosa che nelle felicità di modestia et nelle avversità di conforto fa bisogno, et nell'una cosa et nell'altra, di ottimo et fermo consiglio, come potrà ella in ciò ricorrere al marito, essendo [37ʳ] egli uomo non meno povero, ignudo et di giudicio che di ragione? Se ella si accosterà ai costumi di lui, divenirà mala; se le sarà contraria, le caderà in odio. Vedete adunque quale communanza di voleri potrà essere tra questi due. Nessuna, per certo, ma sì bene contendimenti et perpetui odi. Né meno di fortune, ché, odiando il marito la moglie, odia

---

[119] Plato, *Phaedrus*, 276B.
[120] Dionysius Minor, tyrant of Syracuse, famous for the ruthlessness and cruelty with which he treated his enemies. After Aristides of Locri's reply, the tyrant killed his children and asked him the same question again, only to hear Aristides say he was afflicted by the death of his children but did not repent of what he said. Plutarch, *Timoleon*, VI. 3-4.
[121] Pentheus, king of Thebes, was punished for his insolence and spitefulness by Dionysos. The story is narrated in the tragic play *Bacchae* by Euripides. Pentheus is also discussed in Ovid's *Metamorphoses*, III. 511-81.

parimente le sue commodità et i riposi. All'incontro, considerate qual maniera di ragionamenti la buona moglie col buon marito di continuo si gode. Essi sono tali che niun concento è più soave, niun mele più dolce, niun condimento più saporoso, et tanto più se in lui si contenirà qualche poco di eloquenzia et vi si formino alle volte quelle parole involatrici dell'anima. Pensate come le sorti et le volontà siano in loro communi, quando dall'uno depende la vita dell'altra, et tanto desidera questa, quanto conosce esser desiderato da quello. Pensate qual virtuosa creanza de' figliuoli et quale eccellente governo di famiglia ne derivi. Se la moglie desidera d'imparare, ha da vicino il maestro; se ha di bisogno di consiglio, o per meglio tolerar le cose avverse o per non s'insuperbire nelle seconde, ha presso la mano il fonte onde può abbondevolmente ammorzar la sete. Ha gli ammaestramenti, ha le essortazioni, i conforti et tutte quelle difese che in questo turbido et tempestoso mare di vita ad ogni momento fa di bisogno di adoperare. Quanta modestia, quanta pace, quanta tranquillità, quanta religione nasce, si conserva et accresce fra questi di giorno in giorno, essendo in ciò il marito di dolce aita alla moglie non solo con le parole, ma ancora con gli esempi. Di maniera che pare a lei di aver trovato non [37ᵛ] un marito, quale si desiderava per lei, ma che un angelo le sia mandato da cielo per sostegno et scorta de' passi suoi. Mi potete credere, Signora, che niuno stato, niuna condizion è tra ' mortali la qual faccia più intera et più certa fede della vera felicità che godono l'anime de' beati nel regno di Dio di cotesta. Ora parmi che tale et sì fatta abbiamo formata la nostra vergine che poco più oltra le si possa desiderare et appresso accennata al padre la più dritta et secura strada da poterla condurre al novello sposo. Se altro ci resta da dire, io v'affermo di non saperlo, però sarebbe tempo ch'io passassi alla creanza della maritata. Ma perché il giorno è già vicino alla sera et il ragionamento è stato alquanto lungo, io direi che con vostra licenzia si rimettesse questa materia a domani.

Dor. Signor Flaminio, due cose contrarie combattono egualmente in me: desìo d'intender questo secondo oggetto et compassione ch'io prendo della stanchezza vostra. Ma, volendo che per questa volta vinca la compassione, dandovi ora la licenzia che dimandate, vi prego a far sì che domani io rimanga contenta del desiderio: altrimenti vi dico che l'obligo sarà assai minore di quello che per aventura istamate.

Fla. In questa guisa volete che l'obligo sia astretto da un altro obligo, ma, sia come si voglia, intendo d'esser io l'obligato. Ma, se pure la vostra cortesia volesse esser tenuta ad alcuno, siatene a questo libro.

Dor. Io credo che 'l libro sia dettatura di voi, poiché ne parlate così bene.

Fla. Né questo è segno di poco amore, ma attendetemi domani, ché io penso di sodisfarvi assai meglio.

LIBRO SECONDO, NEL QUALE SI RAGIONA DELLA INSTITUZION DELLA MARITATA.

FLAMINIO, DOROTEA.

[38ʳ] [*Fla.*] Io non entro mai, Signora Dorotea, in questo giardino che a me non paia d'entrare in uno di quegli orti che sono con tante laudi celebrati dagli antichi poeti, perciò che gli arbori essembrano d'esser piantati per mano di Pomona:[1] i frutti, che si colgono alle stagioni, contendono di bontà con quelli che si appresentavano alle mense d'Alcinoo;[2] le viti non invidiano il pregio a quelle di che Creta è più famosa; i gigli vincono la candidezza delle nevi; il vermiglio delle rose toglie il colore ai robini; et l'erba col suo verde ne supera li smeraldi, le quai tutte cose mi rinfrescano nella memoria quel piacere che io qui soleva prendere alcuna volta degli onesti ragionamenti della mia Camilla. Onde prudentemente avete eletto questo luogo al ragionamento d'oggi, perché non potevate elegger né il più bello né il più commodo, né dove io parlassi più volentieri, né sito che più [38ᵛ] per aventura fosse conforme alla qualità delle cose delle quali sete così desiderosa d'udire. Perciò che il matrimonio, quando è formato da quegli ordini et conservato da quelle condizioni che si convengono a cosa di tanta importanza, esso è appunto simile a un giardino ripieno di tutte le contentezze et felicità umane.

Dor. Vedete, adunque, che io sono stata avveduta et del vostro piacere et della bontà del matrimonio, avendo eletto luogo conveniente all'uno et all'altro. Sedianci, adunque, all'ombra di questo alloro sopra il fresco terreno dipinto di tanti colori. Ché qui il riposo sarà più grato et appresso il sole co' raggi suoi non ci verrà a fare oltraggio, il quale tuttavia sormontando è poco discosto dal mezogiorno. Se per aventura, Signor Flaminio, non vi fosse caro ch'io facessi recare degli origlieri.

Fla. Io per me stimo che alla qualità della stagione non si possa trovare più molle origliero né più grato tapeto dell'erba. Sì che sedianci pure, come avete detto, nel grembo di lei. Ma pregate prima gli uccelli che tramettano il canto loro per

---

[1] Pomona was a goddess of fruitful abundance in ancient Roman religion and myth. She was said to be a wood nymph and a part of the Numia, guardian spirits who watch over people, places, or homes. Pomona was the goddess of fruit trees, gardens, and orchards. Unlike many other Roman goddesses and gods, she does not have a Greek counterpart.

[2] Alcinous, mythical king of the Phaeacians on the legendary island of Scheria, is the wise and rich sovereign who in the *Odyssey* (Books VI–XIII) hosts Ulysses and his companions in his enchanted palace and then gives him a boat so he can return to Ithaca, loading him with gifts.

insino a tanto che 'l mio ragionamento abbia fine. I quali, come udite, empiono tuttavia quest'aria di piacevole, ma troppo alta et profonda armonia.

Dor. Non temete che 'l cantar degli uccelli mi tolga d'udire le vostre parole, né scemi punto il diletto che io prendo d'i vostri ragionamenti. Et quanto a voi, penso che, subito che incomincierete a ragionare, essi ancora v'ascolteranno, tratti della vaghezza di questi sermoni, con ciò sia cosa che le forze d'amore trafigono così bene i loro piccioli corpicelli come fanno i nostri, et [39^r] è tra loro chi serba inviolabilmente le leggi del matrimonio.

Fla. Io comincierò, adunque, Signora mia, ma prima che incominci, potrei per aventura movere una quistione, la quale sarebbe qual d'i tre stati sia più perfetto, o quella della vergine, di cui fu parlato ieri, o quello della maritata, di cui ho a parlar oggi, o quella della vedova, perciò che tutti hanno le sue virtù et la sua laude da Dio. Ma, lasciando questa determinazione ai teologi et venendo al nostro soggetto, dico che, avanti che la mia figliola entri in casa del novello marito, è mestiero che si riduca molto bene nella memoria l'ufficio et il fine del matrimonio, per poter poi sodisfar pienamente con l'opera a quello che ella avrà prima considerato con l'intelletto. Né questo potrà intendere a bastanza, se da prima non si rivolge ai princìpi. Iddio, adunque, eterno Signore et creatore di questa così bella et maravigliosa machina che noi veggiamo, poi che ebbe formato l'uomo, non giudicando che egli fosse da sé solo bastante a quel fine al quale creato l'aveva, v'aggiunse la donna, a lui simile et di animo et di forma, traendola dalle sue carni, et gliela diede per compagna et aiutrice in tutti gli accidenti della vita. Appresso volle che ambedoi, l'uno generando et l'altro producendo figliuoli, venissero in tal modo a crescere et perpetuar la generazione umana per lo spazio di molti secoli. Veggiamo già da questo principio l'uomo et la donna altro non essere che una carne istessa. Onde, congiunti insieme, di due corpi divengon un solo et ne formano quel mirabile ermafrodito che non si può dividere. [39^v] È, adunque, l'ufficio del matrimonio congiungere il marito et la moglie con sì stretta unione che non siano più che uno, et il fine è generare. Et perché questo congiungimento è opera di Dio, di qui ne segue che gli uomini non lo possono separare, né altresì recidere quel calmo che divinamente è inestato nella proprio pianta. Onde bella et molto convenevole è la diffinizione di Messer Francesco Barbaro,[3] illustre gentil'uomo viniziano (parlo di quel Barbaro che fu avolo del grande Ermolao): il matrimonio essere un perpetuo congiungimento di uomo et di donna, ordinato per cagione di crear legitimamente figliuoli et di fuggire adulterio. Senza il quale non sarebbe né amore né concordia alcuna fra ' mortali, perciò

---

[3] Francesco Barbaro (1390–1454), Venetian humanist, politician and diplomat, grandfather of the Renaissance scholar Ermolao Barbaro (1453/54–1493). His treatise on marriage, *De re uxoria* (1416), we saw earlier, was composed on the occasion of the wedding of Lorenzo di Giovanni de' Medici.

che ciascuno, le più belle desiderando, cercarebbe di ottener con le arme quello che non potesse con la ragione et niuno, non avendo certa prole, i figliuoli amarebbe. Et perciò, mancando le instituzioni buone, mancarebbe insieme la virtù et il mondo altro non sarebbe che spelunca di ladroni et albergo universale di tiranni: così di Tantali, di Sisifi et di Mezenzi ogni parte ripiena et contaminata si vederebbe.[4] Onde i Romani, perché la loro città di onesti figliuoli si riempiesse, ordinarono per legge che coloro pagassero all'erario certa somma di danari che senza moglie erano pervenuti alla vecchiezza. Et Licurgo — le cui leggi, mentre i Lacedemoni osservarono, ebbero sempre onorata republica et, poi che a sprezzarle incominciarono, quella insieme con la lor gloria cadde senza più levarsi — notò d'infamia qualunque uomo avanti i trentasette anni non aveva [40ʳ] presa moglie, né voleva che potessero entrare nei giuochi della palestra i giovani che ancora a moglie congiunti non erano, affine che, per timor di biasimo et desiderio di gloria, la città abbondando sempre di nuove nozze, abbondasse eziandio di prole legitima et ben disciplinata.[5] Però in Lacedemonia, dove era a' vecchi onoratissimo albergo, un giovane che sedeva nel teatro, non volendo in piè levarsi per onorar Callide, sommo et chiaro capitano, il quale niun figliuolo aveva avuto, et egli maravigliandosene, disse, 'Io te non voglio onorare, perché tu non hai generato alcuno che me onori'.[6] A questo matrimonio adunque la giovane andando, non pensi d'andare a un convito, o a una festa piena di giuochi et di lascivie, ma d'entrare in uno albergo casto et santo, nel quale, facendo ella col marito quella perfetta unione che dicemo, vivi felice tutta il suo tempo. Consideri appresso che, sì come in un corpo sono molti membri, dei quali il più nobile et principale è il capo, così la prima et più nobile parte del componimento di questi due è il marito, il quale, essendo capo della moglie, deve egli eziandio, sì come capo, essere amato et onorato da lei; et nel modo che tutto il governo del corpo dipende dall'intelletto, che ha la sua sedia nel cervello e per conseguente in esso capo, così conviene che tutto il governo della moglie dependa dal marito. Di qui potrà ritrarre che al marito appartiene il comandare e a lei l'ubbidire è richiesto, il che tanto [40ᵛ] più volentieri s'apparecchierà di dover fare quanto conoscerà che ella et egli sono un corpo solo. Né questa obbedienzia si dèe chiamar servitù, quando, servendo al marito, è servire a se medesima et, se pure ella meritasse nome di servitù, è ripiena di tanta soavità

---

[4] Tantalus, Sisyphus, king of Ephyra, and the Etruscan King Mezentius, all mythological figures known for their cruelty or deceitfulness.
[5] Plutarch, *Lives*, I, *Lycurgus*, xv. 1–2.
[6] The anecdote is taken from Chapter 1 of Barbaro's *De re uxoria*, where the name is Callicle, and might have been miscopied as Callide. The mistake is preserved in subsequent editions of the *Dialogo*. Interestingly, the vernacular translation of Barbaro's *De re uxoria*, the 1548 *Prudentissimi e gravi documenti*, also presents the form 'Callide'.

et dolcezza che avanza ogni libertà.

Dor. Gran principio, Signor Flaminio, è quello che avete fatto.

Fla. Così è come io dico, Signora: et in queste poche parole consiste tutta la legge del matrimonio, né altro si può dire per molto che se ne ragioni, se non che 'l marito et la moglie col legame del matrimonio divengono un corpo solo et che di questo corpo il marito è il capo. Et se io ne parlerò lungamente, altro nel mio ragionamento non si contenirà che unione et, variando parole, sempre conserverò questa dottrina: non altramente che faccia alcun uomo la propria effigie che, se ben prende diversi abiti, è sempre il medesimo. Considerate adunque dalla giovane queste cose, onesto et utile consiglio sarà che 'l giorno nel qual si celebra l'effetto di questo santissimo legame non in danze et conviti, come è costume si consumi, ma tutto si spenda in rivolger preghi a Dio che, sì come egli solo è auttore del matrimonio, così a quello (la sua mercè) porga il favore della sua grazia, senza la quale niuna operazione fra ' mortali ebbe mai buono succedimento. Ché se gli uomini in ogni picciolo viaggio (tenendo punto di religione) sogliono ricorrere alla bontà divina che loro a tal viaggio sia favorevole, con quanta maggior sollecitudine et con quanto più divoto animo doveremo noi ricorrere al [41ʳ] fonte della sua pietà il giorno medesimo delle nostre nozze, il quale è il natale et della felicità et della miseria, così del marito come della moglie? Ma certo non si potrebbe dire, sì come l'aversario del bene, questa salutifera medicina che c'è data da Dio per antidoto preziosissimo contra le piaghe della lussuria attoschi tutta col suo veleno, di maniera che, donde si attende salute, indi partorisce danno.[7] Noi pure nel battesimo facciamo tutti professione di rifiutare le pompe del mondo. Ma quante ne usiamo nel battezare! Concedute ci sono le nozze (oltre alle cagioni di sopra) per rimedio della libidine et noi facciamo che niuno effetto è più di queste libidinoso. O come si dovrebbono dolere tutti gli uomini d'intelletto che 'l primo giorno di questo casto congiungimento ordinato da Dio subito si assaltino da ogni parte le tenere giovani con tante et sì forti machine di lascivia!

---

[7] Dolce's rendering of Vives's Latin is unclear here. The original reads: 'Mira dictu res, quam pervertit hominum sensus diabolus, pessimi cuiusque exempli suasor atque instigator, ut quæ divinitus sunt nobis tributa contra venenum antidota, iis ipsis tantum nos admisceamus veneni ut plane fiant exitialia, et unde speranda erat salus inde nascatur pernicies' (Vives, *De institutione* [1538], p. 149). This is rendered in the 1546 Italian literal translation as: 'Gli è cosa mirabile come il Diavolo pervertisce li sentimenti umani, provocandoci con ogni pessimo essempio che mescola il veleno a quelle medicine che ci sono date contro 'l veleno, acciò che ci siano mortali et che ci nasca rovina, donde speriamo salute' (Vives, *De l'istitutione*, fol. 129ʳ). The English translation, by Charles Fantazzi, reads: 'Strange to say how the devil, counsellor and instigator of the worst possible examples, perverts men's senses so that to those antidotes which God has given us against poison we mix in so much poison that they become lethal, and from that source whence salvation was hoped for destruction arises' (Vives, *The Education*, p. 178).

Quivi i motti licenziosi, i gesti de' pazzi, i buffoni et le comedie disoneste più che altrove hanno luogo, anzi, tutte le disonestà che in diversi tempi si soglion fare in queste sono ridotte. È difficile certamente fra cotante tempeste d'umane perturbazioni tener diritto il temone dell'animo; molto più, essendo soffiati et combattuti da questi venti, poter salvi pervenire al desiderato porto.

Dor. Per certo, essendo il matrimonio così tanta opera, non si dovrebbe incominciarlo da così disonesti principi.

Fla. Divenuta la giovane nuova sposa, è di bisogno che, fra tutte le virtù pertinenti alla maritata, ve n'abbia due che dell'altre tengano [41ᵛ] la maggioranza, le quali se con lei saranno, potranno far quel matrimonio fermo, stabile, perpetuo, facile, lieve et veramente beato. Ma, se l'una delle due vi manca, all'incontro sarà grave, odioso, insupportabile, misero et alle volte poco durabile. Queste sono castità in lei et amore verso il marito. La prima dèe portar seco dalla casa del padre; quest'ultimo dèe prender subito ch'ella entra in quella del marito et riputare che, avendo lasciato il padre, la madre, i fratelli et tutti i parenti, ciascuno di questi debba ritrovare in lui. La castità (di cui si parlò ieri assai abbondevolmente) si convien maggiore nella maritata che ella non conviene per aventura in alcuno degli altri stati. Con ciò sia cosa che la moglie che offende questa offende primieramente Dio, con l'autorità di cui è fatto il matrimonio et a cui giurò la purità del letto matrimoniale. Dapoi fa ingiuria al marito, al qual solo ha data se medesima; fa ingiuria alla carità del prossimo, perché non se ne trova a lei alcuno maggiore di colui che le è padre, fratello, compagno, marito et signore. Diparte la unione di cui fra ' mortali non è la più stretta, né la più santa. Spezza il legame santissimo del congiungimento umano, rompe la fede, la qual molti col proprio danno serbarono per insino a' nimici. Leva la compagnia civile, offende le leggi et la patria, flagella il padre, la madre, le sorelle, i fratelli, i parenti et gli amici. È di cattivo esempio a' suoi, infama la famiglia et, poi ch'è diventata madre, è madre così iniqua et scelerata che i figliuoli udir ragionar di lei non possono senza vergogna, né ricordare il nome del padre senza dubbio d'esser suoi figliuoli. Onde, in un [42ʳ] medesimo tempo, è et spergiura et sacrilega, perciò che per sacramento et voto sono i corpi non pur dedicati a Dio, ma, come disse Dante, sue vittime si fanno.[8] Io per me non so se maggior peccato commettanno quei che rovinano la patria loro, che distruggono le leggi, che occidono i padri et profanano le cose sacre. Et come può istimar la moglie impudica d'avere in sua difesa Dio et gli uomini amici? Le leggi, la patria, il padre, i parenti, i figliuoli et il marito la condannano et puniscono acerbamente. Dio giusto giudice con giusta vendetta la castiga. In che dunque spera? Passerà forse impunita in questa vita. Concedasi. Ma

---

[8] The reference could be here to *Paradiso*, v. 25-30 ('Or ti parrà, se tu quinci argomenti, | l'alto valor del voto, s'è sì fatto | che Dio consenta quando tu consenti; | ché, nel fermar tra Dio e l'omo il patto, | vittima fassi di questo tesoro, | tal quale io dico; e fassi col suo atto').

tenga certo che nell'inferno sarà astretta a portarne debite pene. Certo, questa castità, come la donna è maritata, non è più di lei, ma disposta nella sua fede et raccomandata dal marito. Onde, dandola ella ad altri, tanto più pecca, quanto da le cose d'altrui et appresso gli altri mali commette il peccato del latrocinio.

Dor. Questo non si può negare.

Fla. Fu già una onesta giovane, maritata assai nobilmente in uno de' nostri della città, la quale, essendo richiesta da un suo amante a compiacergli di quel fine di che sono gli amanti desiderosi, gli rispose con queste parole: 'Se quello che da me ricerchi fosse mio, forse ch'io te 'l concederei. Ma, quando io era vergine, fu di mio padre: ora, che maritata sono, è di mio marito'. Bella, certo, et prudente risposta, ma quest'altra forse non meno ingeniosa d'una fiorentina. Costei, amando quanto si dèe il marito, et essendo tutto dì stimulata da uno spagnuolo innamorato di lei, egli, come è costume di quella nazione, [42ᵛ] quante volte trovava occasione di parlar seco, tante soleva dire che ardeva, che era senza cuore, et sì fatte parole lontane dal vero; et, terminando sugli effetti d'amore,[9] diceva: 'Mia Signora, io vi prego per vita di Gabriello' — ché Gabriello era il nome del marito di lei. Intanto che la donna, non potendo più sofferir quello stimolo, gli rispose in tal modo: 'Et tu per vita tua faresti bene a non mi comparer più innanzi, perché, chiedendo la persona mia, chiedi quella di Gabriello. Però, partiti et dimanda lui a lui stesso'. Sapeva lo spagnuolo il marito di colei esser uomo terribile et di molto favore. Onde, intendendo il motto in quel senso che era suto detto da lei, per minor pericolo si rimase dalla impresa.

Dor. Molto savia fu questa donna, facendo ella stessa quello effetto con le parole che un'altra avrebbe cercato di fare per via del marito con le arme.

Fla. Dirò più avanti che la moglie non è padrona del corpo suo, ma quello è tutto in poter del marito, di maniera che ciò diede cagione d'istimare ad alcuno che né voto né deliberazione di continenza merita essere approvata in lei, se non è di consentimento del marito. È invero grave tormento a supportar la moglie, quando ella è sciocca, superba, ostinata, inferma, bestiale et pazza: più grave senza comparazione, quando è impudica. Due altri beni ne corrompe l'adulterio, per cagion de' quali il matrimonio è formato: l'uno è la prole, l'altro la facultà, perciò che la prole, come io dico, fa incerta, et è cagione che si consumano le facultà. Dico le facultà, [43ʳ] con ciò sia cosa che la donna, che nell'adulterio ha posto il suo amore, dimenticata del suo ufficio et di se medesima, non può amar le sustanze di colui di cui ha in odio la vita et con quella insieme i figliuoli. Senza che non è cosa che ella possa ricusare ad uno,

---

[9] There is a small change in the 1547 text, as the direct speech by the 'spagnuolo' is eliminated in favour of: 'la pregava scioccamente a pietà delle sue miserie per la vita di suo marito, intanto che la donna, non potendo più sofferir quello stimolo, gli rispose in tal modo'.

al quale ha donata se stessa; non le ricchezze, non li stati, non la morte de' propri figliuoli. Sì come si scrive di Livia,[10] sorella di Germanico, la quale, avendo data a Seiano la sua castità, uomo che più tosto s'accostava alla vecchiezza che altramente, plebeo et pieno di scelerità, non sostenne ancora di negare a quello la morte di Druso suo marito, né di Tiberio di lui figliuolo, futuro erede di quello imperio, giovane bellissimo, nobilissimo et di alto et generoso animo, né similmente de' figliuoli che del detto avea ricevuti. Et invero non serba per lei alcuna cosa chi dà via la sua castità, il che fu compreso da molte elette donne, non solo della nostra religione, ma delle gentili. Et per tacer di Lucrezia, di cui ieri vi ricordai, io penso che abbiate letto che, essendo presa la città d'Atene da Alessandro re di Lacedemoni, et da lui posti al governo trenta uomini, usando questi crudelissimo ufficio di tiranni talmente che la castità delle donne non era più secura, la moglie di Nicerato, per conservar la sua, se medesima levò di vita.[11] Non avete similmente letto nel Petrarca delle tedesche:

> Che con aspra morte
> Serbar la lor barbarica onestate?[12]

Le quali, non avendo potuto da Mario ottener la grazia che esse dimandavano, la qual grazia si era di poter [43ᵛ] sacrare la lor castità insieme con le altre vergini in Roma nel tempio della dea Vesta, occisi il giorno i loro figliuoli, la seguente notte se stesse impiccarono.[13]

---

[10] Livia Julia was the daughter of Nero Claudius Drusus, younger brother of Tiberius, who later became emperor. He was entrusted with the conquest of Germany, but died in a camp after falling from his horse. He and his family were given the title of Germanicus by the Roman Senate. His own son Julius Ceasar Germanicus also died in Germany, while he was continuing his father's campaign, the victim of a plot, in his case. Livia defiled their memories and was also suspected of having poisoned her second husband, Drusus Julius Caesar, with the help of her lover Aelius Sejanus, prefect of the praetorian cohorts. The story is narrated in Tacitus, *Annals*, IV.

[11] Jerome, *Adversus Jovinianum*, I, PL 23, col. 274. See also, in English, Jerome, *Against Jovinianus*, in *A Select Library of Nicene and Post-Nicene Fathers of the Christian Church*. VI *St. Jerome: Letters and Select Works* (Oxford: James Parker and New York: The Christian Literature Company, 1983), I. 44, p. 381. Jerome from his monastery in Bethlehem denounced the teaching of the renegade monk Jovinianus who attempted to discredit the celibate life Jerome encouraged.

[12] Petrarch, *Triumphus Pudicitiae*, 141 ('servaron lor barbarica honestate'). The wives of the Teutones, the Germanic tribe, asked the victorious Marius to send them as gift to the Vestal Virgins, to preserve their chastity. As their plea was not granted, they took their lives by hanging themselves. Valerius Maximus, VI. 1, ext. 3.

[13] 'Se stesse con duro laccio strangolarono miseramente' in the 1547 text.

Dor. Crudele maniera di morte.[14]

Fla. Nella guerra ch'ebbero i Focensi co' Tesalensi, essendo questi entrati con grande esercito ne' confini di quelli, Daifanto, il quale aveva il sommo magistrato della città, comandò che quelli che erano atti a portare arme andassero contra a' nimici et che i fanciulli,[15] le donne et tutto il vulgo inerme si rinchiudessero in alcuno de' più segreti luoghi della città et quivi, posta insieme gran quantità di legna et di altra materia secca, quando avenisse che fossero vinti, accendendovi dentro il fuoco, in quello ardessero. Proposta questa fiera legge al popolo, fu uno il quale ebbe a dire che questo non era convenevole che si facesse senza espresso consentimento delle donne. Le quali, essendo della lor volontà addimandate, tutte parimente la legge approvarono, così facendo come era ordinato; et, se l'effetto non succedette, avenne solo perché ebbero la vittoria.[16]

Dor. Gran durezza per certo fu ne' cuori di queste tali.

Fla. Voi vedete in quanto prezzo era la castità appresso le gentili, le quali tuttavia caminavano nelle tenebre. Considerate, adunque, quanto maggiormente ella debbe essere apprezzata dalle nostre donne, alle quali è dato il lume di quella grazia che esse non ebbero. Onde, non essendo conceduto dalla cristiana religione che alcuno sia micidiale di se medesimo dove questo è vietato dalla divina legge, non dovrebbe la donna, per cagione di conservar la sua castità, ricusare [44ʳ] che altri con ogni aspra maniera di morte la privasse di vita.

Dor. A me pare che questa castità sia tanto necessaria alle donne (come bene ne ragionaste ieri) che 'l parlarne molto sia mettere in dubbio la cosa certa.

Flu. Conchiudendo, adunque, quello che dite voi, torno a dire che la moglie col marito non è altro che un corpo solo. Onde (per venire alla seconda virtù ch'ella dèe prender nella casa di esso, la quale è l'amore), affermo esser cosa ragionevole che questa quello ami quanto se medesima, istimando, come s'è detto, lui essere a lei in luogo di padre, di madre, di fratello et di sorella, sì come Andromaca di Ettorre soleva dire.[17] Noi veggiamo la vera amicizia aver tanta forza ch'ella può fare di due animi un solo: questa forza conven che abbia il matrimonio molto più, il qual vince di gran lunga tutte le altre amicizie. Perciò

---

[14] The 1547 presents an addition at this point which refers to Petrarch, who wrote, Flaminio explains, 'di quella greca che saltò nel mare per morir netta et fuggir dura sorte' (*Triumphus Pudicitiae*, 144), that is, Ippo 'vergine et fanciulla [...] da' corsali [...] rapita et menata in nave' (fol. 42ʳ).

[15] Also 'di tenera etade' in the 1547 text.

[16] The courage of the women of Phocis is recalled in Plutarch's *Bravery of Women* (*Moralia*, 244B-E). The Thessalians, from northern Greece, were engaged in a war against the Phocians. The Phocian women's readiness to die on the pyre, had their men been defeated in battle, rather than fall into enemy hands, was greatly admired. Daïphantus was the son of Bathyllius, one of the three governors of Phocis.

[17] Homer, *Iliad*, VI. 429-30.

che non pur tra il marito et la moglie due animi et duo corpi un solo divengono, ma di questi due mescolamenti un solo uomo si forma, atteso che l'animo della moglie de' vivere in quello del marito; et ella a lui, come a parte migliore di se medesima, in tutte le cose ubbedire et render onore.

Dor. Io non credo che alcuna moglie negasse questo esser suo debito.

Fla. È ancora la donna (se alla prima origine si riguarda) figliuola dell'uomo et assai più debole, onde per tal cagione ha similmente più di bisogno dell'opera sua, di maniera che, lontana dal marito, riman sola, ignuda et soggetta a tutte le offese, ma, essendo dal marito accompagnata dove ella si trova, lui è la sua patria, la sua casa, i suoi parenti, i suoi domestici et tutte le sue ricchezze.

Dor. Così è, senza fallo alcuno.

[44ᵛ] Fla. Et perché non istimiate che, ricercando minutamente quello che si conviene a una maritata, io voglia tacitamente inferire che poche ve ne siano caste et fedeli, dico che dell'amore delle mogli verso i mariti si trovano molti esempi, dai quali ne andrò scegliendo alcuno. Isicratea,[18] moglie di Mitridate, re di Ponto, sotto abito virile e con breve chioma, sempre nelle guerre gli fu compagna, et quando egli, vinto da' Romani, fuggiva per istrani paesi, di continuo gli era appresso et con dolci parole et amorevoli abbracciamenti dì et notte lo confortava, colà il suo regno stimando, ove era il suo marito. Flacilla Nonio Prisco et Egnazia Massimilla Glizione Gallo,[19] ambedoi in esilio seguitarono, senza cura della perdita delle ricchezze che elle lasciavano nella patria, avendo i mariti loro per tutte le ricchezze del mondo. Né senza gran pericolo di se medesima Turia,[20] occultando il marito, lo scampò dalla morte, la quale dai tre occupatori della libertà romana gli soprastava. Sulpizia,[21] moglie di Lentulo, ingannando la guardia della madre che la pietosa deliberazione cercava d'impedire, preso abito di fantesca, insieme con due ancelle et altrettanti servi, a Lentulo di nascosto si fuggì, né schifò di esser posta nel numero degli altri rubelli per serbar la debita fede et la carità verso il marito. Et a' tempi

---

[18] Mithridates VI Eupator Dionysus (120–63 BC) was the king of Pontus in Asia Minor and an enemy of Rome. The devotion of his wife Hypsicratea (according to some versions, his concubine) was a favourite account in the lives of famous women as an example of conjugal love. She shared the toils and dangers of war by following Mithridates also after his defeat by Cneius Pompeius. Valerius Maximus, IV. 6, ext. 2.

[19] Novius Priscus, a friend of Seneca, and Gliutius Gallus were followed in exile by their wives, Artoria Flaccilla, and Egnatia Maximilla, the mistress of a great fortune which was later confiscated. Tacitus, Annals, XV. 71.

[20] Turia is an example of a wife's fidelity to her husband. Quintus Lucretius having been proscribed by the Triumvirs, Turia hid him between the ceiling and roof of their bedroom and saved his life, not without great risk to herself. Valerius Maximus, VI. 7. 2.

[21] Sulpicia, the wife of Lentulus Cruscellio, reached her husband in Sicily, where he had been proscribed by the Triumvirs, after escaping her mother's close custody by dressing up as a servant. Valerius Maximus, VI. 7. 3.

nostri, la moglie di Ferdinando Gonzaglia Conte di Castella,[22] essendo il suo marito nella guerra fatto prigione d'un principe alamano, questa, con colorata cagione di visitarlo, ottenne di potere entrar nella prigione, nella quale per aventura lo persuase a cambiar seco i panni, il che, facendo il [45ʳ] marito, in tal guisa se ne fuggì. Questo fatto, inteso da quel principe, lodando esso l'amore che la giovane al marito portava, le diede licenzia di tornarsi a lui. Di tal famiglia ne fu un'altra, la quale, maritata a Roberto re d'Inghilterra,[23] avvenne che 'l re, in certa giornata avuta co' nimici, fu ferito gravemente. Et perché il ferro era avvelenato, i medici conchiusero che esso non poteva guarire s'egli non si trovava alcuno che con la propria bocca il veleno asciugasse. Il re, che valoroso signore era, conoscendo che non si poteva far questo effetto, se non con la morte di chi lo facesse, non volendo a ciò consentire, di ora in ora (raccomandandosi a Dio) con ostinata pazienzia attendeva il suo fine. La reina andò la notte al letto del re et, trovando che egli dormiva, chetamente sciolse il legame della piaga et fece ella stessa pietosamente quell'opera che niun'altra persona avrebbe fatto di volontà.

Dor. Animo veramente degno di reina et amore convenevole a consorte.

Fla. Questi, come vedete, sono esempi di benivolenza incomparabile portata dalle mogli a' mariti, mentre e' vissero. Come ancora si legge d'Alceste,[24] la quale, per campar da morte il suo, corse volentieri incontro al supplicio ch'era

---

[22] Fernán González, count of Castile, was a legendary figure who secured the independence of Castille from León and fought against the Moors. The thirteenth-century epic *El poema de Fernán González* recounts his life and exploits.

[23] This might be, as Fantazzi indicates (in Vives, *The Education*, p. 188, n. 44) Robert Curthose (c. 1054–1134), sometimes numbered as Robert II or Robert III, duke of Normandy between 1087 and 1106, and an unsuccessful claimant to the throne of England. As the eldest son of William the Conqueror, he was recognized in boyhood as his father's successor in Normandy, but had to face first the invasion of his brother William II of England and then of his youngest brother, Henry I, who succeeded William as king in 1100. His failings as a ruler were compensated by his heroic contribution to the First Crusade (1096–99). This is one of the many legends that survive about him: the story goes, as Vives (*De institutione* [1538], pp. 158–59) has it in his own Latin text, that Robert had been hit by a poisonous sword on his arm in his fight against the Syrians. The wound could not be cured unless someone sucked the poison out of it. His wife did so, after having undone the bandages on his arms and sucked it all out little by little, spitting out until the wound became more easily curable for the physicians. The example of 'Roberto Rege Inglese' and his 'magnanima consorte' is mentioned also in Valdecio's *Lo Scoglio dell'Umanità*, p. 349.

[24] One of the daughters of Pelias, king of Iolcus, Alcestis was the most beautiful and pious of them all and the only one who did not participate in the killing of Pelias, when Medea, with her deceits and spells, had him killed by his daughters. Euripides, in his tragedy *Alcestis*, presents her and her husband Admetus as model of conjugal tenderness to the point that she sacrificed herself to save his life, after his parents had refused to do so. But she was brought back to life, as beautiful and as young as ever. Another myth has it that Persephones, too, was so touched by her devotion that she sent her back among the living. She is an example of conjugal love in Valerius Maximus, IV. 6. 1.

apparecchiato per lui. Ma si trovarono ancora non poche, le quali, doppo la morte d'i mariti, non volsero rimanere in vita. Laodamia, inteso l'acerbo fine del suo carissimo Protesilao, con le proprie mani si trafisse.[25] Paolina, moglie di Seneca,[26] volle morire con esso lui, ma, avendosi fatte aprir le vene, la crudeltà di Nerone non sofferse che ella pervenisse alla morte non per altra cagione [45ᵛ] che per essere desiderata da lei.

Dor. Fu ben crudele invero.

Fla. Una figliuola di Demozione, essendo nuova sposa di Leostene,[27] ma non ancora avendo egli gustati i frutti delle sue nozze, inteso ch'egli era morto, se medesima a morte spinse, affermando che, con ciò sia cosa che a lui avea dato l'animo, non poteva esser congiunta ad un altro marito senza commettere adulterio. Porcia, figliuola di Catone et moglie di quel Bruto che uccise Cesare, subito che pervenne alle orecchie di lei la morte del marito, corse per uccidersi et, essendole levato il ferro di mano, si puose in bocca carboni ardenti. Et in cotal modo andò a trovare l'anima di colui cui aveva perduto il corpo. Giulia,[28] figliuola di Giulio Cesare, veggendo portar da uno de' servi la bianca vesta di Pompeo suo marito insanguinata, credendo quello essere o ferito o morto, fu sovrapresa da così estremo dolore che rese il parto immaturo et in breve termine si morì. Cornelia,[29] l'ultima moglie di Pompeo, poi che si vide dinanzi gli occhi tagliar l'onorata testa a colui che tante onorate spoglie aveva all'imperio romano acquistate, disse che sarebbe stato biasimo che, avendo ella

---

[25] The daughter of Acastus and the young wife of Protesilaus, the first Greek hero to be killed at Troy. According to one myth, Laodamia loved her husband with such devotion that, following his death, she begged the Gods that he was returned to her for three hours, Protesilao having expressed the same wish. When, at the end of the three hours, he had to leave for Hades, she killed herself in his arms. Another version of her story tells that she had made a wax model of her husband and would embrace him secretly. When her father discovered it, he threw it in the fire, and Laodamia threw herself too, burning to death.

[26] Tacitus, *Annals*, XV. 63–64.

[27] Jerome, *Adversus Jovinianum*, I, PL 23, col. 271; *Against Jovinianus*, I. 41, p. 380. Leosthenes, commander of the combined Greek army in the Lamian War, died at the siege of Lamia in 322 BC.

[28] This is an interesting example that Dolce provides us with of his way of working, which is not necessarily one of passive acceptance of Vives's text. The story of Julias, daughter of Caesar, is present in Vives, of course, but told in a slightly different manner. Vives writes that, on seeing the garments covered in blood from the battlefield, Julia feared that her husband, Pompeius Magnus, had been wounded and fell half-dead to the ground. Dolce, adding other details, relays how, after the garments had been brought home by the servants, on seeing the blood Julia gave birth prematurely, and died. In fact, Dolce's version is inaccurate: Julia died the following year, giving birth to another child, who died a few days later. See Valerius Maximus IV. 6. 4 and Plutarch, *Lives*, V, *Pompey*, LIII, 3–4 (in both of which she is said to have collapsed unconscious at the sudden shock and miscarry, only to give birth to another child, a girl, and die from the pains of travail).

[29] On Cornelia's love for her husband, ses Plutarch, *Lives*, V, *Pompey*, LXXIV–LXXV.

veduto uccidere il marito, la sola doglia non fosse bastante a uccider lei. Artemisia,[30] reina di Lidia, bevve le ceneri del morto Mausoleo, acciò che viva fosse sepoltura del suo marito.

Dor. Questi esempi, Signor Flaminio, mi dilettano molto et tanto più perch'è opinione d'alcuni sciocchi che poche mogli (come voi temeste ch'io non vi credessi tra questo numero) amino i loro mariti.

Fla. Adunque io non tacerò quest'altro, il quale è degno di scriversi con lettre d'oro. Fu in Galazia tra i maggior [46ʳ] capi di quella regione duo carissimi amici et congiunti insieme con stretto nodo di parentando, l'uno detto Sinato et l'altro Sinorige.[31] Aveva Sinato per moglie una giovane chiamata Gamma, bella di corpo, ma molto più di animo. Perché non solo era modesta et unicamente il marito amava, ma era prudentissima et di più alto cuore che per aventura non s'acconviene alle donne. Onde ne veniva eziandio amata et onorata da tutti i sudditi. S'aggiungeva a questo l'esser costei sacerdotessa di Diana, la qual dea era in molta riverenzia appresso quel popolo, cosa che a lei accresceva maggior riputazione. Avvenne che Sinorige s'innamorò di questa Gamma tanto fieramente che, non potendo né per preghi né per minaccie ridurla alle voglie sue, con tradimento levò di vita Sinato, il che fatto, d'indi a pochi giorni dimandò le nozze di Gamma. La valorosa giovane, che non aveva onorata la morte del suo caro marito con lagrime vane, ma pensava come potesse vendicarla con la morte di Sinorige, parendole questa esser bella occasione alla vendetta, prima ricusò assai leggermente, dapoi dimostrò ch'era contenta. Là onde, essendo sempre più sollecitata da Sinorige, con esso lui si ridusse nel tempio della dea, dicendo che col testimonio di lei voleva che si celebrassero quelle nozze. Gamma, inginocchiata dinnanzi l'altare della dea et di lei appresso Sinorige, poi che 'l sacrificio ebbe fine (secondo il costume di quel paese), prese in mano una gran tazza nella quale v'avea posto veleno mescolato con vino et, bevutone gran parte, porse la tazza a Sinorige et egli bevve il rimanente. Il che, essendo veduto da Gamma, lieta ella che l'onesto desiderio avesse effetto, riguardando alla [46ᵛ] imagine della dea, disse con alta voce queste parole: 'Io chiamo te per testimonio, o santa dea, che doppo la morte del marito per altra cagione rimasa in vita non sono che per vendicar la sua morte con la morte di costui, la qual vendetta avendo ottenuta, ora me

---

[30] Artemisia, queen of Caria, at the death of her husband Mausolus, in 335 BC, had a monumental tomb erected in his memory, the Mausoleum, one of the Seven Wonders of the ancient world. She was said to have drunk a potion with her husband's ashes, so as to become a living sepulchre herself. The story is relayed in Valerius Maximus IV. 6, ext. 1, as an example of conjugal love.

[31] The entire story is taken from Vives (*De institutione* [1538], pp. 161-63; *The Education*, 191-92), almost word for word. Plutarch recalls the events concerning Camma, Sinatus, and Sinorix in *The Bravery of Women* (*Moralia*, 257F-258C).

n'andrò contenta a trovare il mio Sinato'.³² Dapoi, rivoltasi a Sinorige, seguitò: 'Et tu, crudele et scelerato uomo, puoi ordinare ai tuoi servi che, invece delle pompe delle nozze che malamente hai desiderata, apparecchino sepoltura al tuo corpo'. L'udir Sinorige le parole et il sentir che il veleno era già corso per tutte le vene fu in un medesimo tempo, onde, fattosi porre nella lettica, dopo alcun rimedi vani, fra poco spazio si morì. Sopravisse alquanto Gamma doppo lui et, come intese che Sinorige era morto, con molta allegrezza mandò l'anima fuori del corpo.

Dor. Certamente donna di grandissimo valore fu costei et ricordomi molte volte aver letto sì fatto essempio sotto altri nomi.³³

Fla. Esso è tanto nobile che molti scrittori non l'hanno voluto tacere.³⁴ Ora, come io dissi di sopra, non consiglio la vostra sposa uccidersi per il marito (che questo non permette la legge), ma ben la conforto a metter sempre la vita di lui innanzi a tutti i commodi di se stessa, stimando che tutte le avversità di quello siano poste nel corpo di lei. Niun argomento, Signora mia, è maggiore né più certo di castità che quando si conosce la moglie amare sinceramente et con tutto l'animo il suo consorte. È adunque il primo ufficio della sposa amare il marito, il che facendo, ella ancora verrà amata da lui. Ché invero è impossibile [47ʳ] che tardi o per tempo chi conosce essere amato non ami, et di qui è quel verso di Dante:

Amor, ch'a nullo amato amar perdona.³⁵

---

³² The 1547 text presents some small changes in the wording of Gamma's address to Diana, but nothing substantial in terms of content.

³³ Dolce develops the sentence further in the revised 1547 edition and has Dorotea say: 'ricordomi molte volte aver letto sì fatto essempio sotto altri nomi nell'Ariosto et nel Cortegiano' (fol. 45ᵛ). The addition is an interesting hint at women reading the *Orlando furioso*, often deemed unsuitable for the female sex (see, for instance in this respect, what Flaminio has to say on chivalric poems in Book I, above). We saw earlier (Book I, n. 86) how in this same edition, Dolce includes the *Cortegiano* among the books that are suitable for women to read.

³⁴ The 1547 text presents a new paragraph here (fols 45ᵛ-46ʳ) with some further additions. As we saw in the Introduction, first Flaminio refers to the 'favola' of Isabella and Zerbino in Ariosto's *Furioso*, and the trick used by Isabella to make sure Rodomonte kills her. He then explains that he has read of a similar episode having occurred 'a' tempi de' nostri avoli' in Dalmatia, explicitly saying his source is Barbaro's *De re uxoria*, from which he claims that Vives has drawn his own *Instituzione cristiana*. He concludes by pointing out that many ancient poets have discussed how beauty is an enemy of chastity, although he explains that one should not believe that beautiful women will necessary give in to temptation, supporting his view with verses from Petrarch: 'Due gran nemiche insieme erano aggiunte | bellezza e castità, con pace tanta, | che mai rubellion l'anima santa | non sentì, poi che a star seco fuor giunte' (*Canzoniere*, CCXCVII, 1-4); 'E la concordia ch'è sì rara al mondo | v'era con castità somma beltate' (*Triumphus pudicitiae*, 90). The real enemy of chastity, and of any virtue, is 'avarizia' and women should always shun it (fol. 46ʳ).

³⁵ Dante, *Inferno*, v. 103. The line from Dante is followed in the 1547 edition by a reference to Martial's advice to a friend that one should love in order to be loved and by: 'E sappiate, virtuosa

Né pensate che si debba amare il marito nel modo che si ama o l'amico o il fratello: conviene che con questo amore sia congiunta una somma riverenzia et una obedienza più che perfetta, con ciò sia cosa che non solamente le leggi umane, ma le divine comandano che la moglie sia soggetta al marito et non solamente le leggi, ma la natura istessa questa feminile soggezione dimostra, la quale in tutte le ispezie de' bruti puose men fortezza nelle femine che ella non fece ne' maschi; et parimente più tenera carne et più delicato pelo lor diede. Quelle parti appresso che a questi concedette per difesa, come sono i denti, le corna, i rostri et sì fatti, tolse a molte femine et se pure le diede ad un sesso et all'altro, le fece più forti nei maschi, come veggiamo nei tori, i quali hanno più salde corna che le femine di quella specie non si veggono avere. Questo, come io dico, fa la natura negli animali bruti: onde la femina ubbidisce al maschio, lo accompagna, lo accarezza et sostiene con molta pazienzia d'esser battuta da lui. Il che, se osservare si vede dalle bestie, quanto maggiormente dovete osservar voi donne, che, oltre al costume della natura, oltre alla ragione et oltre alla debolezza del vostro sesso, avete i precetti della legge, la qual comanda che siate ubbedienti all'uomo? Et a cui? Al vostro capo, alla vostra metà, alla vostra anima. Perciò che quei che diffinirono il marito [47^v] et la moglie essere una cosa medesima aggiunsero la moglie essere il corpo et il marito l'anima: onde sì come è convenevole che 'l corpo prenda il suo reggimento dall'anima, così ragionevole cosa è che la moglie sia governata dal marito. Male andrebbono le cose umane, se la luna, non si contentando della bassezza del suo cielo, volesse alzarsi a quello del sol et Venere, sdegnando similmente il suo, sormontasse a quello di Marte, o di Giove, o di Saturno et tutti cangiassero luoco, di maniera che 'l più basso pianeta fosse per ordine il più alto e il più alto il più basso divenisse. Or non sarebbe questo un ritornar di nuovo il mondo nell'antico caos? Bisogna, adunque, che tutte le cose si conservino nei termini et proprietà loro et per questo si può conchiudere che alla donna è così di mestiero il governo dell'uomo come a ciascun cielo lo effetto di chi lo muove.

Dor. Io sono d'un medesimo parer con voi et pregovi che, lasciando da parte i cieli, ragionate come si dèe usar l'obedienzia per acquistar l'amor del marito et se a questa è posto termine alcuno.

Fla. Signora mia, io v'ho detto che l'amore s'acquista con l'amore, ma, affine che la moglie possa più pienamente ubbedire al suo sposo e far che tutte le sue opre corrispondino al voler di lui, è di bisogno di conoscer prima minutamente i costumi et la natura di quello; né per introdursi in questa scienza è necessario

---

Signora, che l'oro può comperare i palazzi, le città, i regni, i magistrati, gli onori et tutte le grandezze del mondo (come noi con nostro danno spesso veggiamo), ma l'amore, gemma che avanza tutti i pregi, non si compra, se non con l'amore. Però amiamo, che saremo amati' (fol. 46^v).

che ella volga le carte di coloro che hanno scritto della fisionomia, ché ella ne potrà divenire tra pochi giorni dotta et esperta da se medesima. Certo non è minore la [48ʳ] diversità degli ingegni di quello che sia il numero degli uomini et di qui è che si trovano mariti di diverse qualità, i quali si debbono tutti amare, onorare et servire, ma non tutti a un modo. Il navigante usa a diversi venti diverse vele et il capitano altramente si suole armar contra Turchi, altramente contra Mori et altramente contra Soffiani,[36] ma tuttavia in queste diversità è un solo che sempre ministra, il quale è l'animo et, essendo il capitano prudente in ogni impresa, o perdendo o vincendo, riporta onore. Il vivere umano è come il giuoco d'i dadi, nel quale, dove manca la ventura, bisogna che 'l giocatore adopri l'arte. Però, se il marito sarà tale quale fu detto ieri, facile cosa fia alla moglie di potere adempir il voler di quello, né le accade altro artificio che seguitare l'aura seconda. Se d'altra maniera, le conviene con altre vele solcar l'onda del matrimonio et quello che non l'è conceduto dalla sorte procurar d'acquistar con la industria. Sarà adunque il marito o uomo fortunato o no. Chiamo ora fortunato colui a cui è dato alcun bene o di vita o di corpo o di animo. Sfortunato quell'altro a cui o facultà o sanità o virtù manca. All'uno agevolmente si può sodisfare, perché nelle felicità tutte dimostrano lieto il volto et nella bonaccia con poca fatica si regge il legno. Con l'altro, bisogna armarsi di pazienzia et di consiglio. Ma prima è d'avertire che l'amor della buona moglie dèe essere appoggiato non sopra la fortuna del marito, ma nel marito; altramente, fabricato quasi in molla arena, non avrà ove fermarsi, anzi, ad ogni picciolo fiato di fortuna, come arbore [48ᵛ] senza radici, ponerà la cima in terra, simile a quello d'i falsi amici. Adunque, non amerà il marito per cagione o di bellezza o di ricchezza o di stato, ma perché è suo marito. Et se avverrà che qualche infelicità gli sopragiunga, tenendo quella esser sua propria, dèe sentire in se medesima la passione che sente il marito. Et, se è povero, tolerar la povertà con pazienzia, sapendo essere obligata di viver seco a una medesima sorte, al che fare è invitata dal medesimo nome ch'ella acquista nel matrimonio, perciò che altro non dinota consorte che partecipe d'una medesima sorte. Se è brutto, ami l'animo a cui è maritata. Se è infermo, quivi tanto più è mestiero che adopri ufficio di vera moglie, confortandolo, medicandolo et aiutandolo di ciò che può; né dèe aver lui manco caro, essendo amalato, di quello che lo aveva, essendo sano, istimando pure che 'l suo istesso corpo sia offeso in quello di lui. Di qui sentirà il marito minore affanno, conoscendo la moglie esser partecipe del suo male.[37] Gli sia sempre ella (piena di dolce pietà) alle sponde del letto et

---

[36] A 'sofiano' is a subject of the Persian sofi, that is, the Shiite Muslim sovereigns of Persia between 1502 and 1736.

[37] As mentioned in the Introduction, Dolce leaves out here an entire section that Vives had devoted to his own mother-in-law, Clara Cervent, and her exemplary loyalty towards her syphilitic husband, Bernardo Valdaura.

presti insieme opera non solo di moglie, ma di medica et di cuoca et (senza alcuna vergogna avere) di servente. Questo fece la moglie di Temistocle,[38] principe non pur di Atene, ma di tutta Grecia. Questo Stratonica,[39] moglie del re Diotaro et questo fecero tutte le gentildonne romane, non parendo lor degno che la persona d'i loro infermi mariti fosse tocca da altre mani che dalle loro. Nella nostra città, ricca di ogni virtù et abbondevole di ogni laudevole [49ʳ] costume, vive ancora una onesta donna,[40] la quale, essendo maritata bellissima et molto fanciulla, la prima notte che ella col marito si giacque, s'avvide che egli aveva le coscie fasciate. Et d'indi a pochi dì il marito infermando, fu scoperto lui essere offeso da quel male che tanti ne ha già guasti per tutta Europa,[41] il quale, procedendo, lo tenne nel letto dieci anni et a tal forma lo ridusse che 'l misero uomo più a corpo morto che a uomo vivo rassomigliava. Nel qual tutto tempo ella con tanta sollecitudine attendeva alla cura del marito e serviva a' bisogni della casa che né ora né punto di tempo aveva da respirare. Di sua mano gli medicava le piaghe, gli amministrava le vivande et senza schifezza alcuna più pietosa a lui ch'a se medesima, trattava sempre et mondava quelle parti ch'erano orribili da riguardare. Morì infine il marito et ella è rimasa con due figliuoli, sana et bella, come il primo giorno che nacque.

Dor. Io questa donna conosco et molte altre ancora che in tal parte servono amorevolmente all'ufficio loro, del quale chi manca, manca di tutti gli altri.

Fla. Certo, sì come i frutti della fede sono le opere, così i frutti del vero amore è la carità, la quale levando alla moglie, le è levato insieme et nome et effetto di mogliera. Se il marito sarà superbo, bisogna che contra questa superbia opponga lo scudo della umiltà; se sdegnoso, quello della pazienzia. Perciò che, volendo seco contender di superbia o di disdegno, sarebbe uno accrescere il fuoco et non ammorzarlo et pensar di poter levar via il fango col fango. Direbbe forse alcuna: [49ᵛ] questi sono buoni consigli, ma difficili da mettere in opera. Quale cosa è più difficile che il conoscer la origine delle infermità et ritornare la sanità agli infermi? Per esser la ragione et la esperienza (due cose al medico necessarie) l'una di estrema difficultà et l'altra di egual pericolo, nondimeno il fisico, venuto a cognizione della complessione dell'amalato et d'indi di quelli

---

[38] A reference to Themistocles' wife is also found in Valdecio's *Lo scoglio dell'umanità*, p. 349.
[39] Deiotarus, king of Galatia, was a faithful ally of the Romans, but became involved in the struggles that led to the fall of the republic. In 45 AD, he was accused at Rome of having attempted to murder Caesar when he was his guest, in Galatia. Cicero wrote a speech in Deiotarus's defense. Plutarch relays in *The Bravery of Women* (*Moralia*, 258D), how Stratonice, not being able to have children herself, arranged for her husband to have children by another woman and bring them up as their own.
[40] Vives recalls recalls briefly here, again, the example of Robert Curthose's wife who sucked the poison out of her husband's wound. See above n. 23. Dolce adds here instead a contemporary example.
[41] The reference is to leprosy and its deforming action on the human body.

umori che danno guerra al corpo, osservando la età, il paese et il tempo opera in guisa che a poco a poco lo risana. Niuna cosa può essere difficile alla moglie, se ella ama il marito, perciò che lui, amando, agghiacciarà tutta nei propri affetti et arderà nel voler di lui. Di qui, rivolgendosi col pensiero a quelle mogli alle quali diede la malvagità della sorte de' peggiori mariti che non è il suo, le facciano profitto le miserie communi in consolar gli affanni particolari. Né consideri tanto alle parti cattive che sono nel marito quanto a molte che vi potrebbono essere. Et non riguardi quelle altre maritate che paiono più felici, perché questo farebbe i suoi cordogli maggiori. Benché chi può saper quello che giace ascoso sotto i tetti di tante case? Quante sono riputate felici che sono infelicissime. Sia adunque sempre umile et sofferente et, quando conoscerà che l'animo del marito è tranquillo, né pate alterazione alcuna, alora dèe con dolci parole mettergli destramente innanzi gli errori trascorsi, ammonirlo e pregarlo a usar più temperatezza nelle sue azioni. Se vedrà che egli ascolti le sue parole, speri che si abbia a correggere. Se averrà che s'adiri, subito dèe tacere et, avendo usato l'ufficio suo, soffra et sostenga [50ʳ] ogni sconcia parola, di che acquisterà onor fra le donne e merito appresso Dio. Et se per aventura (quel ch'è più difficile a supportare) egli, trasportato da ira o da qualche infermità d'animo, s'inducesse a batterla, tenga alora d'esser dalle mani di Dio per castigo de' suoi peccati battuta. Ancora che di rado avverrà che la buona moglie et prudente sia battuta dal marito. Gli affanni veramente, i disagi et le miserie si debbono tener rinchiusi et sepelliti dentro le case et non far quelle palesi ad alcuno, con ciò sia cosa che si reca al marito infamia et par che si cerchi giudice tra lui et lei. Non si può fare che non si sentano le passioni, questo è vero, ma, come dice il nostro prudentissimo poeta,

> Non è minor il duol, perch'altri il prema,
> Né maggior per andarsi lamentando.[42]

Potrà bene avvenire che 'l marito, per cagione della sofferenza et moderatezza della moglie, diventerà migliore, dov'ella, in contrario operando, lo troverà sempre peggiore. Sono ancora alcuni de' vostri mariti uomini ignoranti, di poco discorso et anzi pazzi che no. Con un sì fatto la buona moglie adoperi arte et destrezza, ponendosi in animo di far sempre quello che conosce essergli grato et le verrà imposto da lui et, usando prudenza, con poca fatica lo conterirà fra l'onesto. Tale infine si dimostri verso di lui quali si sogliono dimostrar le buone madri verso sì fatti figliuoli. Perciò che dalla miseria di quelli prima sono indotte a compassione et dalla compassione a carità, di maniera che molte volte più amano li sciocchi, infermi, brutti et zoppi che gli ingeniosi, sani et ben formati. [50ᵛ] Ora, quale egli si sia, è marito, capo et

---

[42] Petrarch, *Triumphus Mortis*, II. 145–46.

signor della femina dato a lei da Dio, dalla chiesa et da' parenti. Di tanto numero d'uomini questa è la sorte et la parte sua: bisogna che si contenti et supporti con buono animo quello che mutare non si può; bisogna che lo ami, che l'onori et che l'osservi, se non per lui (che per lui, in quanto è marito, si dèe amare, onorare et osservare) per coloro che gliel'hanno dato et per la fede da lei obligata nel maritare. Nella guisa che molti fanno bene a chi no 'l merita, solamente per piacere agli amici. Et quanti si muovono a un'opera per cagione d'avere promesso che altramente non si moverebbono. Ma sopra tutti i ricordi questo si tenga per principale: che quel ch'è necessario sia altresì volontario. Così verrà la moglie a rendersi lieve et soave il peso che le sarebbe stato grave et molesto. La necessità a questa riguardando, l'insegnerà sostener l'obligo con fortezza e l'uso farà la difficultà facile, perciò che il costume rende la gravezza degli affanni leggiera, facendogli a noi famigliari. Voi mi dimandaste, Signora Dorotea, insino a quel termino fosse tenuta la moglie d'obedire al marito: dirò adunque più chiaramente qual sia il dominio del marito sopra di lei.

Dor. Questo desiderava.

Fla. Non è dubbio che nelle cose oneste, et in quelle eziandio che non sono in se stesse né buone né cattive, alla moglie i comandamenti del marito debbono essere in cambio d'una legge divina. Perciò che la obedienza di questa verso di quello è, come s'è detto, ordinata da Dio et, doppo Dio, il marito è [51^r] suo unico signore. Quale altra cosa si può dir più della donna che 'l corpo et l'animo? Ma che questi non siano in poter della moglie ne fanno fede le sacre lettere. Per la qual cosa io conchiudo che quante volte il marito ha bisogno dell'opera della moglie, tante dè' ella non solo lasciar di andare alle feste, ma alle chiese: con ciò sia cosa che a Dio, cui sono grate le orazioni, è gratissima l'obedienza. Né vuole egli che si vada all'altare, se non con l'animo quieto, il quale non può aver la moglie, se non vede prima quieto quello del marito. Se ella cerca Iddio, sappia che egli è da per tutto et massimamente dove è la pace, la concordia et la carità. Non le tolgo però lo andare alle chiese, ma dico che non vi dèe andare, se non di voler del suo capo, et che dèe sempre anteporre alle divozioni esteriori (le quali tuttavia sono buone et esemplari) il governo della sua casa. Perciò che sono alcune, le quali, mosse più tosto da consuetudine che da religione, sogliono frequentar le chiese in modo che non se ne sanno dipartire, né si curano che poi, ritornando a casa, trovino ogni cosa in disordine et che 'l marito (parte principale di se medesima) patisca. Onde quella che dovrebbe esser casa di pace et d'amore è fatta albergo d'odio et di discordia.

Dor. In verità chi ha marito et famiglia può nella casa sua esercitare ogni opera di carità, virtù più che altra avuta cara et amata da Dio.

Fla. Avendo tocco il nome della concordia, alquanto di essa favellerò, perché in tal modo meglio vi si faranno noti i termini di questo [51^v] dominio convenevole del marito. Et dico che la maggior parte della tranquillità et felicità del matrimonio è in questa et la maggiore d'i disturbi et delle miserie procede dalla discordia.⁴³ Fra gli ammaestramenti che imparavano i discepoli di Pitagora, questi erano i principali: che dal corpo la infirmità, dall'animo la ignoranzia, dal ventre la lussuria, dalla città la sedizione, dalla casa la discordia et in commune da tutte le cose la stemperatezza s'allontanasse. Di qui Ulisse desiderava a Nausicaa, figliuola d'Alcinoo, marito, casa et concordia, giudicando che maggior bene non si potesse a' viventi desiderare.⁴⁴ Quanto si dèe credere che fosse felice il matrimonio d'Albuzio, il quale visse con la sua Terenziana venticinque anni,⁴⁵ senza punto provar quello che si fosse litigio o contesa alcuna. Quanto più felice quello di Publio Rubrio Celere, che con la sua Ennia fornì i quarantaquattro,⁴⁶ senza querela o lamento. Per contrario, dalla discordia subito ne nascono i contendimenti, dai contendimenti le minaccie et dalle minaccie le guerre. Né alcun difetto che abbia luogo nella moglie fa il marito a lei più nimico di quello che fanno le contese et la lingua mordace: la qual lingua è da Salamone comparata a un tetto discoperto, per lo quale discende la pioggia, perciò che l'una cosa e l'altra sforza l'uomo abbandonar la casa.⁴⁷ Si suol dire da' volgari che l'arma della femina si è la lingua, ma è arma di tal sorte che più nuoce che non giova. Questa raffrenerà di ogni tempo la prudente moglie et non cercherà d'imitar la moglie di Ercolano Sanese,⁴⁸ la quale avendo [52ʳ] fatti arrostire certi tordi comprati da Ercolano, et questi mangiandosi la sera a cena, disse Ercolano: 'Moglie mia, se vuoi dire il vero, non entrarono mai nel tuo corpo tordi né migliori, né più saporosi di cotesti'. 'O — rispose ella — tordi non volete voi dire, ma merli'. 'Come — disse il marito — non so io quello che mi dica?' 'Non sapete, no — aggiunse la moglie — che io gli ho conosciuti al becco et alla coda'. Le parole furono molte. Infine non rimase ella di sostener che quel che diceva era vero: insino a tanto che Ercolano, ricercandole con un bastone tutte le ossa, le diede di strane battiture. D'indi a un anno nel medesimo giorno, cenando ambedue, disse costei: 'Marito, oggi appunto compie un anno che voi in tal sera mi

---

⁴³ The 1547 edition adds a few sentences, reminding Dorotea of the benefits of peace for the life of republics, 'signorie', and kingdoms (fol. 51ʳ).
⁴⁴ Homer, *Odyssey*, VI. 180–85.
⁴⁵ The rhetorician Caius Albucius Silus, from Novara, is recalled by Suetonius in his *Lives of Illustrious Men* (*On Rhetoricians*, VI).
⁴⁶ I have not been able to trace this couple in ancient sources. Dolce follows Vives here. Fantazzi (in Vives, *The Education*, p. 210, n. 106) confirms that no ancient source mentions Publius Rubrius Celer and his wife Ennia.
⁴⁷ Proverbs 19. 13.
⁴⁸ The story is narrated, in a similar form in *Vita di Esopo Frigio, prudente, & faceto favolatore, tradotta dal sig. conte Giulio Landi. Alla quale di nuovo sono aggiunte le favole del medesimo Esopo, con molte altre d'alcuni elevati ingegni, ascendenti alla somma di 400. Hora in gratia della studiosa gioventù illustrate con la interpretatione, & figure; & con diligenza corrette, & purgate* (Venice: Altobello Salicato, 1582), p. 380. I would like to thank Giuseppe Crimi for this reference.

conciaste a mala ventura per quei maledetti merli che voi dicevate esser tordi'. Per abbreviar le parole, vennero da capo alle contese et convenne ad Ercolano non solo quella fiata, ma per molti anni, nel ritorno di quella sera, batter fieramente la moglie volendo ch'ella tacesse.

Dor. Il mondo è grande et ce ne convengono esser d'ogni qualità.

Fla. Bisogna, adunque, che, volendo nel matrimonio la pace, vi sia la concordia, la quale in buona parte è posta in mano della moglie. Perciò che l'uomo, come vogliono i medici, è naturalmente men colerico della donna, né solamente l'uomo, ma il medesimo nelle bestie si vede. A questa concordia non è il più efficace istrumento dell'amore, il quale, sì come la calamita il ferro, così a sé tragge la benivolenzia. Né dicano alcune di amare il marito et non essere perciò reamate, perciò che esse dimostrano o credono di amare, [52ᵛ] ma non amano veramente. Chi veramente ama, non la commodità di se stesso, ma dell'amato ricerca et, facendosi della volontà di lui legge, sotto quella si vive. Amando adunque la moglie, l'amore fra ambedue necessariamente diverrà scambievole et sempre tra loro sarà un medesimo volere et un medesimo disvolere, un medesimo corpo, un medesimo cuore et una medesima anima si troverà, sì come afferma Messer Gasparo Ballini (giovan virtuosissimo et modestissimo)[49] avvenire tra lui et la sua, di maniera che spesse volte mi suol dire doppo Dio non trovar maggior contentezza d'animo di quella che prende in conoscere la bontà, la castità, la virtù, la fede e l'amore della sua carissima consorte. Et infiniti altri il medesimo raccontano delle loro. Scrive Orazio a Lollio che,[50] volendo egli che l'amicizia duri, s'accomodi ai costumi dell'amico. Di questi costumi et delle nature ho parlato di sopra. Aggiungo che alla moglie non dèe apportar noia verun'opera del marito, ma ami tutto quello che fa, tutto quello che dice et tutto quello ch'è suo diletto. A lui creda, a lui si rapporti et prenda qualità da lui. Se è tristo, si dimostri trista, se allegro, allegra. Non voglio però che tai effetti le si veggano nel volto, se prima non gli sente nel cuore, serbando sempre integrità et virtù convenevole a moglie et a matrona, perciò che qui io non dipingo adulazione, ma amore. Non gli si voglia anteporre in alcuna cosa, ma abbia sempre (come spesso ho detto) il marito per padre, per signore, per maggiore et più [53ʳ] degno di lei. Le ricchezze, le povertà, le allegrezze, gli affanni, i beni et i mali tenga communi egualmente. Non volevano i Romani che tra il marito et la moglie alcuna cosa si potesse dir propria né distinta. Et Platone insegna che in una bene ordinata republica si debba levar via queste

---

[49] In the *Lettere di diversi eccellentissimi huomini* (Venice: Gabriele Giolito, 1559), edited by Dolce, we find a letter by Dolce to Gasparo Ballini (pp. 472-80), in which he makes a comparison between Michelangelo and Raphael, establishing the superiority of the latter. Ballini is mentioned in Cicogna, 'Memoria', p. 145, as a 'gioielliere' and a 'compare' of Dolce.

[50] Horace, *Epistles*, I. XVIII. 40. Lollius Maximus, a young man who was was studying rhetoric in Rome, is also the addressee of *Epistles*, I. II.

voci tuo et mio,[51] il che quanto maggiormente si dèe toglier di una breve et ordinata casa, dove marito et moglie non pur sono raccolti sotto un solo tetto, ma ridotti in un solo letto, in cui hanno a viver la vita loro. Et questa casa alora merita titolo di perfettissima et di felicissima, quando sotto un capo non è più che un corpo solo, perciò che quando sono o più capi o più corpi insieme, quello non umana creatura, ma mostro si dimanda. Dirò più avanti che quantunque ogni cosa sia tra loro commune, nondimeno di tutto il marito è padrone. Che sì come il vino temprato con acqua, ancora che vi sia più acqua che vino, è detto però vino et non acqua, così, benché nella casa la moglie abbia recato maggior facultà che 'l marito, tutta la somma è del marito et in questa guisa la nobilità et la ignobilità tutta depende da lui. Di qui è che 'l cognome della famiglia si dà sempre al marito et non alla moglie. Virginia, nata di parenti nobili, non si vergognò d'esser chiamata Virginia di Lucio Volunnio,[52] suo marito, avegna che egli fosse plebeo. Et Cornelia tanto famosa volle sempre esser detta Cornelia di Gracco, a cui fu maritata, et non di Scipione, a cui fu figliuola.[53] Tesia,[54] sorella del primo [53ᵛ] Dionigi tiranno di Siragosa, essendo maritata a Filosseno, avvenne che costui fece certa congiura contra Dionigi, la quale, intendendo esser scoperta, si fuggì. Dionigi riprese aspramente la sorella, atteso che non gli avesse fatta intender la fuga del marito. Gli rispose ella:[55] 'Io mi maraviglio che tu mi tenghi tanto vile et di sì poco animo che, se io avessi compreso che 'l marito fosse stato per fuggire, non lo avessi seguito et che io non avessi avuto più caro in ogni parte del mondo essere addimandata moglie di Filosseno bandito che nella patria sorella di Dionigi re'. Ma non dèe la prudente moglie istimar suo dote, danari, bellezza, o nobiltà che ella porti seco in casa del marito, ma la onestà, la castità, la bontà, la virtù, la obedienzia, la diligenzia nel governo della famiglia et sì fatti tesori dei quali, s'ella è abondevole, è riccamente dotata d'ogni bene. Ora, osservando con dolcezza i comandamenti del marito et accomodandosi ai suoi costumi, dèe sopra tutte le avvertenze che le appartengono raffrenar, come s'è detto, la lingua et schifar le contese; da poi dare opera che tutte le bisogne della casa siano amministrate con quell'ordine et con quella diligenzia che si conviene, talmente che ogni

---

[51] Plato, *Republic*, 462C–E.
[52] Verginia was born a patrician, but married a plebeian, Lucius Volumnus, who became consul. Despite her origin, her marriage meant she was excluded by other patrician women from taking part in religious rites restricted to the patriciate. Verginia nonetheless invited a group of plebeian women to her own house and erected an altar, to 'Patrician Modesty', to celebrate chaste married women. The story can be found in Livy, x. 23. 1–10.
[53] See above, Book I, n. 18.
[54] On Theste, see Plutarch, *Lives*, VI, *Dion*, XXI. 4–6. In Vives's 1538 *De institutione*, the name is Thesia (fol. 197ʳ). In the 1546 Italian translation of the treatise, we find Thelesia (fol. 149ʳ).
[55] In the 1547 text: 'La giovane non meno ardita che saggia, senza rispetto avere a sdegno né a crudeltà del tiranno, in questa guisa gli rispose' (fol. 53ʳ).

cosa necessaria sia fatta a tempo et il marito non abbia cagione da desiderar né governo, né prestezza. Et per essere i cibi la principal parte che si richiegga alla conservazione et ristoro del corpo umano, questi non solo siano apprestati alle ore convenevoli, ma tali quali ella conosce [54^r] esser grati al marito. Sogliono i principi prudenti usare essi stessi quegli uffici che sono atti acquistar loro l'amor del popolo, sì come sono i doni, i premi, le assoluzioni et somiglianti; i contrari commettere a' ministri, come le condannazioni, i fischi, i suplici et gli altri. La qual cosa dèe imitar la moglie et tutto quello che più vede al marito piacere eseguire di sua mano, il rimanente lasciar nella cura de' famigliari. Insomma, conosciuti ella pienamente i costumi dello sposo, tale in tutti gli effetti sia trovata verso di lui quali vorrebbe che le sue fanti si trovassero verso di lei, et tanto più ella verso il marito, quanto la sua obedienzia deve essere appoggiata sopra l'amore, dove quella delle fanti procede solamente dall'obligo et dalla timidità.

Dor. Essendo nella sposa l'amore, vi converanno esser necessariamente tutte le altre parti che avete detto. Vorrei ora intender da voi come ella si debba trattenere col marito nelle dimore famigliari.

Fla. Gli antichi, Signora mia, i quali a diverse operazioni umane applicavano diversi iddii, a Giunone davano la cura delle nozze. Alla quale, sacrificandosi in favore de' nuovi sposi, era costume de' sacerdoti di cavare il fele all'animale che si uccideva nel sacrificio et quello gettare et nasconder dietro l'altare, dimostrar volendo che tra il marito et la moglie non doveva aver luogo ira né amaritudine alcuna. Aggiungevano ancora a Venere per compagno Mercurio, accennando che con l'amore si conviene accompagnare [54^v] una grata piacevolezza et soavità di azioni. Perciò, avendo la moglie acquistato l'animo del marito con l'amare et con l'ubedire nel modo che abbiamo detto, fa di bisogno ancora legarlo con questa dolce catena in più saldi et più stretti nodi. Con ciò sia cosa che la piacevolezza d'i costumi et delle parole è natural tiranna de' nostri cuori, ma così dolce tiranna che niun principe è più amato né riputato più giusto. Grato ristoro adunque nelle tristezze che alle volte ci sopravengono, o doppo alcuna fatica di mente, sarà al marito l'essere ricreato dalla moglie con qualche dolce motto o piacevole novelletta et massimamente quando o dalli strepiti del palazzo o dalle onde de' negozi civili, a casa, come ad albergo di quiete et a porto di gratissima consolazione, si riconduce. Grato ancora gli sarà sentirsi alle volte soavemente riprender d'alcun diffetto, perciò che ci sono care le modeste riprensioni di coloro dai quali conosciamo essere amati. Grato venir lodato nelle cose degne di lode. Et grate finalmente gli saranno le parole giocose. Sì veramente che in tutti questi termini si tenga un certo mezo et si usi sì fatta destrezza che non generi sazietà o fastidio. Oltre a ciò, sì come niuna parte del corpo della moglie è segreta al marito, così medesimamente niun suo pensiero, niun suo desiderio gli dèe essere ascoso et questi, sì come strale a giusta meta, debbono terminare nel voler suo.

All'incontro, se 'l marito ripone nel suo petto alcuna cosa, la quale egli non vuole che venga a notizia della moglie, ella si dèe acquetare et non ricercar [55ʳ] di saperla. Né solamente procacciarà d'essergli sempre amica et cara, ma fuggirà quanto più si puote che niuno per cagione di lei nimico et odioso gli divenga, se non in caso che alla sua castità soprastasse pericolo, benché questa, volendo, potrà senza tumulto conservare. Però le parole ingiuriose et le offese, in qualunque modo che elle accaschino, si rimanga di far palesi al marito et le riponga in se stessa, per non dare occasioni di discordie, di questioni et d'omicidi, come fanno molte. Nell'uso del vestire tanto apprezzi quanto vedrà essere apprezzato da lui et così nei lavori et esercizi che si convengono.

Dor. Dovendo il voler della moglie, come da suo capo, depender da quello del marito, così le è mestiero che faccia.

Fla. Viemmi ora in mente il disturbo che apporta nel matrimonio la gelosia, la quale, acerbissima passione dell'animo, è spesse volte cagione che si uccidano i più cari. Questa è da cercare che non cada nel marito o, cadendo, tosto si tolga via. Il che si farà agevolmente se non vi sarà non solo effetto, ma sospetto d'impudicizia. Dell'effetto non è da parlarne, avendo tanto ragionato della castità. Il sospetto nasce da varie cagioni, le quali sono da estinguere tutte. Sì come: non ammettere in casa persona alcuna, se non di consentimento del marito; non parlar d'alcun uomo, se non parcamente; non mostrar molto desiderio di gire a feste, a visite, o dove che sia, se non di ordine del marito; non usare ornamenti che avanzino il costume di lei; non pregar con molta istanza per altrui et sì fatte cose, le quai tutte possono rendere [55ᵛ] odore di contaminato animo et, non vi essendo alcuna, non veggio come il marito abbia cagione di sospettare. È vero che uno effetto solo basta per tutti: et questo è che la moglie ami il marito et esso conosca d'essere amato. Ma questo conoscimento da che deriva, se non dal vedere in lei operazioni corrispondenti al suo volere? Appresso non istimi gelosia l'amore et l'ardente desiderio ch'è nel marito, perché ella si conservi buona; et di ciò accusandolo, non ne faccia rumori con le parenti, o con le vicine, la qual cosa è non solo segno d'imprudenzia et di temerità, ma di non amare; perciò che, amandolo nella guisa che si dèe amare, da ciò conoscendo l'amor di lui, s'affaticherebbe che egli, trovando la sua fede sempre più chiara, tanto più di giorno in giorno s'accendesse ad amar lei quanto esso ne vedesse maggior cagione. Se la gelosia entra nella moglie, non è da riprendere, pure ch'ella non sia soverchia et tale che ne partorisca litigi et diventi intollerabile, perché, così essendo, è più tosto argomento di lascivia o d'invidia portata al bene d'altrui che di casto et regolato amore. Et per trovar la medicina atta a guarire di questo morbo, non fa bisogno che ricorri ad Ippocrate o a Galeno, ma a una sola considerazione, la qual sia il marito esser suo signore et non convenirsi a lei quello che si concede a lui, perciò che le leggi non così ricercano la castità dell'uomo come della donna, di cui ella è proprio et unico bene. Dapoi allontani dalle sue orecchie le novelle che le vengono apportate et nessuna ne voglia ascoltare. Soffri il dolore dall'animo [56ʳ] et non vituperi il marito, accostandosi al costume d'alcune sciocche, ma prendendo essempio da molte savie, come dalla casta Emilia,[56] moglie del maggiore Scipione Africano, la quale, essendosi accorta che 'l marito amava una delle sue ancelle, fingendo di non se n'avvedere, tenne questo amore sempre nascoso per non dir cosa che dannasse quel così eccellente capitano et uomo di tanta virtù d'incontinenza, et sé di poca pazienzia che non potesse sopportare un'offesa del suo caro et onorato consorte. Soffra, adunque, come io dico, la moglie, le acute punture di questi strali, et con i ripari della considerazione che io le insegno non gli lasci penetrare a dentro; anzi, con la virtuosa medicina della tolleranza curi la dannosa piaga, mentre è ancora fresca, il che sarà cagione che 'l marito a poco a poco lascierà gli amori estraordinari et lei amerà maggiormente[57] et, affaticandosi ad ogni tempo di bandire le contese dalla casa, le bandisca molto più dal letto, dolcissimo ricetto d'i corpi loro, soavissimo testimonio degli onesti et santi congiungimenti et tranquillissimo luogo di pace et d'amore. Trovandomi l'anno passato in Melano, udì dire che in quella città fu un gentil'uomo, il quale, come che avesse moglie bellissima et giovane donna, ardeva tuttavia fuor di modo dell'amore d'una matrona ne la cui casa non si poteva condurre, se non con grandissimo pericolo della vita. La moglie, ciò intendendo, acciò che al marito non avvenisse alcun male, lo pregò che, senza rispetto di lei, inducesse l'amata femina a venire nella propria casa, perciò che ella non altrimente che sorella l'amarebbe [56ᵛ] et onorarebbe. Piacque al marito l'offerta et così fece come la moglie a fare lo consigliava, trovando in lei effetto del tutto conforme alle parole. Ma, tra pochi dì, egli, o sovrapreso da sazietà che naturalmente par che nasca dalle cose delle quali abbiamo troppa abbondanza, o pure considerando la qualità del fatto, licenziò la matrona et visse d'indi in poi con la sua buona moglie amorevole et lunga vita. Qual fosse l'intrinseco del cuore di costei è solo conosciuto da Dio,[58] ma a me giova di credere che non altro che estremo amore portato alla salute del marito la movesse a quello a ch'è difficile poter consentire.

Dor. Signor Flaminio, io per me conforterei la mia figliuola a sofferir nella propria persona fame, sete, lacci et coltelli prima che sì grande ingiuria dinanzi

---

[56] Tertia Aemilia was the daughter of Lucius Aemilius Paullus and the spouse of Publius Cornelius Scipio Africanus Major, who led the Roman victory against Hannibal at Zama. Among her children, there is also Cornelia, the mother of the Gracchi. Aemilia is said to have freed her husband's slave and lover and arranged for her marriage with one of her freedmen, after Africanus's death in 183 BC. Valerius Maximus, VI. 7. 1.

[57] In the 1547 edition we also read here: 'et per certo nessun altro tormento è simile a quello della gelosia, onde l'Ariosto divino, avendola in varie guisa nominata, al fine la chiama rabbia, et altri a una Furia infernale l'assomigliarono' (fol. 56ʳ).

[58] In the 1547 text: 'Ben so io che qualche maligna mente potrebbe sospettare che questa che io dico pazienza fosse proceduta da altra cagione'.

gli occhi. Né giudico che questa donna fosse molto prudente a procurarsi ella stessa nella casa quel male che niuna che ami il marito si vorrebbe veder da presso.

Fla. Se tale si deve in lei riputar peccato, fu peccato di pietà, ché la meschina, per campare il marito da morte, elesse ufficio non molto onesto. Ma degni ben sono di biasmo et di riprensione quei mariti, i quali, posto che la moglie lor consentisse, si lasciano trasportare a oltraggio così grave et di tanto vituperio. Il che, quando pure avviene, dèe la buona moglie tolerarlo con pazienzia. Circa al vestire può bastar quello ch'io ne dissi ieri in universale, et in particolare lo aver poco dinanzi detto ch'egli sia tale quale aggrada al marito. Resta a ragionare alquanto distintamente del governo della casa et [57^r] della cura della famiglia. Dèe adunque la moglie esser diligentissima in conservare tutto quello che entra in casa et, fuggendo la prodigalità, non discenda però all'avarizia, ma tenga una certa temperatezza che non si accosti al poco né al soverchio. Allegrisi di veder nel marito spese di onore et opere di carità. Provegga ch'alla famiglia niuna cosa manchi, perciò che questa è parte che più si conviene alla donna che all'uomo, tuttavia sempre operando di ordine et di consentimento di lui; overo nel modo che conosce essergli grato, avendo al voler di quello l'occhio della considerazione, sì come il nocchiero alla tramontana, sempre fermo et intento. Non sia verso i famigliari aspra, né dura, ma benigna et piacevole, perciò che la obedienza et la riverenza de' servi nasce più dalla mansuetudine de' padroni che dalla severità, et ha maggior autorità appo loro la destrezza, la ragione, la gravità de' costumi et delle parole che la fronte minaccievole, i gridi et le battiture non hanno; più si reggono con prudenza che con ira; più forza ha il dominio temperato che il troppo grave. Non dico già che non si ricordi che ella nel governo della casa serba persona di donna et di reina, ma vorrei che fosse severa senza asprezza et diligente senza violenzia, considerando che quei medesimi che la ingiuria di fortuna ha voluto condurre a servitù sono uomini ancora essi razionali et creati da Dio con l'anima mortale, così bene come quella d'i re et degli imperatori. Tenga questa famiglia accostumata, casta, religiosa, continente et tale che non meno i figliuoli prendano buono esempio da' famigliari che da' genitori [57^v]. Et pensi che le più volte si suol far giudicio de' padroni per le famiglie. Chi è colui che, veggiendo la corte d'alcun principe virtuosa, nobile, onesta, piena di religione, piena di giustizia, piena di carità, piena d'ogni bel costume, non stimi molto più virtuoso, molto più nobile, molto più religioso, molto più giusto, cortese et accostumato quel principe di cui è la corte? Sia appresso la buona matrona avvertente che niuna parte della casa, niun luogo, niuna masserizia le sia ascosa, ma per tutto miri, per tutto consideri, per tutto indrizzi i passi, affine che, quando avviene il bisogno, occorri all'occhio et alla mano quello che si chiede prestamente et senza fatica, a guisa di capitano che 'l numero de' soldati spesse volte riguarda. Et rivolga l'occhio alla qualità della facultà famigliare, a quello

che si conviene per il vivere et a quello ch'è richiesto per il vestire et, mentre ella siede, o lavorando o altro esercizio facendo nel circuito della sua camera, discorri con l'animo per tutta la casa et consideri se alcuna cosa manca, se alcuna soprabonda, quel ch'è mestiero di rifare, quel che di comperare et quel che di vendere fa di bisogno. Credete a me, Signora Dorotea, che questa diligenzia è molto utile in conservare et accrescere le sustanze et bisogne domestiche, ma l'ordine ottiene il principato il quale tuttavia dalla diligenzia nasce. Questo è quello che dà la vittoria agli eserciti, che conserva le città et mantiene le cose private, et senza questo gli elementi et il mondo rovinarebbe. Si troverà ancora in diversi tempi presente a tutti i lavori et uffici della casa, [58ʳ] perciò che questi dinnanzi la padrona s'espediscono sempre et più tosto et meglio et con maggiore utilità. Però è proverbio antico che niuna cosa più ingrassa il cavallo et più rende fertile il terreno di quello che fa l'occhio del padrone. Questa parte di regger la casa alla donna è tanto necessaria che, sì come senza la castità et l'amore verso il marito non può esser né buono né tranquillo matrimonio, così senza lei le facultà famigliari non possono durar lungamente. Onde l'apostolo Paolo, il quale niuna ammonizione pretermette per ritrar l'uomo dalle tempeste d'i negozi mondani, aggiunge alla prudenzia et alla castità della donna la cura delle cose della famiglia. Istimava per aventura quel santissimo vaso di elezione che nella casa ben retta et moderata secondo le leggi di Dio, sia dato alla Divina grazia più ampio et più fermo luogo d'abitare. Ma quella dove è la confusione è tiranneggiata di continuo dal Principe delle tenebre. Il buon governo è segno di buono animo et chi ben composta ha la mente non può vedere alcuna cosa disordinata. La donna ancora che è occupata nella amministrazione della sua casa non di facile può dar luogo a' piaceri, alle feste e alle vanità del mondo, et per questo ne avverrà che sia sempre et più continente et più casta. Di qui uscì quella bella risposta d'una giovane lacena,[59] la qual, presa in guerra, essendo da colui di cui era fatta prigionera addimandata di quello che sapeva fare, rispose che sapeva governare la casa. Per la qual cosa intendo di ridurre in questo ragionamento [58ᵛ] quanto d'intorno a tal materia è scritto d'Aristotele nel secondo libro della sua *Economica*,[60] il che sarà quasi uno epilogo di quello che io fin qui ho ragionato.
Dor. Voi vedete, Signor Flaminio, che la lunghezza del giorno v'invita a non v'affrettare, del quale ci resta ancora tanto spazio che avete campo di quattr'ore.
Fla. Il ridursi in questo luogo è stato alquanto più per tempo oggi che non fu fatto ieri. Ma io vorrei che vi fosse caro che, sì come ieri si terminò nella vergine, così oggi abbia fine il ragionamento nella maritata.

---

[59] Lat. *lăcaena*, that is, Spartan. The 1547 edition gives *laconica* (fol. 58ʳ).
[60] Although Book II of the pseudo-Aristotelian *Œconomica* discusses the administration of the household, it is in Book III that the role of the good wife is delineated as the mistress of the house.

Dor. Facciasi come pare a voi, et quest'ordine tanto più m'è grato quanto, così facendo, avrete da parlare più lungamente.

Fla. Anzi, ho da parlarne poco, perché quello che scrive Aristotele è cosa che di poche parole et a me poco altro resta da dover dire. Scrive, adunque, questo filosofo che alla buona moglie s'acconviene trattare il governo di tutte le cose che sono dentro della casa et adduce l'autorità delle leggi, le quali (sì come egli pone nel primo libro) vogliono che ufficio pertinente al marito sia l'acquistare et il conservare alla moglie. Scrive che ella non dèe permettere l'entrata ad alcuno, se non è di volontà del marito, parte per schifare l'infamia che le può venire et parte perché i secreti della casa non vengano manifestati in publico et, del male che ivi si commetta, si rimanga la colpa appresso di lui. Ché, nelle spese che si fanno, di tanto abbia potere di quanto l'è conceduto dal marito, non meno circa al vivere che circa al vestire; il quale vestire usi nella sua persona con minor pompa di quello che è conceduto dalle leggi della città, [59ʳ] considerando che l'ornamento della donna non tanto consiste nei panni fregiati, nella bellezza del corpo o in aver maggior copia d'oro, quanto nella modestia, nei costumi et nella onestà della vita, perché questo ornamento per vecchiezza non si consuma et perviene eziandio ne' figliuoli. Però nei maneggi famigliari dèe essere sempre intenta et sollecita con sì fatto animo che ne riporti onore, con ciò sia cosa che non s'appartiene al marito la cura delle cose domestiche. Negli altri affari non esca d'i termini che sono prescritti alla donna, come in non cercar di saper quello che si tratta nella Republica[61] et in non trasporsi ne le cure de' maritaggi. Ma quando è tempo di trovare o marito alle figliuole o moglie a' figliuoli, di questo lasci il carico al marito; et quello seguiti ch'è deliberato da lui, conoscendo esser più biasimo alla donna volere (come inutil spia) intender le cose che si fanno di fuori che non sarebbe all'uomo in far quelle che si convengono di dentro. Dèe veramente istimare che i costumi del marito le siano legge della sua vita, la qual legge l'è imposta da Dio per il legame et congiungimento del matrimonio. Se questi costumi ella sopporterà con buono animo, le sarà molto facile a regger la casa; se altramente, avrà adosso carico di molto peso. Onde è convenevole che non solo nelle cose prospere si dimostri obediente et officiosa al marito, ma eziandio nelle avverse. Et, sopravenendo a quello o povertà o difetto di corpo o di animo, sempre si contenga nel suo ufficio, il quale è di amarlo et di servirlo, in caso ch'egli non trapassi l'onesto. Et s'avverrà che per alcuna perturbazione di [59ᵛ] mente incorri in qualche errore, deve la moglie destramente riprenderlo, perché, quando esso ritornerà nel diritto sentimento, conoscendo il suo fallo, le ne avrà doppio obligo et la si terrà più cara. Però nelle cose disoneste la conforta a non obedire, ma dice che in tutte le altre è più tenuta di consentire alla volontà del marito che s'egli comperata l'avesse, aggiungendo che per gran prezzo fu

---

[61] Here again the reference is to Venice.

comperata rispetto alla compagnia della vita et alla generazion de' figliuoli, di che non è opra né più grata né più santa fra li mortali. Scrive che debbe ancora considerare ch'essendo congiunta a uomo ricco et abbondevole di que' beni che la signora Fortuna a suo piacer toglie et dona, la sua virtù non avrebbe trovate così vive faville da risplendere. Perciò che, quantunque non sia poca loda usar bene la felicità, nondimeno il sopportar con modesto animo la miseria di gran lunga l'avanza. Et tener sollevata et salda la mente nelle percosse delle calamità et ingiurie del mondo è segno di forte et magnanimo cuore. È vero che dèe pregar Dio che tali avversità non avvengano, ma, quando avvenute sono, dèe stimar esserle insieme venuta occasione da potere ascendere a grande onore, reggendo in quelle se medesima rettamente et considerando che Alceste non avrebbe fatto acquisto di tanta gloria, né Penelope sarebbe illustre di tante chiare lodi, se i loro consorti fossero stati fortunati. Ma i contrari et noiosi accidenti che ad ambedoi nacquero fur cagione ch'esse vivono nella memoria degli uomini con fregi nobili d'immortalità, perché nelle miserie, sì come oro nelle fiamme, la fede et l'amore ch'esse a quelli portarono più bella et più viva dimostrarono [60ʳ] la loro chiarezza. Ne' tempi delle dolci felicità è facile che ogni moglie il suo marito accompagni, ma negli infelici niuna, eccetto la buona mogliera, consente d'essere a parte delle amaritudini. Per le quai tutte cose conchiude tanto più esser suo debito d'onorare et sempre osservare il marito. Poche parole sono queste, Signora Dorotea, ma a guisa di gemme le quali avanzano col pregio la picciola quantità loro: elle col sugo della dottrina che in esse contengono soverchiano la brevità.[62] Ora, per il governo della casa non si dimentichi la matrona l'onore che si debbe a Dio, ma, fornite le bisogne necessarie della famiglia, riducasi ogni giorno nella più secreta parte della sua camera et, se non può ogni giorno, ogni festa almeno; et quivi, lasciando alquanto da parte i pensieri della casa, con composto animo si rivolga a considerar la vanità delle cose del mondo, sì per esser leggeri et instabili et sì per esser fragili et transitorie, di maniera che non pare che la vita camini, ma voli con velocissimo impeto al suo fine.[63] Quindi si erga con la lezion delle sacre lettere a considerar l'eterna bellezza delle cose celesti et, poi che lunga pezza avrà discorso la infinita bontà del figliuolo di Dio, torni a se medesima

---

[62] The 1547 edition presents an addition in which Dorotea expresses her surprise and pleasure at Aristotle being so accessible when she had always heard of him being considered 'oscurissimo e per questo inteso da pochi' (fol. 60ʳ). But, she says, 'forse di ciò è cagione la facilità e la purità naturale e propria della vostra lingua' (fol. 60ʳ). Flaminio explains that Aristotle's accessibility in the Œconomica, 'contra il suo costume', is due to the fact that 'egli scriveva di cose famigliari e pertinenti a donne e parimente a ogni idiota e semplice uomo. Onde nelle altre sue opere, nelle quali, trattando di cose alte, non ricerca se non gli alti intelletti (benché anco fra le donne si trovino intelletti speculatissimi), fu oscurissimo a bello studio' (fol. 60ʳ).

[63] In the 1547 text, Dolce adds a reference to Petrarch, Canzoniere, XXXVII. 21-24: 'A pena spunta in Oriente un raggio | Di sol ch'a l'altro monte | De l'adverso Orizonte | Giunto il vedrai per vie lunghe et distorte' (fol. 60ᵛ). The original text has morte for monte.

et, riconoscendo la imperfezion sua, e ' tanti peccati che si commettono di giorno in giorno, chieda umilmente perdono delle sue colpe, et in ultimo preghi Dio, prima per se stessa, da poi per il marito et appresso per li figliuoli, che col raggio della sua grazia, come il sole le nuvole, sgombrando le folte tenebre degli errori, [60ᵛ] dimostri loro il diritto camino che si dèe tenere nella oscura et faticosa valle di questa misera vita. Né rimanga di osservare i santissimi ordini della Chiesa catolica, perciò che non si può sodisfare a Cristo, non sodisfacendo alla sua chiesa.[64] Et perché il fine del matrimonio abbiamo detto essere la generazion de' figliuoli, se a Dio piacerà di concederne a lei alcuno, quelli allevi et ammaestri nella guisa che fu detto ieri — avegna che, quanto ai maschi, c'è da far distinzione et forse che di questi altra volta ne parlerò separatamente. Se non ve ne potrà avere, ringrazi la bontà di Dio, che ha voluto alleggierirla d'un gran fastidio et, sì come può da una parte considerar la contentezza che viene alla madre per cagione d'i buoni figliuoli, così all'incontro volga il pensiero ai tormenti che derivano dai cattivi. Perché pochissimi sono quei figliuoli che amino le madri quanto le doverebbono amare et pochi che riescano tali quali esse gli vorrebbono vedere. Ma, posto che crescano onesti e ben disciplinati, et che sempre amino et onorino la madre, è di necessità o che sopravivino a lei o che muoiano innanzi. Se muoiono innanzi, ciascuno senza ch'io 'l dica può imaginarsi quanta passione sogliano apportare alle madri le morti de' figliuoli, et tanto più s'egli avviene che, per qualche strano accidente (che mille sempre ne sono), queste morti siano violenti et non secondo il corso della natura. Se a lei sopravivono, non è cosa che tanto perturbi l'animo della madre quanto il dover lasciare, morendo, i figliuoli privi di governo. Se l'è di molestia il non aver figliuoli per cagione di locare la [61ʳ] facultà, la qual, pervenendo in loro, è rimanere in se medesima, ha da pensare che tutti i poveri di Cristo le sono figliuoli et fratelli. A quelli sovenga, a quelli ne faccia parte, dividendola insieme a coloro che le sono parenti: il che dèe fare ella stessa o esortarvi il marito, non avendo libertà. Ora mi potreste addimandare: questa tua sposa deve ella rimaner sempre rinchiusa dentro le porte della sua casa? Non già. Ma uscire, come ho detto altre volte, di rado et in tutti i luoghi serbare onestà di donna et gravità di matrona, così nelle parole come nel volto et in tutti i suoi gesti. Né pensi che, per esser maritata, le stia bene udire ogni cosa, parlar d'ogni cosa et aver pratica con ogni persona, ma, trovandosi a conviti o a feste, solamente con donne onestissime et di buona fama s'accompagni et siano i suoi ragionamenti gravi et prudenti. I motti lascivi che da giovani licenziosi soglion qua et là esser detti non ascolti, né vegga gli atti disonesti che vi si fanno, anzi disponga se stessa in

---

[64] In the 1547 text: 'non tanto della chiesa materiale, quanto della invisibile, di cui Cristo assolutamente capo è, benché et questa ancora si può dire visibile, perciò che io intendo la union de' fedeli, i quali non si veggono, in quanto solo Dio et essi conoscono se sono fedeli et si veggono in quanto alla imagine esteriore che ci si rappresenta agli occhi' (fols 60ᵛ–61ʳ).

modo che ivi il corpo, come forestiere, peregrini, ma l'animo col marito et con la sua famiglia nella propria casa come in suo regno si ritrovi. Avendo Tigrane fatto un solenne convito a Ciro re de' Persi, nel quale egli, perché non rimanesse a dietro cosa con che onorare ne lo potesse, v'avea introdotta la moglie; subito che 'l convito ebbe fine et che Ciro fu dipartito, nacque lungo ragionamento sopra la bellezza di quel re, perché esso era uno de' più belli et ben formati corpi che si trovassero a quella età. Dimandò Tigrane alla moglie quello che [61ᵛ] a lei la persona di Ciro fosse paruta. Rispose ella che in tutto lo spazio che durò il convito non aveva mai rivolti gli occhi da Tigrane, onde poteva affermare con verità non aver veduto Ciro.[65]

Dor. Onesta reina et degna d'essere imitata.

Fla. Bella eziandio fu la risposa di Bilia a Duellio, il quale, primo appresso ' Romani, trionfò di vittoria acquistata in mare.[66] Essendo egli quasi in ultima vecchiezza, gli fu recato a biasimo che 'l fiato gli puzzasse. Di che dolendosi forte con la moglie che di cotal difetto non lo avesse avvertito, perché curato se ne sarebbe, gli rispose Bilia: 'Ciò avrei fatto, s'io non avessi pensato che questa puzza fosse naturale odore di tutti gli uomini'. Rechisi la matrona sopra tutto in mente che potentissimi nimici sono gli stimoli della carne, i quali in ogni parte ci accompagnano, ma più forti si fanno sentire in sì fatti luoghi dove è l'esca e 'l focile della lussuria. Però Paolo (come ben fu notato da Agostino) dice che agli altri peccati debbiamo far resistenza, ma dalla libidine del tutto a fuggire ci esorta.[67] Fugga, adunque, la virtuosa matrona tutti i luoghi ne' quali può soprastar pericolo alla sua onestà, né curi di fare isperienza della sua fortezza. Il savio nocchiero riguarda quanto e' può di non commetter le vele all'impeto de' sforzevoli venti, quando è fiero et turbato il mare, ma, trovandosi in fortuna, adopra ogni arte et destrezza per salvar se medesimo et il suo legno. Così faccia ella: non entri nelle tempestose onde della voluttà et, quando pure avviene che vi si trovi, sostenga l'impeto de' desideri non sani col saldo [62ʳ] braccio della continenza et abbia sempre la ragione per reina et imperadrice delle sue azioni. La conforto ancora allontanar da suo animo, sì come peste dannosa, l'ambizione: né faccia stima di que' titoli et di quegli onori vani che si danno dal vulgo alla nobiltà, considerando che quelle antiche romane chiare per tante virtù, senza titolo di Madonna né di Signora (onde oggidì tutte le orecchie son piene) del semplice nome contente, ascessero al sommo di tutti gli onori. Procuri (et questo sarà a bastanza) d'acquistar nome di casta matrona, di savia matrona et di prudente matrona et tale sia negli effetti quale desidera d'esser tenuta, quantunque, essendo l'onore non altro che vera testimonianza di eccellente virtù, la virtù di se stessa è contenta, et quello men cerca quanto più è nobile. Ma, sì come non può esser fiamma senza luce, così

---

[65] Xenophon, *Cyropaedia*, III. 1. 41.
[66] Jerome, *Adversus Jovinianum*, I, PL 23, col. 275; *Against Jovinianus*, I. 46, p. 382.
[67] I Corinthians 6. 18.

è necessario che la virtù sia accompagnata dall'onore. Et qui sarà posto fine al ragionamento d'oggi. Domani seguirò del terzo stato et tenterò di formare una vedova, quale sete voi. Ma se io sono stato oggi alquanto più breve di quello ch'io fui ieri, è perché ho date molte parti alla vergine che sono communi alla maritata, le quali a replicare giudico che sarebbe stato soverchio. Se io non v'ho sodisfatto, com'era il mio desiderio, incolpate non me, ma il mio non saper più innanzi.[68]

Dor. Voi, Signor Flaminio, avete vinta l'aspettazion mia. Et questa vostra sposa è tale che merita esservi invidiata da tutti gli uomini et quantunque molto ancora del giorno avanzi, nondimeno, volendo io, come è convenevole, [62ᵛ] che 'l vostro commodo vada innanzi al desìo c'ho di vedere questo ritratto fornito, attenderò il dì seguente non per udir formare una vedova, qual son'io (che troppa povera la fareste), ma qual dovrebbe esser ciascuna donna cui la ingiuriosa fortuna, troncandole il suo dolcissimo appoggio, ha fatto cadere in questa libertà amara nella quale al presente è il mio stato. Et piacemi che più non s'è fatta menzion di libro, ché, dove adducevate l'autorità d'altrui per dar maggior credito alle vostre parole, meco perdevate gran parte di reputazione, con ciò sia cosa che sempre io v'ho tenuto per tale che non vi facesse bisogno di valervi delle fatiche d'alcuno.

Fla. Io in questo non voglio rispondervi, perché, se le laudi che mi date sono vere, tacendo, confesso di meritarle; se l'amore v'inganna, onesta cosa non è che io ricevi in me quell'onore che si conviene all'autore d'una bella opera. Et se domani non voglio mancare alla promessa, sarà forza ch'io ricorra per aiuto o all'unico Messer Pietro Aretino o al dotto Messer Fortunio Spira:[69] altramente correrebbe pericolo che io perdessi di leggiero tutta quella buona openione che insino a qui m'è venuta acquistata dalla vostra bontà.

Dor. Fate pure come vi pare, ché 'l frutto di questi ragionamenti riconoscerò sempre da voi.

---

[68] In the 1547 edition: 'et leggete l'opera di Messer Sprone, dottissimo filosofo et eloquentissimo oratore, il quale intorno la cura famigliare ha scritto pienamente in quanto appartiene alle donne, seguendo il suo maestro Aristotele' (fol. 62ᵛ). The reference is to Sperone Speroni's *Dialogo della cura famigliare*, in *Dialogi* (Venice: eredi di Aldo Manuzio, 1542), fols 55ʳ–70ᵛ.

[69] In Dolce's 1542 *Dialogo piacevole* [...] *nel quale Messer Pietro Aretino parla in difesa d'i male aventurati mariti*, as we saw earlier, Aretino, one of the two interlocutors, reports the speech between the Venetian patrician Messer Giulio Bragadino and 'Messer Fortunio' (fol. 7ʳ⁻ᵛ), that is, the orientalist Fortunio Spira, from Viterbo, on adultery. Fortunio Spira's poems are included in the first volume of the collection *Rime diverse di molti eccellentissimi auttori nuovamente raccolte* (Venice: Gabriele Giolito, 1545), pp. 194–200, and in the *Libro terzo delle rime di diversi nobilissimi et eccellentissimi autori nuovamente raccolte* (Venice: Bartolomeo Cesano, 1550), fols 80ʳ–82ʳ. On Spira, see Paolo Procaccioli, 'Introduzione', in Giovanni Alberto Albicante, *Occasioni aretiniane (Vita di Pietro Aretino del Berna, Abbattimento, Nuova contentione)*, ed. by Paolo Procaccioli (Manziana (Rome): Vecchiarelli, 1999), pp. 7–42 (pp. 20–26).

LIBRO TERZO ET ULTIMO, NEL QUALE SI RAGIONA DELLA INSTITUZION DELLA VEDOVA.

FLAMINIO, DOROTEA.

[63ʳ] [*Fla.*] Quante volte io veggo et considero la bellezza di questo vostro lauro, tante, Signora Dorotea, benedico le mani che 'l coltivarono. Et porto fermissima opinione che, sì come quello che piantò il Petrarca sopra la riva di Sorga[1] crebbe più per la virtù della sua penna che per l'umore del vicin fiume, così questo in sì breve tempo sia pervenuto a tanta altezza per la nobiltà del vostro ingegno, assai più che per la fertilità del terreno o per la bontà dell'aere di che è privilegiato questo paese. Et sì come il ghiaccio del verno, che molti arbori secca et tutti de' loro più grati onori ne priva, non ha forza di spogliar delle sue frondi questa onorata pianta, così colpo di colei che non pur gli uomini, ma le cittadi distrugge, levando a voi il vostro carissimo consorte, [63ᵛ] non ha potuto penetrar nella fortezza del vostro franco animo, intanto che così morto non viva sempre nel vostro cuore chi, mentre visse, ebbe di quello pienissima signoria.

Dor. Siate contento, Signor Flaminio, d'incominciare a insegnarmi la vita che dèe tenere una vedova come son'io, et lasciate da parte il lodarmi con queste nuove poesie.

Fla. Io per questo non m'allontano dallo arringo che volete ch'io corra: anzi, voglio che sopra queste ultime parole sia fermato il mio ragionamento.

Dor. Prima fatemi chiaro quale d'i tre stati è più grato a Dio.

Fla. Ieri, s'io ben mi ricordo, v'ho detto che di ciò rimetteva il far giudicio ai teologi et tuttavolta il dì innanzi ebbi a conchiudere che lo stato virginale era più simile agli angeli et per questo eziandio più perfetto, il che, invero, m'era fuggito di mente. Il medesimo adunque affermando ora, vi porrò innanzi quanto n'ho udito ragionare da Messer Fortunio. Al quale, mentre che io di tal cosa il suo parere addimandava (che fu subito ch'io mi diparti' da voi), egli piacevolmente, come sempre suole fare, mi rispose con queste parole: 'Tanto è più degna la virginità, Flaminio, quanto ella è più dalle nostre forze lontana, et è dono da Dio conceduto a poche donne et a pochi uomini. Non però si dèe togler l'onore agli altri due stati, de' quali il primo luogo è dato a quello della

---

[1] The river Sorgue, in the Vaucluse in France. Its source is considered to be one of the biggest in the world. The Sorgue was the inspiration for Petrarch's 'Chiare, fresche et dolci acque' (*Canzoniere*, CXXVI).

vedova et il secondo al matrimonio. Et, volgendo l'ordine, lo troverai tale, né, tuttavia, preferendone l'uno, si reca biasimo all'altro, perciò che non si prepone la virginità al matrimonio in quel modo [64ʳ] che si prepone l'oro al piombo, ma sì come gemma a oro, et tal cede a questa lo stato vedovile quale perla a robino. Nondimeno, pareggiando questo a quella, se seranno ambedoi ne' lor gradi d'eguale perfezione, starà in dubbio la mano a qual delli due debba inclinarsi. Ora, lega l'uno et l'altro insieme, vedrai che alora accresceranno non meno il pregio che la bellezza. Appresso, ha ciascuno di questi stati propria et particolare virtù per la quale va innanzi gli altri. Perciò che nel matrimonio l'Apostolo Paolo loda il generar de' figliuoli et l'ammaestrargli nella religion del Signore, promettendo a sì fatto merito la beatitudine di la sù. Onde, con ciò sia cosa che santo officio è servire in esso matrimonio a Dio et nuove creature con le buone discipline acquistargli, per questa ragione la maritata si potrebbe anteporre alla vedova. Al che si aggiunge che 'l matrimonio fu celebrato nel Paradiso per bocca di Dio. Onde, se la nobiltà consiste nell'antichità et in aver più in un luogo che in altro origine et nascimento, il matrimonio si dovrebbe dire eziandio più nobile della virginità. Dall'altra parte, tanto fu essa virginità grata al Padre et Creator nostro che egli prima la sacrò nella madre et di vergine volle prender carne umana. Tuttavia, perché alcuno ciò non possa malignamente rivolgere in vitupero del matrimonio, dei avvertire che piacque bene al Salvatore della perduta generazione esser figliuolo d'una vergine, ma d'una vergine congiunta a marito, in modo che, se non fu prodotto di matrimonio (sì come quello [64ᵛ] che fu conceputo di Spirito Santo), nacque pure sotto le leggi del matrimonio. Ma, se volemo riguardare al giudicio della Chiesa, ella il primo onore attribuisce alla virginità et nondimeno il matrimonio tra li sette sacramenti onora. Dirò io bene che, sì come è cosa più onorata la virginità, così il matrimonio è più sicuro. Serba lo stato vedovile ancora egli le sue doti, per le quali per aventura si potrebbe preferirlo agli altri due. Perciò che, sì come ha la continenza commune con le vergini, così ancora ha la creazione et la educazion de' figliuoli commune con le maritate. Et non dirà ciascuno che lo astenersi dal piacere incominciato a gustare sia di maggiore loda che sprezzare il non gustato? Non dirà eziandio ch'egli sia ufficio di maggiore umanità lo aver tutta la cura de' figliuoli, privi et orfani del padre loro che non è, vivendo il marito, essere alleggierita della maggior parte? Debito di natura et di madre è nudrire i figliuoli et somma pietà ammaestrare i pupilli che non hanno altro appoggio che quello della madre, della quale pietà non è sacrificio più grato a Dio. Vedesi adunque questi tre stati non esser tanto differenti di dignità quanto di gradi et, pensando a ciò, mi si parano dinanzi le tre età della vita umana, nelle quali la prima, che ne' fanciulli è quasi fiore, apprezziamo et cura abbiamo; la virile, perché è atta alle fatiche, onoriamo; la senile, con ciò sia cosa che, avendo ella la esperienzia d'ambedue, è più accorta et di più maturo consiglio, riveriamo et osserviamo.

Così in Roma le vergini che sacrificavano alla dea Vesta dieci [65ʳ] anni prendevano cura d'imparare i ministri di quella dea, dieci di mettergli in operazione et altretanti d'insegnar quelli alle altre vergini che sopravenivano; doppo il qual tempo era in libertà di ciascuna il maritarsi. A tutte nondimeno eguale onor si rendeva, né c'era altra differenzia se non che in quelle che imparavano, essendo più giovani, appareva grazia maggiore; alle seconde, per i maneggi de' sacrifici, più riverenzia era solito di recarsi; le ultime, per l'ufficio dell'insegnare, avevano più autorità. Ecco che ogniun di questi gradi, com'io dico, ha la sua virtù, né per apprezzar l'uno si dèe reputar vili gli altri due, ma nella guisa che le tre Grazie si dipingono unite et accompagnate insieme, in modo che tuttatre si tengono per mano et si pareggiano di bellezza, di età et d'amore, gli doveremmo unire con egual dignità. Ammirisi la vergine come cosa tutta pura, tutta celeste, tutta divina, ma onoriamo la maritata et la vedova, quella come madre et questa come maestra: due effetti non pur necessari, ma utili alla conservazion degli uomini et alla vita onesta et civile. Quantunque la laude di ciascuna di loro non tanto è posta nella qualità dello stato quanto nella bontà dell'animo di chi lo possede, la qual potrebbe esser tale che le seconde et le terze nozze d'alcuna matrona sarebbono più care a Dio che la virginità d'una monaca. Et, se riguardiamo agli esempi, pochissime donne ne' libri di Mosè troveremo esser celebrate per titolo di virginità, ma in quelli della nostra religione un grande et bellissimo coro [65ᵛ] di sante vergini ci si dimostrerà innanzi, le quali, per amor di Cristo, infiammate del suo Santo Spirito, non solo i mondani piaceri, ma la propria vita sprezzarono. Di questo coro vedremo Donna et Reina colei che partorì la nostra salute. Onde è ben degno che se ne debbano gloriare tutte le vergini, ma non sono però sole a tal gloria, perciò che eziandio le maritate ne vogliono la parte loro, atteso che ella ancora ebbe marito, né meno le vedove altretanta ne ricercano. Ché, avegna che non si sappia che Giuseppe chiudesse il suo giorno innanzi alla Beatissima Vergine, questo è ben chiaro che, se doppo la morte de l'unico figliuolo di Dio esso viveva, tale era a lei quale se avuto in marito non l'avesse, non solo quanto alla virginità (raggio che in quel santo animo et in quel santo corpo mai non s'estinse), ma quanto al governo. Con ciò sia cosa che ella di continuo era con gli Apostoli et insieme con le altre vedove di continuo serviva et amministrava a' bisogni loro. Così nel Vecchio Testamento capo delle maritate è Sarra et nel nuovo Elisabetta, madre di quel gran profeta Giovan Battista, di cui, doppo Cristo, non ebbero le madri più onorato figliuolo. Le vedove eziandio tengono dalla parte loro molte illustri femine, sì come nelle vecchie carte Giudith,[2] la

---

[2] Judith, the biblical heroine, is often taken to be the ideal model for a widow. The story of her deception and beheading of Holofernes was a popular subject in Renaissance art and literature. See Judith 8. 1–8 (on her widowhood, her fasting, her beauty, and wealth) and 13. 1–16 (on beheading Holophernes).

quale due nobili vittorie insieme riportò, l'una del nimico ucciso, l'altra della pudicizia conservata: quella a salute della disperata patria, et questa di se stessa, perciò che ingannò et tolse di vita il più libidinoso et il più forte capitano di quella [66ʳ] età. Evvi ancor Debora, la quale in se medesima sostenne tre persone, di profeta, di giudice et di capitano.³ C'è la vedova Sarettina, che cortesemente concedette albergo et pietosamente diede mangiare ad Elia.⁴ C'è Noeme che fu insieme balestrata dall'esilio, dalla morte del marito et dalla privazion de' figliuoli.⁵ Et ecco che nella prima entrata dell'Evangelio t'accorrerà agli occhi Anna,⁶ vecchia di somma riverenzia, la quale, rimasa assai per tempo vedova, continuò nello stato vedovile insino allo estremo della vecchiezza, non già in ocio o in delicatezze, ma sì bene in orazione et in opre di pietà, come serbata in vita, perché vedesse il Santo Bambino ch'ella, mossa dallo spirito di Dio, avea profetato che dovea nascere. Verrà ancora la suocera di Pietro,⁷ cui il Signore dalla febbre guarrì et all'usato ufficio la ritornò. Avendo fin qui detto Messer Fortunio et facendo punto, l'Aretino, che le sue parole ascoltava, seguitò: 'Io non penso, Flaminio, che aspettiate che Messer Fortunio vi vada ricordando il numero quasi infinito di quelle vedove le quali, con le lor proprie facultà, sovenivano agli Apostoli et, lasciando da parte gli errori del mondo, seguitavano la vera dottrina che, seminata dall'agricoltore celeste nei cuori degli eletti, già cominciava a germogliare et in quelli non pur fiori, ma frutti, mandava fuori. Non vi soviene aver letto che a' preghi d'alcune vedove san Pietro ritornò in vita Dorcade?⁸ Non avete uditi i nomi di Marcella, di Salvina, di Paola, di Blesilla et delle altre,⁹ le quali quel nobile dottor della Chiesa Girolamo, con sì belle [66ᵛ] et eleganti opere lor dedicate sacrò alla memoria di tutti i secoli? Quantunque nella legge ebrea, in cui non si riguardava altro che la fecondità de' corpi et alla virginità non s'era ancora incominciato a rendere il suo onore, era lo stato vedovile anzi biasimato che no, sì come eziandio la sterilità. Ma ciò solamente appresso gli uomini, non veramente appresso Dio, il quale dimostrò d'avere spezial cura delle vedove quando, come si legge nell'Esodo,¹⁰ disse che alla vedova et al pupillo non si facesse ingiuria, perché a' gridi loro egli, mosso da giusto sdegno, col coltello della giustizia percoterebbe gli offenditori: onde divenirebbono le moglieri vedove et orfani i lori figliuoli. Qual testimonio volete voi maggiore in

---

³ Judges 4–5.
⁴ 1 Kings 17. 8–24; Luke 4. 25–26.
⁵ Book of Ruth.
⁶ Luke 2. 36–38.
⁷ Matthew 8. 14–16.
⁸ The resurrection of Tabitha. Acts 9. 36–41.
⁹ The reference is to the Roman matrons who were disciples of Jerome, and to whom he addresses some of his letters.
¹⁰ Exodus 22. 22–23.

comendazion delle vedove? Qual più nobile et più chiaro segno d'amore? Il Principe dell'universo si dimostra particolare difensore et vendicator delle vedove. Ma che dirò io che nel Deuteronomio ei comanda che non si tolga la veste della vedova in luoco di pegno?[11] Et similmente in Giobbe l'aver tolto per ricordanza un bue dalla vedova è imputato a uno de' principali peccati che provocassero l'ira di Dio.[12] Et pure la legge non vieta ricevere alcun pegno da' debitori, ma volle egli ornar la vedova di questa prerogativa. Onde ancora si legge ne' Salmi: Dio padre degli orfani et giudice delle vedove.[13] Et tuttavia egli è pure padre et giudice universale di tutti i viventi, ma per certa particolar providenzia a questo stato dimostrò esser molto più inclinato, sì come stato che più alle ingiurie è sottoposto. Et ben conviene [67ʳ] che quelle che sono abbandonate dai patrocini mondani siano difese dai divini. Ma vegniamo alla legge di grazia et vedrete prima in Matteo che 'l Signore minaccia severamente a quelli scribi et farisei che, sotto spezie di pregar con lunghe orazioni la maestà di Dio nei cerimoniosi sacrifici loro, mangiavano et consumavano le sustanze delle vedove,[14] il che è segno che la molta religion di esse et la sincerità d'i cuori velava loro gli occhi, di maniera che non discernevano la maligna ipocrisia di coloro. Dapoi venitevi a Marco et tra voi discorrete quanto godesse il Maestro della vita in vedere la povera vedova offerire i duo piccioli danari ch'ella soli aveva nel tempio del suo padre,[15] avendo più grata la buona intenzion di colei che i gran doni di qualunque ricco. Né vi sia grave di passare eziandio a Luca; et nelle sue carte considerate che la pietà del Signore non sostenne le lagrime di quell'altra vedova che la morte del suo unico figliuolo, ch'era portato alla sepoltura, piangeva; ma, ritornando l'anima in quel morto corpo, tal glielo rese quale da lei per consolazione de' suoi giorni, tristi per la perdita del marito, era sommamente desiderato.[16] Paolo ancora, egli con lo spirito di Cristo impone a Timoteo che le vedove onori e quello che a Timoteo Paolo, a tutti i vescovi comanda Cristo; né solo che si onorino, ma aggiunge che si sovenga loro.[17] Et non bastò all'Apostolo il dire: 'Sovenite a' poveri', intendendosi per questa voce ogni qualità di persona, ché volle separatamente nominar le vedove. Ora, non [67ᵛ] voglio fare come il dipintore il quale, ricercando che con la forza d'i lumi alcuna parte della figura che egli dipinge esca fuori, un'altra con l'ombre ne caccia in dentro. Il che sarebbe, qualunque volta parlando degli altri due stati, avessi in animo d'oscurarne alcuno. Ma

---

[11] Deuteronomy 24. 17.
[12] Job 24. 3.
[13] Psalms 146. 9.
[14] Matthew 23. 14. See also Mark 12. 38–40.
[15] Mark 12. 42–44.
[16] It is the miracle of the resurrection of the son of the widow of Naim, recalled only by Luke 7. 11–17.
[17] 1 Timothy 5. 3–16.

conchiudo che tutti sono eguali, perciò che tutti dal raggio di Dio sono illustrati, il quale, se bene più risplende nella virginità quasi in cristallo più lucido et più trasparente, non è però che i due seguenti non siano adorni della sua luce'. Così parlò quel miracolo della natura et quindi d'alcune cose pertinenti alle azioni delle vedove ragionò, le quali, sì come alla mente mi si ridurranno, racconterò a noi.

Dor. Il ragionamento di Messer Fortunio m'è paruto nel fine alquanto differente dal principio, o che io non l'ho inteso bene. Ma voi, nondimeno, seguite.

Fla. Messer Fortunio in poche parole dottamente mi pose innanzi la diffinizion di quello che io gli addimandai: dapoi discorse per dimostrarmi che gli altri due stati erano, riguardandosi ai frutti che ne derivano, non manco grati a Dio. È vero che Messer Paolo Stresio,[18] che in casa l'Aretino insieme con Messer Fortunio si trovava, contese assai lunga pezza in favore del matrimonio,[19] con questo argomento che 'l fine per cui Dio creò l'uomo fu perché col mezo del generare et con lo accrescimento della generazione umana si riempiessero le sedie vote dalla superbia de' cattivi angeli. Ma, perché sopravennero alcuni gentil'uomini, non si conchiuse altro.

Dor. Questo [68ʳ] importa poco. Venite all'insegnare.

Fla. Conosca adunque la virtuosa matrona nella morte del marito aver grandissimo danno ricevuto: esserle suto tolto quel petto pieno di carità et d'amore nel quale soleva riporre il fascio de' suoi pensieri; né solo aver fatto perdita della metà della sua anima, ma se medesima a se medesima esser totalmente levata et estinta. Di qui dolgasi, lamentisi, empi il seno di lagrime, ché onesto è il pianto, onesti sono i lamenti, onesto il dolore. È tenuto crudele chi vieta alla madre sparger lagrime sopra il corpo del morto figliuolo; crudelissimo chi alla mogliera pianger la morte del marito non consente, il quale non pur'era il corpo et l'anima sua, ma rettore de' suoi passi, sostegno di sua vita, consigliere delle sue azioni, maestro et duce. Le perdite delle facultà et de' figliuoli si possono facilmente tolerare, perché, essendo vivo il marito, può la moglie acquistarne degli altri et ritornare in istato di miglior fortuna. Ma, morto lui, la perdita è irrecuperabile et il danno maggiore, perciò che è da credere che leggiermente amasse il suo sposo donna che, doppo la morte di quello, a nuove nozze s'apparecchia et, rimanendo vedova, conviene che quel carico, ch'era diviso tra loro, rechi tutto sopra le sue spalle et sottentri a peso et di donna et di uomo parimente. Non m'è ascoso che alcune donne (ma non della qualità che abbiamo formata la nostra sposa), non che elle s'attristino, ma s'allegrano della morte de' loro mariti non altramente che se fosse loro

---

[18] At the current state of research, I am unable to confirm the identity of the Paolo Stresio mentioned by Dolce in the *Dialogo*.

[19] This could be a reference to Dolce's own *Dialogo piacevole* [...] *in difesa d'i male aventurati mariti*, discussed earlier, in the Introduction.

scosso del [68ᵛ] collo un grave giogo di servitù. Et non si accorgono che non può dirsi libera quella nave che è priva di nocchiero, ma sì bene abbandonata d'ogni difesa; né altresì, senza il maestro, è libero il fanciullo, ma errante, privo di ragione et privo di legge. Così la femina, orba di marito, è veramente negli effetti, come suona il nome, vedova, cioè del tutto divisa d'ogni suo bene et a guisa di legno cui manca il governatore, et di fanciullo lontano dal suo maestro, è combattuta dai venti d'i travagli di qua giù et or qua or là, sconsolata et senza consiglio, se ne va errando.[20] Ma di queste tali non è da parlarne, avendo dimostro ieri niuna esser degna di questo nome di buona et di mogliera, la quale il suo marito al pari di se stessa non ami. Ma, o provida Natura, anzi, più tosto, o sapientissimo Iddio, maestro senza alcun simile de' costumi buoni! Perciò che non è virtù di cui esso non abbia formato alcuno animale in modo osservatore che col suo esempio si può meritamente riprender l'uomo, di ragione et d'intelletto dotato, che quella così poco soglia apprezzare. Chi agguaglierà con parole la industria delle api, la sollecitudine delle formiche et la fidelità de' cani? Non rimproverano questi a' mortali la dapocaggine, l'ocio et la perfidia? Le semplici pecorelle la fraude et l'astuzia? Et le colombe et le tortore non c'insegnano elle la fede et la carità che si ricerca nel matrimonio? Le cui femine (se ad Aristotele si presta fede)[21] d'un solo maschio contente vivono. Et la tortora, avendo perduta la sua compagna, non beve [69ʳ] d'altra acqua che di torbidi et fangosi stagni, né si ferma se non sopra rami secchi o spogliati delle lor foglie, né più si mescola con gli altri uccelli allegri et festevoli della sua spezie. Onde Salomone, volendo significare amor casto et santo, fa della sposa comparazione, quando a colomba et quando a tortora.[22] A che si conforma Plinio, dove, parlando delle colombe, dice che elle amano la castità, non commettono gli adultèri et serbano perpetua fede.[23] Et di qui è che nella legge antica voleva Domenedio che le maritate doppo il primo parto offerissono al santo altare colombe et tortore, per segno che 'l fanciullo che si apresenta nel cospetto suo era nato di casto et amorevole matrimonio.[24] Il simile si legge delle cornici, cioè che sì fattamente maschio et femina, cui congiunse la sorte, s'amano insieme che, doppo la morte dell'uno, l'altra più a maschio veruno non s'accompagna. Onde, appresso gli antichi si soleva doppo l'inno cantato a Imeneo[25] esclamar (quasi in pegno et testimonio di

---

[20] 'Or qua, or là con l'animo se ne va errando sconsolata et senza consiglio' in the 1547 text.
[21] Aristotle, *History of Animals*, VIII. 7-9, 612b-613a.
[22] Song of Solomon, 2. 12. Vives includes also the verse from the Old Testament, omitted by Dolce.
[23] Here again, Dolce follows Vives's examples, but omits the quotation from Pliny (and Vives's in turn) to make it more suitable for a dialogue format. Pliny deals with the mating of pigeons in *Natural History*, x. 52. 104-05.
[24] Luke 2. 24.
[25] On Hymen, the Greek god of marriage, there are many different myths.

concordia) il nome della cornice. Giusta cagione, adunque, ha la vedova onde della morte del marito si dolga, et molti savi et gravi uomini non pure delle moglieri e de' parenti, ma degli amici, la piansero. Solone, che diè le leggi agli Ateniesi et fu uno de' sette savi di Grecia, comandò che si celebrassero le sue esequie con le lagrime de' suoi più cari, acciò che essi dimostrassero con questi tali segni quanta tristezza avesser presa della sua morte.[26] In Roma, poi che Lucrezia s'amazzò,[27] avendo Bruto, vindice et della morte et della [69ᵛ] violata castità di costei, cacciato fuori il dominio d'i re, et per questa cagione essendo a' Romani mossa guerra dai Tarquini, nella prima giornata fu morto Bruto, la cui morte, come di capitano della pudicizia loro, piansero le matrone romane un anno intero.[28] Ma, sì come il dolersi et il piangere è ufficio di buona et pudica moglie, così il non saper poner fine alle doglie et alle lagrime è segno d'animo troppo debole et non ricordevole della commune necessità. Conviene che 'l dolore, dapoi che 'l cuore è disfogato alquanto, dia luogo alla ragione et che la vedova consideri d'esser priva di marito in quanto alla carne, ma, in quanto allo spirito, viva sempre il marito in lei: viva nella memoria, viva nella imagine de' suoi figliuoli, se avvien che ve n'abbia. Ché, non ve n'avendo et essendo molto giovane, per ischifar mala voce et il pericolo della castità, può bene senza riprensione alcuna, seguendo la licenzia che le dà Paolo,[29] rimaritarsi. Ma, avendo figliuoli, sarà non solo poco amorevole verso il marito, ma empia contra di quelli, se vedova in perpetuo non vive. Dolgasi adunque, come s'è detto, ma non si dia in preda al dolore et pensi tra se stessa, non dirò che le città rovinino et che i regni si distruggano, ma che tutti gli uomini sono nati mortali et viveno con obligo di rendere il debito di questa terra caduca alla madre natura che ce l'ha prestato, quando avviene che ella, come fa il creditore il suo, ce lo dimandi, alcuno più tosto et alcuno più tardi, ma tutti con una condizion [70ʳ] commune, così di nascere come di vivere et di morire. Dall'altra parte le torni in mente l'anime essere immortali et che la dipartenza che elle fanno da questo corpo (la quale noi chiamiamo morire) non è morte, ma un passar dalla vita finta alla vera et dai tormenti alla beatitudine preparata su in cielo a coloro che, mentre pellegrinarono giù in terra, chiamati et illuminati dalla Divina Pietà, caminarono per la via di Cristo et, purificati nel sangue dell'Agnello immaculato, diposero la veste immonda, la speranza della qual beatitudine era fissa con sì saldi chiovi nel cuore di Paolo che lo indusse a desiderar d'esser disciolto dai lacci della carne.[30] Tale conforto entri nel suo animo et speri, la mercè di Dio, quando che sia, di riveder colui nella patria

---

[26] Plutarch, *Lives*, I, *Solon*; Diogenes Laertius, *Solon* (*Lives* I, 45–67).
[27] 'S'uccise' in the 1547 text. On Lucretia, see above, Book I, n. 26.
[28] Livy, II, 7.4.
[29] 1 Timothy 5. 14.
[30] 1 Corinthians 7. 8–9.

che prima di lei v'è arrivato. Viva intanto, come io dico, il morto marito nella sua memoria, ricordandosi la mia vedova della risposta di Valeria Messalina, la quale, doppo la morte di Sulpizio, dimandata dal fratello se rimaritare si voleva, ella, tutto che alora fosse nel più bel fiore della età et della bellezza, rispose non aver bisogno di altro marito, perché Sulpizio in lei sempre viverebbe.[31] Bella risposta di donna che era pagana et incerta della immortalità delle anime. Or che dovrà fare la cristiana? Onori questa il consorte non come morto, ma come assente da lei et più con gli uffici di pietà che col pianto. Et quindi, rivolgendosi ai cari figliuoli [70ᵛ] et in quelli riconoscendo la imagine del marito congiunta insieme con la sua, tale s'affatichi di mostrarsi negli effetti verso di loro che essi possano veramente giudicare non esser privi di padre; tale alla famiglia che ella si avegga non aver bisogno di capo; tale finalmente verso Iddio eterno che egli abbia giusta cagione (se è lecito dire) di mostrare in lei quanto sia sempre difensore et protettore delle vedove. Et questi a punto saranno i capi d'intorno ai quali girerà il mio sermone.

Dor. Da questo principio io m'aveggo che vorrete formare una vedova di eccellente perfezione.

Fla. Così intendo di fare, s'io potrò et saprò. Et perché doppo i pianti et i rammarichi è costume di recarsi i corpi alle sepolture con quelle pompe che si possono far maggiori, non voglio trapassar questa parte senza parlarne alquanto. Questo costume, sì come eziandio alcuni altri, è a noi derivato da' gentili.[32] Perciò che eglino, sì come superstiziosi che erano, avevano opinione che l'anime de' corpi che senza sepoltura giacevano patissero certe pene nell'inferno, et appresso usavano lunghe et pompose esequie a gloria del morto et de' nomi loro. Ben v'ebbe di quelli che di tali sciocchezze si ridevano, sì come Virgilio, che in persona di Anchise disse che non era di momento la perdita della sepoltura,[33] et Lucano che lasciò scritto:

> In molle seno la natura accoglie
> Ciascun, che more
>
> et
>
> Cui terra non copre,
> Gli fa per tutto ampia coperta il Cielo.[34]

---

[31] Valeria Messalina was married to the Roman orator and jurist Servius Sulpicius Rufus, who had studied under Cicero and gave up rhetoric for law, after deciding he would never be able to equal his master. See Jerome, *Adversus Jovinianum*, I, *PL* 23, col. 276; *Against Jovinianus*, I. 46, pp. 382–83.
[32] Here meaning 'pagans'.
[33] Virgil, *Aeneid*, II. 644-46.
[34] Lucan, *Pharsalia*, VII. 810-11 and 819 ('placido natura receptat | Cuncta sinu, finemque sui sibi corpora debent' and 'caelo tegitur, qui non habet urnam').

Appresso, quei veri amatori et seguaci della sapienzia, [71ʳ] Diogene,[35] Teodoro,[36] Seneca[37] et Cicerone,[38] ma prima Socrate,[39] meritamente giudicato savio dall'oracolo d'Apollo, insegnavano con efficacissimi argomenti non esser d'importanza che un corpo più in uno che in altro luogo avesse a immarcire. Marco Emilio Lepido, uomo illustre di molti onori, poco innanzi che morisse ordinò a' figliuoli che ponessero il suo corpo sopra un letticiuolo, senza non che drappo di porpora, ma di qualità alcuna lo ricoprisse et nel rimanente dell'apparecchio funebre non spendessero più che tre danari, dicendo che l'esequie di egregi uomini si nobilitavano per la gloria de' fatti loro et non per la grandezza delle spese che si facesseno in tali pompe.[40] Valerio Publicola[41] et Agrippa Menenio[42] (duo chiari lumi della republica romana) et altri eccellenti uomini, sì fattamente tenero a vile l'onore della sepoltura che, quantunque fossero vivuti sempre gloriosamente nei sommi magistrati di quella republica et abondassero di molte ricchezze, non si curarono però, vivendo, di comperare il terreno dove fossero sepeliti doppo morte; né meno nei loro testamenti di ciò alcuna parola lasciarono scritta. A che senza dubbio avrebbono avuto risguardo, se avessero istimato trovarsi alle anime nelle sepolture tanto di bene quanto era creduto dal volgo. Se veniremo con la considerazione ai nostri, vedremo quei santi martiri che la vita per Cristo così volentieri sprezzavano molto più aver sprezzata la sepoltura del corpo, sapendo che esso Cristo, nel dì ch'egli ritornerà i corpi all'anime, saprà molto [71ᵛ] bene raccogliere et

---

[35] To the Greek philosopher Diogenes (4th century BC), the founder of the Cynic school, are often attributed a series of sayings and clever replies. He left instructions that when he died they should throw him out unburied so that every beast might feed on him (Diogenes Laertius, VI. 79).

[36] Theodorus of Cyrene, called 'the atheist', defied King Lysimachus's condemnation to crucifixion by replying that the cross might have terrified his own courtiers, but he did not care whether he would rot on the ground or above it. He is an example of free speech in Valerius Maximus, VI. 2 ext. 3.

[37] A whole section of the *De remediis fortuitorum*, a small set of dialogues which enjoyed great popularity during the Middle Ages and the Renaissance as an undisputed work of Seneca (now attributed rather to the sixth-century bishop Martin of Braga), is dedicated to the question of death without burial. Erasmus included the *De remediis* in his edition of Seneca of 1529 (*L. Annei Senecae Opera*, [...] *per Des. Erasmus Roterod.* (Basel: in officina Frobeniana per Hieronymum Frobenium & Ioannem Hervagium), pp. 280–81.

[38] Cicero discusses these issues in *Tusculan Disputations*, I. 102–04.

[39] Plato, *Phaedrus*, 115C.

[40] Livy, *Periochae* ('Summaries'), XLVIII (p. 17).

[41] Valerius Publicola was consul together with Junius Brutus after the reign of Tarquinius Superbus, the last king of Rome. He was so poor that his funeral was celebrated at public cost. Valerius Maximus, IV. 4. 1; Livy, II. 16. 7.

[42] The consul Menenius Agrippa, who made peace between the Senate and the people of Rome, died so poor that he was buried by public contribution, his patrimony consisting not in money, but in leaving concord to the Roman people. Valerius Maximus, IV. 4. 2.

ridurre insieme ogni minuta parte d'infinite migliaia d'uomini che in diversi terreni, per grande intervallo di paesi, si troveranno divise et sparse. Ricordomi aver letto in Agostino che la cura d'i mortori (che noi viniziani diciamo baldachini), la condizion delle sepolture et la pompa delle esequie sono più tosto conforto de' vivi che beneficio de' morti.[43] Et di vero, se all'anima dello scelerato recasse utile la sepoltura onorata, la vile, o il non averne alcuna, recarebbe danno al buono. Ma gli esempi si veggono in contrario. Grida tra le pene de' dannati (come abbiamo nelle sante lettere) il ricco Azoto,[44] quantunque et superbe esequie et ricca sepoltura avesse il suo corpo; et gode nel seno d'Abraam Lazaro, che in poca terra povero et negletto fu posto.[45] O, mi potreste dire, dunque tu danni le sepolture et, quasi nuovo Creonte,[46] vorresti che i corpi umani rimanessero insepolti! Rispondo ch'io sarei empio se avessi questa volontà, perciò che que' santi antichi padri Abraam,[47] Isaac,[48] Giacob[49] et Giuseppe,[50] morendo, lasciarono pure alcuna memoria delle sepolture de' corpi loro; et è lodato Tobia dall'Angelo del Signore, perché egli sepelliva i morti.[51] Ma vorrei bene che, conoscendosi i marmi, i bronzi, gli ori, gli intagli, i grandi epitafi et le statue onde si fabricano et adornano le sepolture a' morti inutili, la spesa che in queste vane pompe et pegni della nostra superbia si consuma s'impiegasse nelle opere di carità, le quali sono le limosine che si fanno a' bisognosi et non le rendite che si lasciano a [72ʳ] coloro che abbondano. Vera limosina è sovvenire alle vedove, a' miseri orfani, alli spedali et ove appare il bisogno maggiore, et non in lasciar le grosse entrate a' ricchi conventi, perché si faccia al nostro corpo un sontuoso sepolcro o una cappella in nostra memoria con le insegne della famiglia, lasciando da una parte quel

---

[43] Augustine, *City of God*, I. 12. The explicit reference to St Augustine is not found in the 1547 edition which reads instead: 'La cura adunque d'i mortori (che noi viniziani diciamo baldachini), la condizion delle sepolture et la pompa delle esequie possono bene, mercè della sciocca ambizion de' mortali, apportare alcuna consolazione a' vivi, ma non beneficio a' morti.' This is followed by an addition: 'Altrimente a grande infelicità dell'anima sarebbe la condizion de' poveri, i cui corpi sono posti in poco spazio di terra, accompagnati le più volte da un solo chierico et da pochi lumi' (fol. 71ᵛ).
[44] Dolce, following Vives's text, expresses the same confusion found in the *De institutione* [1538] (p. 298) Latin text. As Fantazzi indicates (in Vives, *The Education*, p. 306, n. 31), no Azotus is to be found in the Gospels. There might have been instead a confusion between the story of Dives and Lazarus and the parable of the prodigal son, which appears instead in the preceding chapter of Luke's Gospel, where the Greek adverb *asotos*, which means 'lavishly' or 'prodigally', is used.
[45] Luke 16. 20–25. But the Gospel says nothing about the poor burial in shallow ground.
[46] King of Thebes, brother of Jocasta. He condemned Antigone to death.
[47] Genesis 25. 9–10 and 49. 31.
[48] Genesis 35. 29 and 49. 31.
[49] Genesis 49. 29–30.
[50] Genesis 24. 25.
[51] Tobias 12. 12.

povero ignudo et dall'altra quella misera virginella et quella afflitta vedova, l'una per fame vendere a prezzo la virginità et l'altra morirsi di fame. Tali deono esser le nostre limosine et tali ce le comanda Cristo. Queste sono le sepolture che giovano all'anime de' nostri defonti: questa è onesta usura et tanto larga che nulla più. Ma che dirò io d'alcune vedove, le quali, per più superbamente ornar di sepoltura il corpo del morto marito, pretermettono di sodisfare a' debiti ch'egli vivendo aveva contratti? Senza che, molte fiate, per questa cagione, restano d'adempire i legati del suo testamento quello a che prima si doveva per mano. Certa cosa è che i debiti si trasferiscono nella persona di colui in cui è venuta la eredità, et a quegli tanto è tenuta la moglie per le leggi umane et divine quanto il marito, et chiunque il debito non paga è veramente ladro. Ma di tal materia ho detto forse troppo parole.

Dor. Poche a quello che bisognarebbe che si dicesse.

Fla. Fatto adunque sepelire la mia vedova il corpo del suo caro marito, non come usa il mondo, ma come si conviene a cristiano, et racconsolatasi compiutamente con le ragioni dette di sopra, dica fra se stessa: 'Ecco, io ho sodisfatto al [72ᵛ] marito, cioè alle leggi carnali; ora che alla providenza di là su è piacciuto di disciöglier questo legame, conviene che più libera mi rivolga per sodisfare (col mezo della sua grazia) a Dio, Re et Signore et Redentor mio. Ho perduto lo sposo terreno; è di mestiero ch'io procuri il celeste'. Le quali parole in lei tacitamente favellando il cuore, incominci ella a spogliarsi tutti quegli ornamenti che, vivendo il marito, era solita di portare, né si rechi a vergogna di prendere i panni negri, ché questi non oscurano né l'onore né la bellezza di savia donna, purché bella et candida abbia l'anima; ma tenga gli ornamenti veri della vedova essere i digiuni, le orazioni et la vita sincera et lontana da tutti i diletti del mondo. Et è ben degno che, volendo piacere allo sposo immortale, ponga da parte tutti i piaceri mortali et che sia tanto più intenta alle opre del Signore, quanto non ha cagione che la rimova, perché, essendo vivo il marito, era divisa tra Dio et l'uomo. Ora è tutta sua et però dèe esser tutta di Cristo. Né più chiaro argomento si può avere dell'intrinseco d'una donna che nel tempo che ella riman vedova, perciò che, sì come gli uccelli et i leoni, quelli usciti della gabbia et questi liberi dalle catene, gli uni rivolano in cima agli alberi et gli altri ritornano alle selve,[52] così le malvagie donne, subito che si trovano prive del marito, ripigliano la prima natura, et quei vizi che tenevano occulti fanno alora palesi. Ma le buone, sciolte da quell'obligo che alle volte più chine alla terra che levate al cielo le tenevano, come [73ʳ] oro diviso dal piombo et dagli altri metalli dimostrano più bella et più chiara la loro bontà. Anna, figliuola di Samuele, la quale sett'anni visse col marito et ottantaquattro vedova, fu trovata da Cristo vecchissima dentro il Santo Tempio, da cui non si dipartiva giamai, ma quivi in astinenze et orazioni, dì et

---

[52] See I Timothy 5. 11–12.

notte, menava la sua stanca vita.⁵³ Doppo la quale non penso che da quegli anni a questi si possa trovare esempio più nobile di quello che si vede nella Marchesa di Pescara, la quale, doppo la morte del suo illustre consorte, quel savio et dotto petto, che sempre fu tempio di casto amore, ora l'ha fatto di religione et di santità, dimostrando, quando con le opere et quando con la penna, di quante ricche gioie et di quanti nobili tesori delle sue grazie abbia Dio da tutte parti fregiata et adorna quella ben nata anima. Ma, lasciando da parte gli esempi, alora veramente si può far pieno giudicio della castità et degli onesti costumi della matrona, quando, avendo libertà di peccare, non pecca. Ché, come dice Girolamo, a cui altro che la occasione d'essere impudica non manca non si dèe dar titolo di pudica.⁵⁴ Onde, essendo la vedova priva di quel capo che lei et la famiglia reggeva, dèe eziandio con maggior cura esser sollecita di non commetter cosa che macchi il suo onore, perciò che, vivendo lui, per cagione del dominio che egli aveva sopra di lei, si poteva di molti difetti iscusare, come fanno i servi alcuna fiata d'i misfatti loro che gli attribuiscono ai padroni. Appresso, avendo tutta la mente rivolta a Dio, che, come puro et immortale [73ᵛ] sposo, è geloso della castità delle anime, abbia lui in tutte le sue azioni sempre capo, maestro et guida. Et sì come già soleva la sua volontà dipender da quella del carnale marito, così ora prenda forma da quella del spiritale et questa volontà quale ella la trova scritta nei santi libri, tale le porti impressa nel cuore. Et (quello che sopra tutto importa) delle buone opre che in lei dalla virtù della viva fede, come da divin seme, frutteranno di giorno in giorno, tutta la gloria a Dio (datore d'ogni bene), sempre ne renda; le male in tutti i tempi conosca esser di se medesima.

Dor. Questo è cosa tanto chiara che, chiunque la nega, nega insieme la potenza et la bontà di Dio et noi vili corpicciuoli di terra fuor di debito esalta.

Fla. Ora, avegna che i santi uomini volessero che la vedova fosse frequente nel tempio del Signore et assidova nelle orazioni, non le tolsero però la cura delle cose umane. Anzi, disse il Dottor dette genti: 'Se la vedova ha figliuoli o nipoti, questi prima imparino a regger piamente la propria casa et rendere il cambio a' progenitori'.⁵⁵ Deve adunque ella in luoco del suo morto consorte (quasi principe che succeda a principe) trattar con ogni diligenzia il governo della sua cosa. Nel che la principal cura sarà de' figliuoli, con ciò sia cosa che, essendo eglino privi di padre, pare che trovano più libera licenzia al male, sì come quelli che non così temono la madre. Onde è nato il proverbio che raro è quel figliuolo che sotto il governo della vedova sortisca buono.⁵⁶ Per ischifare,

---

⁵³ Luke 2. 36–38.
⁵⁴ Jerome, *Adversus Jovinianum*, I, *PL* 23, col. 277; *Against Jovinianus*, 1. 47, p. 383.
⁵⁵ I Timothy 5. 4.
⁵⁶ This proverb is quoted, as indicated by Fantazzi (in Vives, *The Education*, p. 315, n. 59), in Eiximenis, I, p. 153.

adunque, tal biasimo et tal pericolo, io giudicarei ben fatto che i maschi, pervenuti che fossero a certa età, s'allogassero in casa [74ʳ] de' fratelli del padre o di lei, overo di qualche uomo dotto et di ottima vita che insegnasse loro lettere et buoni costumi, et d'intorno questo fosse la vedova non solo liberale, ma prodiga nella spesa. Perciò che non è danaro che maggior frutto renda di quello per cui i nostri figliuoli s'allevano virtuosi et accostumati. Delle figliuole io non parlo, perché in queste si estende tutto il suo ufficio et il terzo giorno ne parlai a bastanza. Nelle altre cose restringa, quanto può, le spese, menomando la famiglia, moderando il cibo et conservando con diligenzia le facultà et rendite de' figliuoli, in modo che appaia la morte del padre esser loro anzi ad utile che a danno. Et perché a ciò fare vi entrano di molte azioni nelle quali la donna non si può trovare, come in comprare, in vendere, in riscuotere, in comparer ne' giudici, sollecitare avocati et sì fatti negozi che intravengono tutto di, è mestiero ch'ella si elegga uomo sufficiente et fedele a cui commetta il peso di questi maneggi, il quale, quando le fosse o fratello o parente, meglio di lui si potrebbe fidare et non darebbe occasione a' maligni di sospettare, perciò che ogni sospetto che possa nascere della sua onestà debbe a tutte sue forze estinguere et levar via: atteso che la infamia, o da vero o da falso rumore che si mova, offende non solo l'onor di lei, ma quello ancora delle figliuole. Di qui nella sua casa non pure entrerà uomo, il quale altro che strettissimo parente le sia (et questo eziandio rade volte), ma neanche femina, se non buona et di buon nome. Or, se tanto nuoce alla fama delle figliuole il falso sospetto della madre, quanto dèe nuocer l'effetto vero? [74ᵛ] Ma, lasciando le cattive nei lor vizi, dico che, oltra di questo, de' la vedova avere nella casa una donna, antica d'anni et di senno, con la quale spesse fiate si consigli. Et questa, non potendo esser o madre o suocera, le sia almeno congiunta, o per lungo tempo amica et esperimentata assai. Et perché al governo della casa molte cose, come ne fu parlato ieri, ricercano, la somma si stringa in questo: che, conservandosi pienamente ciò che ci ha, non si lasci aver disagio alla famiglia, ma questa, sì come abbonda di opera (per usar la parola d'Aristotele), così abbondi ancora onestamente di cibo et di vestimenti, non scemandosi ad alcuno il salario, né cosa che per debito le si convenga. Le vivande delicate, se richiedono poco ad alcuno stato, certo a quello della vedova molto meno. Perciò che la prima virtù che le appartiene si è la sobrietà, la quale è posto non solo nel viver moderato, nel corpo pudico et nel vestire onesto, ma eziandio nella famiglia, la quale dèe esser accostumata et prendere esempio dalla padrona. Et circa il vestire di lei, benché ella abbia diposte le perle e i panni allegri, non la consiglierei però a usare il cilicio o drappo troppo rigido, ma tenga in ciò una certa misura che non si accosti né alla pompa né possa rendere odore d'ippocresia, perché Iddio non riguarda alle vesti, ma all'animo.[57] Nel parlare serbi sempre modo, di

---

[57] In the 1547 edition, Flaminio goes on to explain that wearing Franciscan, Dominican or Benedictine clothing does not lead the soul to Paradise, because, even though being dressed

maniera che né fuori di tempo né ociosa né poco considerata le esca parola di bocca. Fugga, quanto ella può, l'ira, che non è cosa che più a donna si disconvenga che garrire et essere a contesa con le fanti, con ciò sia cosa che gli errori che si commettono da quelle o sono [75ʳ] tolerabili o no. Se non sono, bene sia a mandarnele con la benedizione di Dio; se sono tolerabili, dèe riprenderle con carità e corregger la loro ignoranza o inavertenza. Et perché i mutamenti della Fortuna sono or lieti or tristi et quelli a questi et questi a quelli succedono, quivi coprendosi tutta di fortezza, non sia mai né maggiore né minore di se medesima. Le limosine siano misurate con la facultà che tiene et, secondo quella, più et meno si facciano et non ad ogni qualità di persone, ma a' buoni solamente et a quelli che più conosce essere aggravati dal peso della povertà, perché il bene sarà maggiore et vi sarà più utilità. Né solo faccia ella le buone opre, ma altre ancora a ben fare ne esorti, né curi d'esser veduta, ma più apprezzi l'effetto che 'l nome. Le sue orazioni non siano di quella maniera che le veggiamo in alcune, le quali con lunghe file di paternostri in mano, barbottando tra ' denti, vanno ricercando tutta la casa e per ogni picciola fistucca che loro s'incappa tra ' piedi, interrompendo le sante parole, o gridano o maladicono. Ma, riducendosi ella dentro la sua camera, chiusa in quella, con gli occhi della fronte riguardando la imagine del crocefisso et con quei dell'intelletto rivolta a Dio, sparga non men preghi che lagrime, pensando ai tanti benefici ch'egli, per sua mera grazia, ci ha fatti e ci fa di continovo et alla ingratitudine nostra verso di lui. Et sia il fine di tutti i preghi che esso, che può et è sommo amore et bontà, le dia vera fede et forza di consentire alla sua volontà. Non curi d'uscir di casa per andare a feste, a nozze et a sì fatti luoghi, ma [75ᵛ] solo per udir la parola di Dio et visitar la sua chiesa, nella quale non sia la prima a entrare né l'ultima a uscir fuori, perché sempre il troppo dà cagione del sospetto del vulgo, il quale sospetto, come s'è detto, de' sommamente fuggire. Alla confessione che debitamente si fa al sacerdote, io per me non l'astringerei, se non a' tempi comandati dalla Chiesa, che sono una o due volte l'anno. A quella che tenuti siamo di fare a Dio non si dèe pretermetter non pur giorno, ma ora, perciò che quando è che noi non pecchiamo, se non con l'opera al meno col pensiero, col desiderio et con la volontà? Et perché alla nostra discepola abbiamo data la cognizion delle sacre

---

humbly is appropriate to a Christian woman, 'nondimeno, il poner fiduzia in queste vane distinzioni è non pure idolatria, ma pazzia' (fol. 75ʳ). Those women 'le quali votano di vestirsi di cotali abiti', when they or their children are ill, thinking 'che 'l bigio è rimedio non pur contra la febre, ma contra la peste', are only 'sciuocche et bambe' (fol. 75ʳ). Rather, '[l]odasi oggidì una vedova che porti le sargie o le rascie di pinzochera et non si considera se ella adultera il letto di qualche casta moglie o profana la cella d'alcun santo monaco. Dico santo appresso la turba de' sciocchi, et non appresso i prudenti, et per quanto meno appresso Dio. O, quanto mi duole, Signora Dorotea, che la lorda vita di molti scelerati uomini (et sempre riverisco i buoni) oggidì infami la religione cristiana!' (fol. 75ʳ).

lettere, dico che, oltra a' santi dottori che le espongono nei dubbi che possono occorrere alla ignoranzia nostra, dèe (per non avilupparsi negli errori delle eresie di queste canaglie luterane)[58] ricorrer subito a qualche sacerdote ben dotto, di età et di buon grido, alla sentenza del quale, essendo approvata dalla Chiesa, come a saldissima àncora fermi la navicella del suo ingegno. Et sì come dèe adorare un solo Dio, così dèe onorare tutti i santi, i quali, ora risplendenti in cielo del lume della sua grazia, con l'esempio delle belle et pietose opere che dimostrarono in terra c'invitano al camino della beatitudine.[59] Guardisi però di non incorrer nell'errore d'alcune troppo credule et superstiziose, le quali, mosse da certa sciocca affezione carnale, hanno maggior divozione in alcun santo particolare che in Cristo medesimo.[60] Non rifiuti le oneste conversazioni con le donne di buona [76ʳ] vita et sue pari, con le quali non dimostri affettazione di santità, come fanno alcune più ambiziose di parere che d'essere. Ma usi con esso loro ogni qualità di ragionamento che può cadere tra le savie et oneste; e scopri sempre un'amabile piacevolezza et ilarità nella fronte. Di niuna parli né pensi male, difetto commune a molte, le quali, curiose di sapere i segreti delle case, ogni cosa ispiano, d'ogni cosa fanno giudicio, ogni cosa recano in peggio et di tutte ne compongono le novelle. I peccati palesi riprenda modestamente, degli occulti lasci fare giudicio a Dio et stimi sempre i suoi essere et maggiori et peggiori di quegli di ciascun'altra. Nelle diversità delle opinioni dica il parer suo senza contendere, pensando sempre di potere errare. Le novelle delle piazze, come d'i maneggi d'i re, delle deliberazioni d'i principi, della pace, delle guerre et sì fatte cose, non curi che pervengano alle sue orecchie, né di queste ragioni, ma tenga di continovo il pensiero, come ho detto, parte rivolto a Dio, parte a se stessa, parte a' figliuoli et a tutto il reggimento della famiglia et della casa. A' palazzi, se qualche grandissima necessità non l'astringe, non vada giamai. Le chiese alle quali si conduce siano non le più frequentate, ma le più divote et dove v'abbia maggiore occasione di orare et men di peccare.[61] Le strette pratiche che io veggo tenere ad alcune con religiosi non lodo, non perché non ce ne [76ᵛ] siano da per tutto di molti santi

---

[58] This interesting reference is not present in the 1547 edition, which reads: 'dèe (per non si fidare de se stessa) ricorrer subito a qualche uomo ben dotto nella verità et di buona vita, alla esposizion del quale, essendo pura et evangelica, come a saldissima àncora fermi la navicella del suo ingegno' (fol. 76ʳ).

[59] The 1547 edition adds: 'ma avertisca di non attribuire alle creature quello che si conviene al creatore, né porga i suoi preghi alle imagini materiali, ché questo non sarebbe non adorar Dio, ma commettere idolatria' (fol. 76ʳ).

[60] In the 1547 edition we read: 'ma sappia esser per lei appresso il Padre Eterno un pietosissimo procuratore et riconciliatore Cristo benedetto, nel quale è la giustificazione et salute di tutti i fedeli' (fol. 76ʳ).

[61] The 1547 text reads: 'et qui voglio che ella tenga per cosa certa che non pur questa et quella chiesa, ma tutto il mondo è tempio di Dio' (fol. 76ᵛ).

uomini et esemplari, ma perché noi non possiamo penetrar più a dentro della pelle. Et tale per aventura potrà la donna nella superficie riputare agnello che di dentro lo troverà lupo, il quale non solo la castità, ma la facultà, le cercherà di divorare. Né meno mi piace ch'ella frequenti molto le case né delle amiche né delle parenti, cosa che è dannata da Paolo. Perciò che sono alcune tanto ociose che prendono infinito piacere di spaziar spesso per l'altrui case et qui, o consigliando o riprendendo, vogliono mostrar di saper molto et, mentre sono di acuta e di sottil vista nelle case d'altre, sono grosse et a guisa di talpe nel governo delle loro.

Dor. Mal fa quel Signore che lascia rovinare il suo dominio per governare l'altrui.

Fla. Et, tornando al sospetto che più volte ho esortato a fuggire, dovete sapere che in questo non meno si può cadere dentro la casa che di fuori et non meno per cagione de' famigliari che delli stranieri. Onde veggiamo quello che a Salvina scrive il Beato Girolamo:[62] 'La fama della castità (dice egli) nelle donne è cosa tanto fragile che a guisa di vago fiore ad ogni lieve aura s'ammarcisce et ad ogni piccolo fiato si guasta; e spezialmente quando la età è pieghevole al vizio et l'autorità del marito le manca, la cui ombra è il riparo et il sostegno della moglie. Deh, che fa ella fra la moltitudine de' famigli et fra la turba de' ministri? I quali non voglio già che disprezzi come servi, ma che di loro, come d'uomini, si vergogni. Certo, se la casa ambiziosa molti servitori ricerca, si dèe preporre [77ʳ] a quelli per capo et maggiore alcun vecchio di costumi onesti, il cui onore sia riputazion della padrona. Ben so io che molte, benché le porte della lor casa fossero chiuse a ciascuno, non fuggirono però la infamia de' famigliari, de' quali nasceva sospetto o per cagione di troppo ornato vestire o per molto delicato aspetto o per la età giovanile o per l'alterezza che suole spesse volte far palese l'amore occulto et è cagione che 'l servo voglia esser superiore al conservo'.[63] Ma perché sì come l'acciaio o il cristallo è specchio de' nostri aspetti, così i buoni esempi sono specchio della virtù; poiché a me non restano altri particolari ammaestramenti da dare alla vedova, parmi che utile cosa sia che voi meco alquanto la vita di Giudith consideriate, la quale una dèe essere universale esempio a tutte le vedove. È noto a ciascuno sì come questa vedova (qual dice alcuno) et saggia et casta et forte, ammazzando il già vincitore Oloferne, liberò la sua città dal vicin giogo della servitù.

Dor. Mi sarà molto caro che discorriate alquanto per questi esempi et col disegno di costei penso che ridurrete a maggior perfezione il ritratto che m'appartiene, il quale fin qui è molto gentilmente colorito.

Fla. Era la casa di Giudith scola santissima di bontà, nella quale di continovo ammaestrava la sua famiglia. Quivi non conversavano giovani, pomposi di

---

[62] The passage is explicitly indicated in both Dolce and Vives as a long quotation from Jerome, by means of inverted commas in the left-hand margins.
[63] Jerome, *Epistola LXXIX: Ad Salvinam*, PL 22, col. 231; in English, Jerome, *Letters* 79. 8, p. 167.

vestimenti, profumati di diversi odori, con guardature lascive et con parole impudiche. Non vi aveva entrata alcuna giovane che con l'abito, con la bellezza et con gli atti lussuriosi accendesse gli animi de' [77ᵛ] riguardanti de' desideri non sani. Il suo albergo non risonava di suoni o di canti, né si sentivano rumori di danze né si vedevano apparecchi de' conviti sontuosi. Non aveva per aventura figliuoli, perché la scrittura di ciò non ne fa parola. Onde tanto più meritò maggior loda la cura della sua castità, quanto i Giudei dannavano lo stato della vedova et più la sterilità.[64] Ma teneva alcune fanciulle per ancelle et discepole di castità, il cui ufficio non era di appresentarle innanzi lo specchio, acconciar le chiome, sparger le carni et le vestimenta d'odori et sì fatte superbe vanità, ma tutto il tempo ora in orazioni ora ne le lezioni de' sacri libri, quando in ragionamenti santi, quando in lavori et quando in pietose limosine a' poveri si dispensava. Portava la vesta vedovile, la quale non mai in alcun tempo, se non per breve spazio una sola volta dipose: questa fu per cagione di conservar la patria. Ornossi alla fine con molti ricchi et pomposi panni, non per parer bella o piacere agli occhi degli amanti, ma per togler di vita il nimico della città santa et della religion divina. Grande fu l'amor suo verso la patria et grande l'autorità appresso i principi et savi della sua città, ai quali con la virtù delle sue parole diede speranza, levò ignoranzia et apportò consiglio. Grande finalmente fu l'ardire con che, femina sola et disarmata, ottenne la vittoria di colui il quale tanti armati uomini disperavano di poter vincere. Bellissimo fu il trofeo che ella riportò delle guadagnate spoglie del nimico ucciso; nondimeno tutto quel trionfo recò solamente a Dio [78ʳ] et, subito che la gloriosa impresa ebbe fornita, rivestì i panni grossi. Voi vedete somma fortezza d'animo congiunta a somma modestia et somma prudenza a somma pietà. Gran forza percerto ha la virtù, la quale, dove è riverenzia, pone anche autorità. Era Giudith femina, era vedova, non aveva dominio, a niun maneggio publico si estendeva la sua mano. Et nondimeno i più vecchi di quel popolo et il medesimo Principe Ozia, non si sdegnavano di ricorrere a lei per consiglio. A' quali ella con voce di gravità piena et con parole degne di quell'alto animo in questa guisa parlò: 'Grandemente mi maraviglio che voi abbiate fatta deliberazione, se il soccorso in capo di cinque giorni non viene, di dar la città in mano de' vostri nimici et che a questo Ozia consenta. Deh, per Dio immortale, chi siete voi che vogliate tentare il Signore? Queste non sono parole da movere in lui misericordia, ma ira et sdegno. Voi omicciuoli assegnate tempo a Dio da usarvi la Sua pietà? Voi secondo l'arbitrio vostro gli determinate il giorno nel quale vi debba sovvenir del suo aiuto?'. Maravigliosa cosa è che quegli uomini gravi d'anni et grandi nel dominio della città, sentendosi riprender da una semplice vedova, divenissero mutoli et, l'un l'altro

---

[64] The 1547 edition presents small lexical and morphological variations in the sentences that follow, but no real changes of content.

in viso per vergogna riguardando, non sapevano che dire. A questo ella benignamente gli confortò a mutare il mal preso consiglio et a riponer tutta la loro speranza in Dio, la cui pietà niuno ch'in lui si fida abbandona giamai, dimostrando che le passate et le presenti [78ᵛ] calamità si dovevano imputare ai peccati loro et che non era da provocar la vendetta, ma chiedere umilmente la misericordia del Signore. Rispose a lei Ozia che tutte le sue parole erano vere et che niuna se ne poteva riprendere, ma che ella, che era santa donna et temeva Dio, pregasse per loro. 'Peccatrice sono io, disse Giudith, et, se trovate in me qualche buona opra, rendetene la laude alla bontà del Signore. Et tutti meco pregate la Sua pietà che sia favorevole al mio dissegno et voi ponete la fiducia della vittoria non nelle vostre braccia, ma nella destra di Lui.'[65] Così si fece da tutti et così l'animosa giovane, dalla man di Dio accompagnata, entrò nel padiglione del suo nimico et lui con la prudenza vinse et con la fortezza uccise. Onde, tornata vincitrice nella città con la orribile testa in mano, esortò il popolo a prender l'arme et assaltar le genti nimiche, le quali senza il loro capitano timide et disperse fuggivano. Ottenuta infine così bella vittoria, non fu la cura sua che le si inalzassero statue et apparecchiassero trionfi, ma insieme con le sue vergini et ancelle cantava a Dio, come a datore della vittoria, trionfali lode. I vasi d'oro et d'argento et le altre preziose cose che furono trovate nel padiglione d'Oloferne, il popolo, per onorarne la vincitrice, appresentò a Giudith. Ma ella, che non meno disprezzava le ricchezze che la gloria del mondo, le sacrò alla scomunica dell'oblio,[66] né alla casa sua più ricca né più altera si ritornò.

Dor. O donna degna di viver sempre!

Fla. Noi veggiamo con quante belle et ornate parole alcuni eloquenti uomini sogliano [79ʳ] celebrar la virtù di certi valorosi capitani, i quali d'i vinti eserciti et delle espugnate città niente altro nelle loro private case riportavano che la gloria, della quale tuttavia erano cotanto ambiziosi che non solamente d'i gran cognomi, ma eziandio alcuni della deità si ornarono. Ma la nostra vedova, che egualmente vilipese et le ricchezze et gli onori, con quale copia de' gravi et eleganti parole si potrebbe a bastanza lodare? Oltra di questo, quantunque ella vivesse cento et più anni, non diede però mai loco a pensiero di nuove nozze. Venuta allo estremo de' suoi giorni, quale fu la sua vita, tale volle che fosse la sua sepoltura et senza titolo alcuno fece porre il suo corpo appresso quello del marito. Puossi egli, Signora Dorotea, negli antichi et moderni scrittori ritrovare essempio che più dalle vedove debba essere imitato di questo? Fu mai donna né più casta né più sincera? Ove con più chiaro lume riluce la vita attiva et

---

[65] The 1547 edition adds: 'che, se egli non difende et conserva le città, in darno s'affaticano coloro che le governano' (fol. 79ʳ).

[66] The original 1545 text says here 'sermanica all'oblio', most probably a mistake by the typographer. I have corrected according to the 1547 edition, where we read, 'scomunica dell'oblio' (fol. 79ʳ).

contemplativa?⁶⁷ Ma se pur le vedove non hanno né vorrebbono avere occasione di mettersi a risco con Oloferne, la vittoria che Giudith ottenne da costui procurino elle di ottenere dall'aversario nostro, il quale, più forte nemico di Oloferne, sta di continovo alle offese dell'anima. Non pensate però che in questa nostra età ci manchino esempi per le vedove di donne illustri et di onestissima et santa vita. Delle quali, prima ch'io chiuda questo ragionamento, ne andrò brevemente, et quasi per via di trascorso, commemorando alcuna. Dovete sapere che la Illustrissima Signora Anna Lanconia, [79ᵛ] over di Lanson,⁶⁸ nella più giovane età rimase vedova del Signor Guglielmo Marchese di Monferrato, l'anno MDXVII⁶⁹ con due figliuole femine et un maschio; né solamente essa la morte del consorte con molta pazienza supportò, ma la miserabile et violenta del figliuolo, il quale giovane di gran valore et di maggiore speranza, per caso acerbo cadendo del cavallo, si sofocò. Supportolla, dico, con tanta fortezza di animo che niuna delle più onorate et famose antiche è da preporre a lei; e il somegliante fece nella morte della maggior figliuola. Però volle la benignità di Dio che queste sue avversità fossero riccompensate da altrettanta allegrezza. Perciò che l'altra figliuola, congiunta allo Eccellentissimo Federigo Marchese di Mantoa, ebbe di lui quattro figliuoli maschi et due femine, tutti parimente dotati di valore et virtù più che umana.⁷⁰

---

⁶⁷ In the 1547 text: 'Seguitino adunque le cristiane vedove lo esempio santissimo di Giudith' (fol. 79ᵛ).

⁶⁸ Anne Valois d'Alençon (1492–1562) was the daughter of René of Valois, duke of Alençon, and of Marguerite of Lorène-Vaudémont. She married Guglielmo IX Paleologo (1486–1518), marquis of Monferrato, in September 1508. They had three children, Maria (1509–1530), Margherita (1510–1566), and Bonifacio (1512–1530). In 1517, Maria, then aged only eight, married Federico Gonzaga (1500–1540), with consummation of the marriage to be postponed until she was fifteen. Federico's wedding plans were strictly related to his political plans and by 1528, the alliance not being as profitable as he had wished, he had the marriage annulled by the Pope, accusing both Maria and her mother of having attempted to poison his mistress, Isabella Boschetti. He later asked for the annulment to be revoked, since Bonifacio's death opened up again for him the possibility of gaining control of the Monferrato by marriage. But after Maria's own death in 1530, Federico married instead her sister Margherita, the following year.

⁶⁹ Guglielmo IX died actually in October 1518. The year 1517, rather than indicating the adoption of the Florentine calendar (by which the new year did not start until 25 March, causing some dates to have an apparent one-year discrepancy compared to our modern calendar), might be an error on the part of Dolce or the compositor. The reference to the year 1517 is deleted in subsequent editions of the *Dialogo*.

⁷⁰ Dolce mentions six children, but Federico and Margherita actually had five sons (Francesco, Guglielmo, Ludovico, Federico, and perhaps another Federico, according to some sources, who died young) and three daughters (Isabella, who married in 1554 Ferdinando Francesco d'Avalos, Marquis of Vasto and Pescara, Anna and Eleonora, both destined to life in the cloisters of the Dominican convent of San Vincenzo in Mantua). After Federico's death, in 1540, Margherita became regent, together with her brothers-in-law Ercole and Ferrante, and played an active political role in the peninsula at the time.

Et quantunque esso Marchese pochi anni appresso si morisse, ella, a imitazione della madre, con tanta onestà è sempre vivuta et con tanta prudenza ha governati i sudditi che resta in dubbio ciascuno qual debba in lei più ammirare, o la religione o la giustizia o la benignità o le altre virtù che convengono non dico a principessa, ma ad ottimo principe. Et sì come la prudenza di quella conservò molti luoghi dai ferri, dai fuochi, dalle rapine, omicidi et stupri de' nimici soldati nelle passate guerre, così la modestia di questa riconciliò tutti gli animi rubelli de' [80ʳ] suoi popoli, procurando sempre il bene et l'utile publico, talmente che ciascuno si gode et gioisce sotto dominio giusto et ripieno di tranquillità. Così la madre Monferrato et la figliuola Mantova governa con incredibile sodisfazione di essi popoli. Debbovi anco ritornare in mente la Signora Margherita di San Giorgio, madre del Signor Guglielmo presidente di Monferrato,⁷¹ onestissima et virtuosissima donna et ben degna di così giusto, di così clemente et valoroso figliuolo. Bellissimo esempio similmente avete nella Signora Bona Maria Soarda di San Giorgio e nella Signora Cicilia pur di San Giorgio, di cui il primo giorno fu detto et nella Signora Anna da Prato.⁷² Né poco possono imparar le vedove dalla Signora Violante de' Bentivogli,⁷³ già moglie del Signor Giovan Paulo Sforza, fratello del Duca Francesco secondo, e della Signora Leonora Morona de' Botti,⁷⁴ di cui molto a lungo udì io ragionare in Melano. Queste non solo sono adorne delle più nobili virtù che possono adornar donna, ma ne hanno adornato ancora l'una il Signor Muzio suo figliuolo e l'altra il Signor Brogonzo.⁷⁵ Mettesi ancora la Signora Amabilia Morona,⁷⁶ la Signora Leonora Visconte da Pavia⁷⁷

---

⁷¹ See above, Dedication n. 1.
⁷² Anna da Prato was Rolando dalla Valle's sister (see above, Book I, n. 72), as indicated in Franco, fol. 58ʳ (misnumbered as 78ʳ), who writes that 'a la quale tanto si può dare ogni luogo tra tutte belle, quanto la candidezza de le donne vestite a nero oggi è così rada a vedere, come son le cornici bianche'.
⁷³ Violante Bentivoglio (1505–1550) was the daughter of Alessandro Bentivoglio and Ippolita Sforza. In 1520, she married Giovanni Paolo I Sforza (1497–1535), illegitimate son of the Duke of Milan Ludovico il Moro and of his lover Lucrezia Crivelli. They had two children, Ludovica, and Muzio I Sforza, mentioned here by Dolce. Giovanni Paolo (Giampaolo) died in Florence in 1535 in mysterious circumstances, perhaps poisoned by his enemy Antonio De Leyva. She is one of the speakers in Domenichi's *La nobiltà delle donne* where we read that she was: 'una dea in abito mortale, regina delle donne, affabile, splendidissima, di bellissima presenza, et di signorili costumi, et da tutti come cosa principalissima riverita' (fol. 266ʳ). Francesco II (Francesco Maria Sforza), duke of Milan since 1521, was his half brother, son of Ludovico il Moro and his legitimate bride Beatrice d'Este.
⁷⁴ See above, Book I, n. 63.
⁷⁵ Bergonzo Botta was the son of Eleonora Morona Botta and Girolamo Botta. He is mentioned in De Rossi, p. 220, as 'Bergonzo Juniore', since his grandfather had the same name.
⁷⁶ See above, Book I, n. 63.
⁷⁷ 'La Visconte Eleonora | di Pavia nobil Signora' is mentioned among the 'Donne illustri nel valore' in *Lo scoglio dell'umanità*, p. 349.

et alcune altre. Torno alla Signora Vittoria Marchesa di Pescara et alla Signora Veronica Gambara Contessa di Correggio, ornamento non pur delle vedove, ma onore di tutte le donne. Certo né in più [80v] degni né in più perfetti esempi di questi due possono terminare i nostri sermoni. Dunque, Signora Dorotea mia, le vedove hanno largo campo da potere esercitar la virtù et il loro stato è caro a Dio et molto utile al mondo. Onde io, avendone parlato quanto io so, senza ir più inanzi, farò qui fine.[78]

---

[78] As we saw earlier in the Introduction, the 1547 edition continues here with a long addition (fols 80ᵛ–84ʳ).

BIBLIOGRAPHY

The following reference editions have been used in the footnotes:

AESCHINES, *Against Timarchus*, in *The Speeches of Aeschines*, trans. by Charles D. Adams (London: William Heinemann; Cambridge, MA: Harvard University Press, 1963)

ALIGHIERI, DANTE, *La Divina Commedia*, ed. by Natalino Sapegno (Milan: Ricciardi, 1957)

AMBROSE, *De viduis*, in *Patrologiae Cursus Completus. Series Latina*, ed. by Jacques-Paul Migne (Paris: excudebat Vrayet, 1845), 16, cols 233–62

ARISTOTLE, *The Complete Works of Aristotle: The Revised Oxford Translation*, ed. by Jonathan Barnes, 2 vols (Princeton: Princeton University Press, 1984)

——, *History of Animals, Books VII–X*, trans. by David M. Balme (Cambridge, MA: Harvard University Press, 1991)

——, *Metaphysics, Books X–XIV*, trans. by Hugh Tredennick, and *Oeconomica and Magna Moralia*, trans. by G. Cyril Armstrong (London: William Heinemann; Cambridge, MA: Harvard University Press, 1969)

——, *Problems, Books XX–XXXVIII. Rhetoric to Alexander*, trans. by David C. Mirhady (Cambridge, MA: Harvard University Press, 2011)

AUGUSTINE, *The City of God Against the Pagans, I, Books I–III*, trans. by George E. McCracken (London: William Heinemann; Cambridge, MA: Harvard University Press, 1964)

——, *De bono viduitatis liber seu Epistola ad Julianam Viduam*, in *Patrologiae Cursus Completus. Series Latina*, ed. by Jean-Paul Migne (Paris: excusus venit apud editorem, 1845), 40, cols 436–73

AULUS GELLIUS, *Attic Nights*, ed. and trans. by John C. Rolfe, 3 vols (London: William Heinemann; Cambridge, MA: Harvard University Press, 1961–68)

Bible: The Revised Standard Version Catholic Bible (Oxford: Oxford University Press, 2007)

BOCCACCIO, GIOVANNI, *Decameron*, ed. by Vittore Branca, 2 vols (Milan: Mondadori, 1985)

CICERO (MARCUS TULLIUS CICERO), *Tusculan Disputations*, trans. by John E. King (London: William Heinemann; Cambridge, MA: Harvard University Press, 1966)

DIOGENES LAERTIUS, *Lives of Eminent Philosophers*, trans. by Robert D. Hicks, 2 vols (London: William Heinemann; Cambridge, MA: Harvard University Press, 1965–66)

HOMER, *Iliad*, trans. by Augustus T. Murray, 2 vols (Cambridge, MA: Harvard University Press, 1999)

——, *The Odyssey*, trans. by Augustus T. Murray, 2 vols (Cambridge, MA: Harvard University Press, 1995)

HORACE (QUINTUS HORATIUS FLACCUS), *Satires, Epistles and Ars Poetica*, trans. by Homer R. Fairclough (London: William Heinemann; Cambridge, MA: Harvard University Press, 1978)

JEROME (SOFRONIUS EUSEBIUS HIERONYMUS), *Adversus Jovinianum*, in *Patrologiae Cursus Completus. Series Latina*, ed. by Jacques-Paul Migne (Paris: excudebat Vrayet, 1845), 23, cols 211–338
——, *Against Jovinianus*, in *A Select Library of Nicene and Post-Nicene Fathers of the Christian Church*. VI: *St. Jerome: Letters and Select Works* (Oxford: James Parker; New York: Christian Literature Company, 1983), pp. 346–416
——, *Epistola LIV, Ad Furiam, De viduitate servanda*, in *Patrologiae Cursus Completus. Series Latina* (Paris: excudebatur et venit apud editorem, 1845), 22, cols 550–60
——, *Select Letters of St. Jerome*, trans. by Frederick A. Wright (London: William Heinemann; Cambridge, MA: Harvard University Press, 1963)
LIVY (TITUS LIVIUS PATAVINUS), *Livy*, trans. by Benjamin O. Foster, 14 vols (London: William Heinemann; Cambridge, MA: Harvard University Press, 1962–69)
——, *Periochae* ('Summaries'), in *Livy*, XIV, *Summaries, Fragments, and Obsequens*, trans. by Alfred C. Schlesinger (London: William Heinemann; Cambridge, MA: Harvard University Press, 1967)
LUCAN (MARCUS ANNAEUS LUCANUS), *The Civil War (Pharsalia)*, trans. by James C. Duff (London: William Heinemann; Cambridge, MA: Harvard University Press, 1969)
MACHIAVELLI, NICCOLÒ, *Il Principe*, ed. by Giorgio Inglese (Turin: Einaudi, 1995)
OVID (PUBLIUS OVIDIUS NASO), *Ovid in Six Volumes*. III: *Metamorphoses, Books I–VIII*, trans. and ed. by Frank J. Miller (Cambridge, MA: Harvard University Press; London: William Heinemann, 1984)
——, *Remedia amoris*, in *The Art of Love, and Other Poems*, trans. by John H. Mozley (London: William Heinemann; Cambridge, MA: Harvard University Press, 1979)
PETRARCA, FRANCESCO, *Trionfi, Rime estravaganti, Codice degli abbozzi*, ed. by Vinicio Pacca and Laura Paolino (Milan: Mondadori, 1996)
PLATO, *Phaedrus*, trans. by Harold N. Fowler (London: William Heinemann; Cambridge, MA: Harvard University Press, 1966)
——, *Republic, Books I–V*, ed. and trans. by Chris Emlyn-Jones and William Preddy (Cambridge, MA: Harvard University Press, 2013)
PLINY (CAIUS PLINIUS SECUNDUS), *Natural History*, trans. and ed. by Harry Rackham and others, 10 vols (London: William Heinemann; Cambridge, MA: Harvard University Press, 1961–68)
PLUTARCH, *Advice to Bride and Groom*, in *Moralia*, II, trans. by Frank Cole Babbitt (London: William Heinemann; Cambridge, MA: Harvard University Press, 1962)
——, *Bravery of Women*, in *Moralia*, III, trans. by Frank Cole Babbitt (London: William Heinemann; Cambridge, MA: Harvard University Press, 1968)
——, *Dinner of the Seven Wise*, in *Moralia*, II, trans. by Frank Cole Babbitt (London: William Heinemann; Cambridge, MA: Harvard University Press, 1962)
——, *Dion*, in *Lives*, VI, trans. by Bernadotte Perrin (London: William Heinemann; Cambridge, MA: Harvard University Press, 1961)
——, *The Education of Children*, in *Moralia*, I, trans. by Frank Cole Babbit (London: William Heinemann; Cambridge, MA: Harvard University Press, 1964)
——, *Lycurgus*, in *Lives*, I, trans. by Bernadotte Perrin (London: William Heinemann; Cambridge, MA: Harvard University Press, 1957)
——, *Pompey*, in *Lives*, V, trans. by Bernadotte Perrin (London: William Heinemann; Cambridge, MA: Harvard University Press, 1961)

—, *Solon*, in *Lives*, I, trans. by Bernadotte Perrin (London: William Heinemann; Cambridge, MA: Harvard University Press, 1957)
—, *Timoleon*, in *Lives*, VI, trans. by Bernadotte Perrin (London: William Heinemann; Cambridge, MA: Harvard University Press, 1961)
QUINTILIAN (MARCUS FABIUS QUINTILIANUS), *The Orator's Education, Books I–II*, ed. and trans. by Donald A. Russell (Cambridge, MA: Harvard University Press, 2001)
QUINTUS CURTIUS RUFUS, *The History of Alexander the Great*, trans. by John C. Rolfe, 2 vols (London: William Heinemann; Cambridge, MA: Harvard University Press, 1962)
SALLUST (CAIUS SALLUSTIUS CRISPUS), *Sallust*, trans. by John C. Rolfe (London: William Heinemann; Cambridge, MA: Harvard University Press, 1964)
SENECA (LUCIUS ANNAEUS SENECA), *L. Annei Senecae Opera, […] per Des. Erasmus Roterod* (Basel: in officina Frobeniana per Hieronymum Frobenium & Ioannem Hervagium, 1529)
SOPHOCLES, *Ajax, Electra, Oedipus Tyrannus*, ed. and trans. by Hugh Lloyd-Jones (Cambridge, MA: Harvard University Press, 1994)
STATIUS (PUBLIUS PAPINIUS STATIUS), *Silvae*, ed. and trans. by David R. Shackleton Bailey (Cambridge, MA: Harvard University Press, 2003)
SUETONIUS (CAIUS TRANQUILLUS SUETONIUS), *Suetonius*, II, trans. by John C. Rolfe (London: William Heinemann; Cambridge, MA: Harvard University Press, 1965)
TACITUS (PUBLIUS CORNELIUS TACITUS), *The Annals, IV, Books IV–VI, XI–XII*, trans. by John Jackson (London: William Heinemann; Cambridge, MA: Harvard University Press, 1970)
—, *The Annals, V, Books XIII–XVI*, trans. by John Jackson (London: William Heinemann; Cambridge, MA: Harvard University Press, 1969)
TERENCE (PUBLIUS TERENTIUS AFER), *Andria*, ed. by Giuseppe Zanetto (Milan: Rizzoli, 1998)
VALERIUS MAXIMUS, *Memorable Doings and Sayings*, ed. and trans. by David R. Shackleton Bailey, 2 vols (Cambridge, MA: Harvard University Press, 2000)
VIRGIL (PUBLIUS VERGILIUS MARO), *Eclogues; Georgics; Aeneid I–VI*, trans. by Homer R. Fairclough (Cambridge, MA: Harvard University Press, 1999)
XENOPHON, *Cyropedia, Books I–IV*, trans. by Walter Miller (London: William Heinemann; Cambridge, MA: Harvard University Press, 1968)

Primary Sources

ACCADEMIA DEGLI AFFIDATI, *Rime de gli Accademici Affidati di Pavia* (Pavia: Girolamo Bartoli, 1565 [the title page gives erroneously 1545])
ADIMARI, BIAGIO, *Memorie storiche di diverse famiglie nobili, così napoletane, come forastiere […]. Divise in tre libri* (Naples: Giacomo Raillard, 1691)
AESOPUS, *Vita di Esopo Frigio, prudente, & faceto favolatore, tradotta dal sig. conte Giulio Landi. Alla quale di nuovo sono aggiunte le fauole del medesimo Esopo, con molte altre d'alcuni elevati ingegni, ascendenti alla somma di 400. Hora in gratia della studiosa gioventù illustrate con la interpretatione, & figure; & con diligenza corrette, & purgate* (Venice: Altobello Salicato, 1582)
AGRIPPA VON NETTESHEIM, HEINRICH CORNELIUS, *Della nobiltà et eccellenza delle*

donne, nuovamente dalla lingua francese nella italiana tradotto (Venice: Gabriele Giolito, 1544)

——, *Della nobiltà et eccellenza delle donne, dalla lingua francese nella italiana tradotto. Con una oratione di m. Alessandro Piccolomini in lode delle medesime* (Venice: Gabriele Giolito, 1545)

ALBICANTE, GIOVANNI ALBERTO, *Occasioni aretiniane*, ed. by Paolo Procaccioli (Manziana (Rome): Vecchiarelli, 1999)

ALGAROTTI, FRANCESCO, *Newtonianismo per le dame, ovvero dialoghi sopra la luce e i colori* (Naples: n. pub., 1737)

ALIGHIERI, DANTE, *La Divina Comedia di Dante* (Venice: Gabriele Giolito, 1555)

ARAGONA, TULLIA D', *Dialogo [...] della infinità d'amore* (Venice: Gabriele Giolito, 1547)

——, *Dialogo della infinità d'amore*, in Zonta (ed.), *Trattati d'amore del Cinquecento*, pp. 185–248

——, *Dialogue on the Infinity of Love*, ed. and trans. by Rinaldina Russell and Bruce Merry (Chicago and London: University of Chicago Press, 1997)

ARIOSTO, LODOVICO, *Orlando furioso [...] con la giunta, novissimamente stampato e corretto. Con una apologia di m. Lodovico Dolcio contra ai detrattori dell'autore, & un modo brevissimo di trovar le cose aggiunte; e tavola di tutto quello, ch'è contenuto nel libro. Aggiuntovi una breve espositione dei luoghi difficili* (Venice: Maffeo Pasini et Francesco Bindoni, 1535)

——, *Orlando furioso [...] novissimamente alla sua integrità ridotto et ornato di varie figure. Con alcune stanze del s. Alvigi Gonzaga in lode del medesmo. Aggiuntovi per ciascun canto alcune allegorie et nel fine una breve espositione et tavola di tutto quello, che nell'opera si contiene* (Venice: Gabriele Giolito, 1542)

ARNIGIO, BARTOLOMEO, *Lettera, rime, et oratione dell'Arnigio in lode della bellissima e gentilissima signora Ottavia Baiarda* ([Brescia: Lodovico Britannico], 1558)

BALDASSAR CASTIGLIONE, *Il libro del cortegiano del conte Baldessar Castiglione. Nuovamente con somma diligenza corretto, & revisto per il Dolce secondo l'essemplare del proprio autore* (Venice: Gabriele Giolito, 1552)

BARBARO, FRANCESCO, *De re uxoria*, in *Prosatori latini del Quattrocento*, ed. by Eugenio Garin (Milan: Ricciardi, 1952), pp. 101–37

——, *Prudentissimi et gravi documenti circa la elettion della moglie; dello eccellente & dottissimo m. Francesco Barbaro gentilhuomo venitiano [...] nuovamente dal latino tradotti per m. Alberto Lollio ferrarese* (Venice: Gabriele Giolito, 1548)

BELMONTI, PIETRO, *Institutione della sposa* (Rome: Giovanni Osmarino Gigliotto, 1587)

——, 'L'*Institutione della sposa del cavalier Pietro Belmonte ariminese* (1587)', ed. by Helena Sanson, *Letteratura italiana antica*, 9 (2008), 17–76

BEMBO, PIETRO, *Gli asolani* (Venice: Aldo Manuzio, 1505)

——, *Prose della volgar lingua; Gli asolani; Rime*, ed. by Carlo Dionisotti (Milan: Editori Associati, 1989)

BETUSSI, GIUSEPPE, *La Leonora: ragionamento sopra la vera bellezza* (Lucca: Vincenzo Busdraghi, 1557)

——, *La Leonora, ragionamento sopra la vera bellezza di messer Giuseppe Betussi*, in Zonta (ed.), *Trattati d'amore del Cinquecento*, pp. 305–50

——, *Il Raverta, dialogo* [...] *nel quale si ragiona d'amore, et degli effetti suoi* (Venice: Gabriele Giolito, 1544)

——, *Il Raverta, dialogo di messer Giuseppe Betussi nel quale si ragiona d'amore e degli effetti suoi*, in Zonta (ed.), *Trattati d'amore del Cinquecento*, pp. 1–150

BINASCHI, GIOVANNI FILIPPO, *Delle rime del S. Filippo Binaschi, gentilhuomo Pavese, academico affidato, parte prima, et seconda. Nuovamente stampate*, 2 vols (Pavia: Girolamo Bartoli ad instanza di Giovanni Andrea Viano, 1588–89)

BOCCACCIO, GIOVANNI, *Il Corbaccio, altrimenti Laberinto d'amore di m. Giovanni Boccaccio, di novo corretto da m. Lodovico Dolce, con la tavola delle cose degne di memoria* (Venice: Gabriele Giolito, 1541)

——, *Il Decamerone di m. Giovan Boccaccio, nuovamente alla sua intera perfettione, non meno nella scrittura, che nelle parole ridotto, per Girolamo Ruscelli. Con le dichiarationi, annotationi, et avvertimenti del medesimo, sopra tutti i luoghi difficili, regole, modi, et ornamenti della lingua volgare, et con figure nuove et bellissime, che interamente dimostrano i luoghi, ne' quali si riduceano ogni giornata a novellare. Et con un vocabolario generale* (Venice: Vincenzo Valgrisi, 1552)

——, *Il Decamerone nuovamente stampato et corretto per Lodovico Dolce* (Venice: Francesco Bindoni et Maffeo Pasini ad instanza di Curzio Navò et fratelli, 1541)

——, *Libro* [...] *delle donne illustri, tradotto per Giuseppe Betussi. Con una additione fatta dal medesimo delle donne famose dal tempo di m. Giovanni fino a i giorni nostri & alcune altre state per inanzi; con la vita del Boccaccio & la tavola di tutte l'historie et cose principali che nell'opra si contengono* (Venice: Comin da Trino a instanza di Andrea Arrivabene, 1545)

CABEI, GIULIO CESARE, *Ornamenti della gentil donna vedova* (Venice: Cristoforo Zanetti, 1574)

COLONNA, VITTORIA, *Rime* (Parma: Antonio Viotti, 1538)

——, *Le rime* (Venice: Gabriele Giolito, 1552)

——, *Rime* [...]. *Con l'aggiunta delle rime spirituali. Di nuovo ricorrette, per m. Lodovico Dolce* (Venice: Gabriele Giolito, 1559)

DE CONTI, FRANCESCO, *Notizie storiche della città di Casale e del Monferrato*, 11 vols (Casale: Casuccio, 1838–41)

DELLA CASA, GIOVANNI, *Quaestio lepidissima an uxor sit ducenda, Se si debba prender moglie*, [1554], in *Prose di Giovanni della Casa e altri trattatisti cinquecenteschi del comportamento*, ed. by Arnaldo Di Benedetto (Turin: UTET, 1970), pp. 47–133

DE ROSSI, BONAVENTURA, *Istoria genealogica, e cronologica delle due nobilissime case Adorna, e Botta antichissime, e celeberrime l'una in Genova, e l'altra in Milano, e Pavia* (Florence: nella Stamperia di Sua Altezza Reale, per Giovanni Gaetano Tartini, e Santi Franchi, 1719)

DOLCE, LODOVICO, *Amorosi ragionamenti. Dialogo, nel quale si racconta un compassionevole amore di due amanti, tradotto* [...] *da i frammenti d'uno scrittor greco* (Venice: Gabriele Giolito, 1546)

——, *De gli ammaestramenti pregiatissimi, che appartengono alla educatione, & honorevole, e virtuosa vita virginale, maritale, e vedovile. Libri tre* (Venice: Barezzo Barezzi, 1622)

——, 'De la dotrina de las mugeres', ed. by Eugenio Dordoni, *Revue hispanique*, 52 (1921), 430–574

——, *Der Dialog über die Malerei: Lodovico Dolces Traktat und die Kunsttheorie des 16. Jahrhunderts*, ed. by Gudrun Rhein (Cologne: Böhlau, 2008)

——, *Dialogo de la dotrina de las mugeres: en que se enseña como an de bivir en qualquier estado que tengan* (Valladolid: Viuda de Bernardino de Santo Domingo, 1584)

——, *Dialogo [...] della institutione delle donne. Secondo li tre stati, che cadono nella vita humana* (Venice: Gabriele Giolito, 1545)

——, *Dialogo della institution delle donne [...]. Da lui medesimo nuovamente ricorretto, et ampliato* (Venice: Gabriele Giolito, 1547)

——, *Dialogo della institution delle donne [...]. Da lui stesso in questa terza impressione riveduto, e di più utili cose ampliato* (Venice: Gabriele Giolito, 1553)

——, *Dialogo [...] della institution delle donne. Da lui stesso in questa quarta impressione riveduto, e di più utili cose ampliato, et con la tavola delle cose più degne di memoria* (Venice: Gabriele Giolito, 1559)

——, *Dialogo [...] della institution delle donne. Da lui stesso in questa quarta impressione riveduto, e di più utili cose ampliato, et con la tavola delle cose più degne di memoria* (Venice: Gabriele Giolito, 1560)

——, *Dialogo della pittura [...] intitolato l'Aretino. Nel quale si ragiona della dignità di essa pittura, e di tutte le parti necessarie, che a perfetto pittore si acconvengono, con esempi di pittori antichi, & moderni: e nel fine si fa mentione delle virtù e delle opere del divin Titiano* (Venice: Gabriele Giolito, 1557)

——, 'Dialogo della pittura intitolato l'Aretino', in *Trattati d'arte del Cinquecento, Fra Manierismo e Controriforma*, I, ed. by Paola Barocchi (Bari: Laterza, 1960), pp. 141–206

——, *Dialogo [...] nel quale si ragiona delle qualità, diversità, e proprietà de i colori* (Venice: Giovanni Battista Sessa et Melchiorre Sessa, et fratelli, 1565)

——, *Dialogo [...], nel quale si ragiona del modo di accrescere e conservar la memoria* (Venice: Giovanni Battista Sessa et Melchiorre Sessa, 1562)

——, *Dialogo piacevole [...] nel quale Messer Pietro Aretino parla in difesa d'i male aventurati mariti* (Venice: Curzio Troiano Navò, 1542)

——, *Didone, terza tragedia del Dolce*, ed. by Stefano Tomassini (Parma: Zara, 1996)

——, *Dolce's 'Aretino' [=Dialogue on Painting] and Venetian Art Theory of the Cinquecento* (including his letters to Gasparo Ballini and Alessandro Contarini), with the original Italian and translation and commentary by Mark W. Roskill (New York: Published for the College Art Association of America by New York University Press, 1968)

——, *I dilettevoli sermoni, altrimenti satire, e le morali epistole di Horatio [...]. Ridotte da m. Lodovico Dolce dal poema latino in versi sciolti volgari* (Venice: Gabriele Giolito, 1559)

——, *I quattro libri delle osservationi [...] di nuovo da lui medesimo ricoretti, et ampliati, con le apostille. Sesta editione* (Venice: Gabriele Giolito, 1560)

——, *I quattro libri delle Osservationi*, ed. by Paola Guidotti (Pescara: Libreria dell'Università, 2004)

——, *Il dialogo dell'Oratore di Cicerone. Tradotto per M. Lodovico Dolce. Con la tavola* (Venice: Gabriele Giolito, 1547)

——, *Il Palmerino* (Venice: Giovanni Battista Sessa, 1561)

—, *Il primo libro delle Trasformationi d'Ovidio da M. Lodovico Dolce in volgare tradotto* (Venice: Francesco Bindoni et Maffeo Pasini, 1539)
—, *Il roffiano, comedia* [...] *tratta dal Rudente di Plauto* (Venice: Gabriele Giolito, 1551 [the colophon is dated 1552])
—, *Il roffiano comedia* [...]. *Tratta dal Rudente di Plauto* (Venice: Bartolomeo Rubin, 1587)
—, *Il sogno di Parnaso con alcune rime d'amore* (Venice: Bernardino Vitali, 1532)
—, *La poetica d'Horatio tradotta per Messer Lodovico Dolce* (n.p., n. pub., 1536)
—, *Le orationi di Marco Tullio Cicerone, tradotte da M. Lodovico Dolce*, 3 vols (Venice: Gabriele Giolito, 1562)
—, *Le osservationi nella volgar lingua* (Venice: Gabriele Giolito De Ferrari, 1550)
—, *Le prime imprese del conte Orlando di m. Lodovico Dolce. Da lui composte in ottava rima et nuovamente stampate. Con argomenti et allegorie per ogni canto, et una tavola de' nomi & delle cose più notabili* (Venice: Gabriele Giolito, 1572, posthumous)
—, *Le vite di tutti gl'imperadori da Giulio Cesare insino a Massimiliano, tratte per m. Lodovico Dolce dal libro spagnuolo del nobile cavaliere Pietro Messia, con alcune utili cose in diversi luoghi aggiunte. Con una tavola copiosissima de' fatti più notabili in esse vite contenuti* (Venice: Gabriele Giolito, 1557)
—, *Lettere di diversi eccellentissimi huomini* (Venice: Gabriele Giolito, 1559)
—, *Libri tre* [...] *ne i quali si tratta delle diverse sorti delle gemme, che produce la natura, della qualità, grandezza, bellezza, & virtù loro* (Venice: Giovanni Battista Sessa et Melchiorre Sessa, et fratelli, 1565)
—, *Medea*, ed. by Ottavio Saviano (Turin: RES, 2005)
—, *Modi affigurati e voci scelte et eleganti della volgar lingua, con un discorso sopra a mutamenti e diversi ornamenti dell'Ariosto* (Venice: Giovanni Battista Sessa et Melchiorre Sessa fratelli, 1564)
—, *Nuove osservazioni della lingua volgare co i modi, et ornamenti del dire parole più scelte, et eleganti.* [...] *Alle quali vi sono aggiunti i più belli artificij usati dall'Ariosto nel suo poema* (Venice: Giovanni Battista Sessa et Giovanni Bernardo Sessa, 1597)
—, *Paraphrasi nella sesta Satira di Giuvenale nella quale si ragiona delle miserie de gli huomini maritati. Dialogo in cui si parla di che qualità si dee tor moglie, & del modo, che vi si ha a tenere. Lo epithalamio di Catullo nelle nozze di Peleo & di Theti* (Venice: Curzio Troiano Navò, et fratelli, 1538)
—, *Parafrasi nella sesta satira di Giuvenale*, ed. by Laura Facecchia (Galatina (Lecce): Congedo, 2012)
—, *Primaleone, figliuolo di Palmerino* (Venice: Giovanni Battista Sessa et Melchiorre Sessa, 1562)
—, *Stadio del cursore christiano, il quale sotto al lieve peso di Christo s'indirizza alla meta; cioè al segno e termine della vita eterna.* [...] *Et nuovamente tradotto di latino in volgare dal s. Lodovico Dolce* (Venice: Gabriele Giolito, 1568)
—, *Terzetti per le 'Sorti': poesia oracolare nell'officina di Francesco Marcolini*, ed. by Paolo Procaccioli (Rome: Fondazione Benetton, 2006)
—, *Thyeste. Tragedia* [...] *tratta da Seneca* (Venice: Gabriele Giolito, 1543)
—, *Tieste*, ed. by Stefano Giazzon (Turin: RES, 2010)

DOLCE, LODOVICO (and BONAVENTURA GONZAGA), *Avvertimenti monacali, et modo di viver religiosamente secondo Iddio per le vergini, et spose di Giesù Christo. Di diversi eccellentissimi auttori antichi et moderni. Nuovamente posti insieme, & mandati in luce. Aggiuntovi lo Stadio del cursor christiano, tradotto di latino in volgare da m. Lodovico Dolce. Leggano le religiose i presenti trattati, perchè sono molto utili a superare le difficultà di questa vita, & acquistare la palma della promessa virginità* (Venice: Gabriele Giolito, 1575)

DOMENICHI, LODOVICO, *La donna di corte [...] nel quale si ragione dell'affabilità e onesta creanza da doversi usare per gentildonna d'onore* (Lucca: Vincenzo Busdraghi, 1564)

——, *La nobiltà delle donne* (Venice: Gabriele Giolito, 1549)

——, *Rime diverse d'alcune nobilissime, et virtuosissime donne* (Lucca: Vincenzo Busdraghi, 1559)

——, *Rime diverse di molti eccellentissimi auttori nuovamente raccolte* (Venice: Gabriele Giolito, 1545)

EIXIMENIS, FRANCESC, *Lo libre de les dones*, ed. by Frank Naccarato, 2 vols (Barcelona: Curial, 1981)

EQUICOLA, MARIO, *Libro di natura d'amore [...]. Di nuovo con somma diligenza ristampato e corretto da m. Lodovico Dolce. Con nuova tavola delle cose più notabili, che nell'opera si contengono* (Venice: Gabriele Giolito, 1554)

ERASMUS, *Adagia*, ed. by Emanuele Lelli (Milan: Bompiani, 2013)

FEDELE, CASSANDRA, *Orazioni ed epistole*, ed. and trans. by Antonino Fedele (Padua: Il Poligrafo, 2011)

FILELFO, GIOVAN MARIO, *Consolatoria dedicata alla Duchessa di Milano Bona di Savoia, per la morte del Duca Galeazzo Maria Sforza (1477)*, ed. by Anne Schoysman Zambrini (Bologna: Commissione per i testi di Lingua, 1991)

FONTE, MODERATA [MODESTA POZZO], *Il merito delle donne [...] in due giornate. Ove chiaramente si scuopre quanto siano elle degne, e più perfette de gli huomini* (Venice: Domenico Imberti, 1600)

——, *Il merito delle donne: ove chiaramente si scuopre quanto siano elle degne e più perfette de gli uomini*, ed. by Adriana Chemello (Mirano: Eidos, 1988)

——, *The Worth of Women: Wherein Is Clearly Revealed Their Nobility and Their Superiority to Men*, ed. by Virginia Cox (Chicago: University of Chicago Press, 1997)

FONTENELLE, BERNARD DE, *Entretiens sur la pluralité des mondes* (Paris: Veuve C. Blageart, 1686)

FORTEGUERRI, LAUDOMIA, *Sonetti di madonna Laudomia Forteguerri, poetessa senese del secolo XVI*, ed. by Alessandro Lisini and Pilade Bandini (Siena: Tip. Sordomuti di L. Lazzeri, 1901)

FRANCO, NICCOLÒ, *Dialogo [...] dove si ragiona delle bellezze* (Venice: Antonio Gardane, 1542)

GARZONI DA BAGNACAVALLO, TOMASO, *Vite delle donne illustri della Scrittura Sacra [...]. Con l'aggionta delle vite delle donne oscure, & laide dell'uno, & l'altro Testamento. Et un discorso in fine sopra la Nobiltà delle donne* (Venice: Giovanni Domenico Imberti, 1588)

GUASCO, ANNIBAL, *Discourse to Lady Lavinia, his Daughter: Concerning the Manner in Which She Should Conduct Herself When Going to Court as Lady-in-Waiting to the Most Serene Infanta, Lady Caterina, Duchess of Savoy*, ed. and trans. by Peggy Osborn (Chicago and London: University of Chicago Press, 2003)

——, *Ragionamento* [...] *a D. Lavinia sua figliuola della maniera del governarsi ella in corte, andando per dama alla Serenissima Infante Donna Caterina, Duchessa di Savoia* (Turin: eredi Bevilacqua, 1586)

——, '*Ragionamento a Donna Lavinia sua figliuola della maniera del governarsi ella in corte, andando per dama alla Serenissima Infante Donna Caterina, Duchessa di Savoia* (1586)', ed. by Helena Sanson, *Letteratura italiana antica*, 11 (2010), 61–140

[LANDO, ORTENSIO], *Lettere di molte valorose donne, nelle quali chiaramente appare non esser né di eloquentia né di dottrina alli huomini inferiori* (Venice: Gabriele Giolito, 1548)

LÉON, LUIS DE, *A Bilingual Edition of Fray Luis de León's La perfecta casada: The Role of Married Women in Sixteenth-Century Spain*, ed. and trans. by John A. Jones and Javier San José Lera (Lewiston, N.Y.; Lampeter: E. Mellen, 1999)

——, *La perfecta casada* (Salamanca: I. Fernandez, 1583)

Libro terzo delle rime di diversi nobilissimi et eccellentissimi autori nuovamente raccolta (Venice: Bartolomeo Cesano, 1550)

LOMBARDELLI, ORAZIO, *I fonti toscani* (Florence: Giorgio Marescotti, 1598)

MANNO, ANTONIO, *Il patriziato subalpino. Notizie di fatto storiche, genealogiche, feudali ed araldiche desunte da documenti*, 2 vols (Florence: Civelli, 1895–1906)

MARINELLI, LUCREZIA, *Le nobiltà, et eccellenze delle donne: et i diffetti, e mancamenti de gli huomini. Discorso* [...] *In due parti diviso* (Venice: Giovanni Battista Ciotti, 1600)

——, *The Nobility and Excellence of Women, and the Defects and Vices of Men*, ed. and trans. by Anne Dunhill (Chicago: University of Chicago Press, 1999)

MAZZUCHELLI, GIAMMARIA, *Gli scrittori d'Italia cioè notizie storiche, e critiche intorno alle vite, e agli scritti dei letterati italiani*, 6 vols (Brescia: Giambattista Bossini, 1753–63)

MORIGIA, PAOLO, *Historia dell'antichità di Milano, divisa in quattro libri* (Venice: Domenico et Giovanni Battista Guerra, 1592)

NIFO, AGOSTINO, *De re aulica ad Phausinam libri duo* (Naples: Giovanni Antonio De Caneto, 1534)

PETRARCA, FRANCESCO, *Canzoniere*, ed. by Gianfranco Contini, introduction by Roberto Antonelli and notes by Daniele Ponchiroli (Turin: Einaudi, 1992)

PICCOLOMINI, ALESSANDRO, *Dialogo della bella creanza de le donne* (Venice: Curzio Troiano Navò, et fratelli, 1539)

——, *La Raffaella: dialogo della bella creanza delle donne di Alessandro Piccolomini* (Milano: Longanesi, 1969)

PINO, BERNARDINO, *Della nuova scielta di lettere di diversi nobilissimi huomini, et eccel.mi ingegni, scritte in diverse materie, fatta da tutti i libri sin'hora stampati*, 4 vols (Venice: Aldo Manuzio, 1574)

RUSCELLI, GIROLAMO, *Il Decamerone di m. Giovan Boccaccio, nuovamente alla sua intera perfettione, non meno nella scrittura, che nelle parole ridotto, per Girolamo Ruscelli. Con le dichiarationi, annotationi, et avvertimenti del medesimo, sopra tutti i luoghi difficili, regole, modi, et ornamenti della lingua volgare, et con figure nuove et bellissime, che interamente dimostrano i luoghi, ne' quali si riduceano ogni giornata a novellare. Et con un vocabolario generale* (Venice: Vincenzo Valgrisi, 1552)

——, *Tre discorsi* [...] *a M. Lodovico Dolce* (Venice: Plinio Pietrasanta, 1553)

SANNAZARO, IACOPO, *De partu Virginis. Lamentatio de morte Christi. Piscatoria* (Rome: Francesco Minizio Calvo, 1526)

——, *Il parto della Vergine del Sannazaro Napolitano. Di latino tradotto in versi sciolti volgari per Francesco Monosini* [...] *Con il lamento a gli huomini de la morte di Christo nostro Signore* (Venice: Francesco Monosini, 1552)

SPERONI, SPERONE, 'Dialogo della cura famigliare', in *Dialogi* (Venice: eredi di Aldo Manuzio, 1542), fols 55^r–70^v

SPINELLI, ADOLFO and ALESSANDRO SPINELLI (eds), *Di Gio. Filippo Binaschi e Ottavia Bajarda Beccaria: note currenti calamo sopra documenti dell'Archivio Sola-Busca di Milano* (Milan: Bernardoni, 1884)

TELESIO, ANTONIO, *Antonii Thylesii Cosentini Libellus de coloribus. Ubi multa leguntur praeter aliorum opinionem* (Venice: Bernardino Vitali, 1528)

TIRABOSCHI, GIROLAMO, *Storia della letteratura italiana* [...]. VII.2: *Dall'anno MD all'Anno MDC* (Modena: Società Tipografica, 1791)

——, *Storia della letteratura italiana* [...]. VII.3: *Dall'anno MD all'Anno MDC* (Modena: Società Tipografica, 1792)

TOURNON, ANTOINE, *Les Promenades de Clarisse et du Marquis de Valzé, ou Nouvelle methode* [...] *à l'usage des dames* (Paris: chez l'auteur, 1785)

TRISSINO, GIOVAN GIORGIO, *Epistola del Trissino de la vita, che dee tenere una donna vedova* (Rome: Ludovico degli Arrighi et Lautizio Perugino, 1524)

TROTTO, BERNARDO, *Dialoghi del matrimonio e vita vedovile* (Turin: Francesco Dolce, 1578)

VALDECIO, DIUNILGO [CARLO MARIA CHIARAVIGLIO], *Lo Scoglio dell'Umanità ossia avvertimento salutare alla gioventù per cautelarsi contro le male qualità delle donne cattive, al quale segue l'elogio delle donne illustri. Operetta lepido-critico-poetico morale* (Turin: Giammichele Briolo, 1776 [1774])

VALIER, AGOSTINO, *Institutione d'ogni stato lodevole delle donne christiane* (Venice: Bolognino Zaltieri, 1575)

——, *Instituzione d'ogni stato lodevole delle donne cristiane (1575)*, ed. by Francesco Lucioli (Cambridge: MHRA, 2015)

VECELLIO, CESARE, *Degli habiti antichi, et moderni di diverse parti del mondo* (Venice: Damian Zenaro, 1590)

VIDA, MARCO GIROLAMO, *Christiados libri sex* (Cremona: Lodovico Britannico, 1535)

——, *Della Christiade del reverendiss. mons. m. Gieronimo Vida vescovo d'Alba libro primo. Tradoto per Alessandro Lami di Federigo nobile cremonese* (Cremona: Christoforo Draconi, 1573)

VIVES, JUAN LUIS, *De institutione fœminae Christianae,* [...] *libri tres,* [...] *vere Christiani, christianae in primis virgini, deinde maritae, postremo viduae* (Antwerp: apud Michaelem Hillenium Hoochstratanum, 1524)

——, *De institutione fœminae Christianae ad Inclytam D. Catharinam Hispanam Angliae Reginam, Libri tres* (Basel: per Robertum Winter, 1538)

——, *De institutione feminae Christianae, Liber primus*, ed. by Charles Fantazzi and Constant Matheeussen (Leiden: Brill, 1996)

——, *De institutione feminae Christianae, Liber secundus et Liber tertius*, ed. by Charles Fantazzi and Constant Matheeussen (Leiden: Brill, 1998)
——, *De l'ufficio del marito, come si debba portare verso la moglie. De l'istituitione de la femina Christiana, vergine, maritata, o vedova. De lo ammaestrare i fanciulli ne le arti liberali* (Venice: Vincenzo Valgrisi, 1546)
——, *Dell'ufficio del marito verso la moglie, dell'istituitione della femina christiana, vergine, maritata, o vedova, & dello ammaestrare i fanciulli nelle arti liberali* (Milan: Giovanni Antonio degli Antoni, 1561)
——, *De officio mariti* (Bruges: apud Simonem de Molendino, 1529)
——, *De officio mariti*, ed. by Charles Fantazzi (Leiden: Brill, 2006)
——, *The Education of a Christian Woman: A Sixteenth-Century Manual*, ed. and trans. by Charles Fantazzi (Chicago: University of Chicago Press, 2000)
——, *Epistolario*, ed. by José Jimenez Delgado (Madrid: Editora Nacional, 1978)
——, *The Instruction of a Christen Woman* [...] *Turned out of Laten into Englysshe by Richarde Hyrd* (London: Thomas Berthelet, 1529 [?])
——, *The Instruction of a Christen Woman*, ed. by Virginia Walcott Beauchamp, Elizabeth H. Hageman, and Margaret Mikesell (Urbana: University of Illinois Press, 2002)
——, *Libro llamado de la muger Christiana* [...] *traduzido aora nuevamente del latin en romance por Juan Justiniano* (Valencia: Jorge Costilla, 1528)
——, *Livre de l'institution de la femme chrestienne tant en son enfance que mariage et viduité. Aussi de l'Office du mary* (Paris: Jacques Kerver, 1542)

Secondary Sources

AQUILECCHIA, GIOVANNI, 'Pietro Aretino e altri poligrafi a Venezia', in Pastore Stocchi and Arnaldi (eds), *Storia della cultura veneta*, pp. 61–98
AUZZAS, GINETTA, 'La narrativa veneta nella prima metà del Cinquecento', in Pastore Stocchi and Arnaldi (eds), *Storia della cultura veneta*, pp. 99–138
BATTAGLIA, SALVATORE (and GIORGIO BÁRBERI SQUAROTTI), *Grande dizionario della lingua italiana*, 21 vols (Turin: UTET, 1961-2001)
BONGI, SALVATORE, *Annali di Gabriel Giolito de' Ferrari da Trino di Monferrato, stampatore in Venezia*, 2 vols (Rome: presso i principali librari, 1890–95)
BORSETTO, LUCIANA, *Il furto di Prometeo: imitazione, scrittura, riscrittura nel Rinascimento* (Alessandria: Edizioni dell'Orso, 1990)
——, 'L'"Officio di tradurre": Lodovico Dolce dentro e fuori la stamperia giolitina', in *Culture et professions en Italie (fin XVe-début XVIIe siècles)*, ed. by Adelin Charles Fiorato (Paris: Publications de la Sorbonne, 1989), pp. 99–115
——, '"Riscrivere l'historia", riscrivere lo stile. Il poema di Virgilio nelle riduzioni cinquecentesche di Lodovico Dolce', in *Il furto di Prometeo*, pp. 223–55
BRAGANTINI, RENZO, '"Poligrafi" e umanisti volgari', in Malato (ed.), *Storia della letteratura italiana*, pp. 681–754
BROMILOW, POLLIE, 'An Emerging Female Readership of Print in Sixteenth-Century France? Pierre de Changy's Translation of the *De institutione feminae Christianae* by Juan Luis Vives', *French Studies*, 67 (2013), 155–69
CAMARDI, GRAZIA, 'La giostra generale del 1582 nelle lettere di Livio Ferro e

Francesco Bilirotto a Hermes Forcadura', *Bollettino del Museo Civico di Padova*, 80 (1991), 251–62

CASAGRANDE, CARLA, *Prediche alle donne del secolo XIII* (Milan: Bompiani, 1978)

CAVALLO, SANDRA, and LYNDAN WARNER (eds), *Widowhood in Medieval and Early Modern Europe* (London and New York: Longman, 1999)

CHEMELLO, ADRIANA, 'L'*Institution delle donne* di Lodovico Dolce ossia l'"insegnar virtù et honesti costumi alla Donna"', in *Trattati scientifici nel Veneto fra il XV e XVI secolo* (Vicenza: Neri Pozza, 1985), pp. 103–34

CHERCHI, PAOLO, *Polimatia di riuso: mezzo secolo di plagio (1539-1589)* (Rome: Bulzoni, 1998)

—— (ed.), *Sondaggi sulla riscrittura del Cinquecento: seminario 'Susan e Donald Mazzoni'* (Ravenna: Longo, 1998)

CICOGNA, EMMANUELE A., 'Memoria intorno alla vita e gli scritti di Messer Lodovico Dolce letterato veneziano del secolo XVI', *Memorie dell'I.R. Istituto Veneto di Scienze, Lettere ed Arti*, 11 (1862), 93–200

COHN JR., SAMUEL K., *Death and Property in Siena 1205-1800: Strategies for the Afterlife* (Baltimore: Johns Hopkins University Press, 1988)

——, *Women in the Streets: Essays on Sex and Power in Renaissance Italy* (Baltimore: Johns Hopkins University Press, 1996)

COLLINA, BEATRICE, 'L'esemplarità delle donne illustri fra Umanesimo e Controriforma', in Zarri (ed.), *Donna, creanza e disciplina cristiana*, pp. 103–19

COSENTINO, PAOLA, *Le virtù di Giuditta: il tema biblico della 'mulier fortis' nella letteratura del '500 e del '600* (Rome: Aracne, 2012)

COUDERT, ALISON P., 'Educating Girls in Early Modern Europe and America', in *Childhood in the Middles Ages and the Renaissance: The Results of a Paradigm Shift in the History of Mentality*, ed. by Albrecht Classen (Berlin and New York: Walter de Gruyter, 2005), pp. 389–413

COX, VIRGINIA, 'The Female Voice in Renaissance Italian Dialogues', *Modern Language Notes*, 128 (2013), 53–78

——, *The Renaissance Dialogue: Literary Dialogue in its Social and Political Contexts. Castiglione to Galileo* (Cambridge: Cambridge University Press, 1992)

——, 'Seen but not Heard: The Role of Women Speakers in Cinquecento Literary Dialogue', in Panizza (ed.), *Women in Italian Renaissance Culture and Society*, pp. 385–400

——, 'Women as Readers and Writers of Chivalric Poetry in Early Modern Italy', in *Sguardi sull'Italia: miscellanea dedicata a Francesco Villari dalla Society for Italian Studies*, ed. by Zygmunt Barański, Gino Bedani, Laura Lepschy, and Brian Richardson. Society for Italian Studies, Occasional Papers, 3 (Leeds: Society for Italian Studies, 1997), pp. 134–45

CRABB, ANN, *The Strozzi of Florence: Widowhood and Family Solidarity in the Renaissance* (Ann Arbor: University of Michigan Press, 2000)

DAENENS, FRANCINE, 'Superiore perché inferiore: il paradosso della superiorità della donna', in *Trasgressione tragica e norma domestica: esemplari di tipologie femminili dalla letteratura europea*, ed. by Vanna Gentili (Rome: Edizioni di storia e letteratura, 1983), pp. 11–50

DEAN, TREVOR, and KATE J. P. LOWE (eds), *Marriage in Italy, 1300-1650* (Cambridge: Cambridge University Press, 2002)

DI FILIPPO BAREGGI, CLAUDIA, *Il mestiere di scrivere: lavoro intellettuale e mercato librario a Venezia nel Cinquecento* (Rome: Bulzoni, 1988)

DIALETI, ANDRONIKI, 'The Publisher Gabriele Giolito de' Ferrari, Female Readers, and the Debate about Women in Sixteenth-Century Italy', *Renaissance and Reformation*, 28.4 (2004), 5–32

DIONISOTTI, CARLO, 'Dolce, Lodovico', in *Enciclopedia dantesca*, 6 vols (Rome: Istituto della Enciclopedia Italiana, 1970–78), II (1970), 534–35

——, 'Tradizione classica e volgarizzamenti', in *Geografia e storia della letteratura italiana* (Turin: Einaudi, 1967), pp. 125–78

DORDONI, EUGENIO, [Note to the text], in Dolce, *De la dotrina de las mugeres*, pp. 430–43

FANTAZZI, CHARLES (ed.), *A Companion to Juan Luis Vives* (Leiden: Brill, 2008)

——, 'Introduction: Prelude to the Other Voice in Vives', in Vives, *The Education*, pp. 1–42

——, 'Vives and the *emarginati*', in Fantazzi (ed.), *A Companion to Juan Luis Vives*, pp. 65–112

FILDES, VALERIE, *Breasts, Bottles, and Babies: A History of Infant Feeding* (Edinburgh: Edinburgh University Press, 1986)

——, *Wet Nursing: A History of Infant Feeding* (Oxford: Basil Blackwell, 1988)

FOLENA, GIANFRANCO, *Volgarizzare e tradurre* (Turin: Einaudi, 1991)

FRIGO, DANIELA, 'Dal caos all'ordine: sulla questione del "prender moglie" nella trattatistica del sedicesimo secolo', in *Nel cerchio della luna: figure di donna in alcuni testi del XVI secolo*, ed. by Marina Zancan (Venice: Marsilio, 1983), pp. 57–93

——, *Il padre di famiglia: governo della casa e governo civile nella tradizione dell'"economica" tra Cinque e Seicento* (Rome: Bulzoni, 1985)

FUBINI LEUZZI, MARIA, 'Vita coniugale e vita familiare nei trattati italiani tra XVI e XVII secolo', in Zarri (ed.), *Donna, disciplina, creanza cristiana*, pp. 253–67

GAGLIARDI, DONATELLA, 'Apuntes sobre el *Dialogo della institution delle donne* en la traducción castellana de Pedro Villalón', *Rivista di filologia e letterature ispaniche*, 9 (2006), 31–48

GALASSO, GIUSEPPE, 'L'egemonia spagnola in Italia', in *Storia della letteratura italiana*, V.1: *Nel clima della Controriforma*, ed. by Enrico Malato (Rome: Salerno Editrice, 1997), pp. 371–411

GIAZZON, STEFANO, *Venezia in coturno: Lodovico Dolce tragediografo (1543-1557)* (Rome: Aracne, 2011)

GIGLIUCCI, ROBERTO (ed.), *Furto e plagio nella letteratura del Classicismo* (Rome: Bulzoni, 1998)

GINZBURG, CARLO, 'Tiziano, Ovidio e i codici della figurazione erotica nel Cinquecento', in *Miti emblemi spie: morfologia e storia* (Turin: Einaudi, 1992 [1986]), pp. 133–57

GONZÁLEZ GONZÁLEZ, ENRIQUE, 'Juan Luis Vives: Works and Days', in Fantazzi (ed.), *A Companion to Juan Luis Vives*, pp. 15–64

GONZÁLEZ GONZÁLEZ, ENRIQUE and VICTOR GUTIÉRREZ RODRÍGUEZ, *Los diálogos de Vives y la imprenta: fortuna de un manual escolar renacentista (1539-1994)* (Valencia: Institució Alfons el Magnanim, Diputació de València, 1999)

GRENDLER, PAUL F., 'Chivalric Romances in the Italian Renaissance', *Studies in Medieval and Renaissance History*, 10 (1988), 59–102

——, *Critics of the Italian World (1530-1650): Anton Francesco Doni, Nicolò Franco and Ortensio Lando* (Madison: University of Wisconsin Press, 1969)

——, *The Roman Inquisition and the Venetian Press, 1540-1605* (Princeton: Princeton University Press, 1983)

GUIDOTTI, PAOLA, 'Nota bio-bibliografica', in Dolce, *I quattro libri delle Osservationi*, pp. 15-61

GUTHMÜLLER, BODO, 'Fausto da Longiano e il problema del tradurre: Fausto da Longiano, *Dialogo del modo de lo tradurre d'una in altra lingua segondo le regole mostrate da Cicerone*', *Quaderni veneti*, 12 (1991), 9-152

——, 'Letteratura nazionale e traduzione dei classici nel Cinquecento', *Lettere italiane*, 45 (1993), 501-18

KELSO, RUTH, *Doctrine for the Lady of the Renaissance* (Urbana: University of Illinois Press, 1956)

KENDRICK, ROBERT L., *Celestial Sirens: Nuns and Their Music in Early Modern Milan* (Oxford: Clarendon Press, 1996)

KING, CATHERINE, *Renaissance Women Patrons: Wives and Widows in Italy, c. 1300-1550* (New York and Manchester: Manchester University Press, 1998)

KLAPISCH-ZUBER, CHRISTIANE, 'Genitori naturali e genitori di latte nella Firenze del Quattrocento', *Quaderni storici*, 44 (1980), 543-63

KOVESI KILLERBY, CATHERINE, *Sumptuary Law in Italy, 1200-1500* (Oxford: Clarendon Press, 2002)

LARIVAILLE, PAUL, 'Pietro Aretino', in Malato (ed.), *Storia della letteratura italiana*, pp. 755-85

MACLEAN, IAN, *The Renaissance Notion of Woman: A Study in the Fortunes of Scholasticism and Medical Science in European Intellectual Life* (Cambridge: Cambridge University Press, 1980)

MALATO, ENRICO (ed.), *Storia della letteratura italiana*, IV: *Il primo Cinquecento* (Rome: Salerno Editrice, 1996)

MARAZZINI, CLAUDIO, *Il secondo Cinquecento e il Seicento* (Bologna: Il Mulino, 1993)

MARINI, PAOLO, and PAOLO PROCACCIOLI, *Girolamo Ruscelli: dall'Accademia alla corte alla tipografia. Itinerari e scenari per un letterato del Cinquecento*, Atti del Convegno internazionale di studi (Viterbo, 6-8 ottobre 2011), 2 vols (Manziana (Rome): Vecchiarelli, 2011)

MATTHEWS GRIECO, SARA F., 'Breastfeeding, Wet Nursing and Infant Mortality in Europe (1400-1800)', in *Historical Perpectives on Breastfeeding: Two Essays by Sara F. Matthews Grieco and Carlo A. Corsini* (Florence: UNICEF, 1991), pp. 15-62

MAZZACURATI, GIANCARLO, and MICHEL PLAISANCE (eds), *Scritture di scritture: testi, generi, modelli nel Rinascimento* (Rome: Bulzoni, 1987)

MCCLURE, GEORGE W., *Parlour Games and the Public Life of Women in Renaissance Italy* (Toronto: Toronto University Press, 2013)

MURPHY, CAROLINE P., 'Il ciclo della vita femminile: norme comportamentali e pratiche di vita', in *Monaca, moglie, serva, cortigiana: vita e immagine delle donne tra Rinascimento e Controriforma*, ed. by Sarah F. Matthews-Grieco (Florence: Morgana, 2001), pp. 15-47

NEUSCHÄFER, ANNE, *Lodovico Dolce als dramatischer Autor im Venedig des 16. Jahrhunderts* (Frankfurt: Vittorio Klostermann, 2004)

——, 'Ma vorrei sol dipingervi il mio core, / e haver un stile che vi fosse grato': le *commedie e le tragedie di Lodovico Dolce in lingua volgare* (Venice: Centro Tedesco di Studi Veneziani, Quaderni, 56, 2001)

NICCOLI, OTTAVIA, 'Creanza e disciplina: buone maniere per i fanciulli nell'Italia della Controriforma', in *Disciplina dell'anima, disciplina del corpo e disciplina della società tra medioevo ed età moderna*, ed. by Paolo Prodi (Bologna: Il Mulino, 1994), pp. 929–63

NUOVO, ANGELA, 'Gabriele Giolito editore (1539–1578): l'organizzazione produttiva', in Nuovo and Coppens, *I Giolito e la stampa*, pp. 68–123

NUOVO, ANGELA and CHRISTIAN COPPENS, *I Giolito e la stampa nell'Italia del XVI secolo* (Geneva: Droz, 2005)

OSSOLA, CARLO, *'Il Libro del Cortegiano*: esemplarità e difformità', in *La corte e il "Cortegiano"*, ed. by Carlo Ossola and Adriano Prosperi, 2 vols (Rome: Bulzoni, 1980), I, pp. 13–82

PANIZZA, LETIZIA (ed.), *Women in Italian Renaissance Culture and Society* (Oxford: Legenda, 2000)

PASTORE STOCCHI, MANLIO and GIROLAMO ARNALDI (eds), *Storia della cultura veneta*, III.2: *Dal primo Quattrocento al Concilio di Trento* (Vicenza: Neri Pozza, 1980)

PETRUCCI, ARMANDO, 'La scrittura del testo', in *Letteratura italiana*, IV. *L'interpretazione*, ed. by Alberto Asor Rosa (Turin: Einaudi, 1985), pp. 283–308

——, 'Storia e geografia delle culture scritte (dal secolo XI al secolo XVIII)', in *Letteratura italiana: storia e geografia*, II.2: *L'età moderna*, ed. by Alberto Asor Rosa (Turin: Einaudi, 1988), pp. 1193–292

PLEBANI, TIZIANA, *Il 'genere' dei libri. Storie e rappresentazioni della letteratura al femminile e al maschile tra Medioevo e età moderna* (Milan: FrancoAngeli, 2001)

QUELLER, DONALD E., *The Venetian Patriciate: Reality Versus Myth* (Urbana: University of Illinois, 1986)

QUONDAM, AMEDEO, '"Mercanzia d'onore" "Mercanzia d'utile": produzione libraria e lavoro intellettuale a Venezia nel Cinquecento', in *Libri, editori e pubblico nell'Europa moderna: guida storica e critica*, ed. by Armando Petrucci (Bari: Laterza, 1977), pp. 51–104

RICHARDSON, BRIAN, '"Amore maritale": Advice on Love and Marriage in the Second Half of the Cinquecento', in Panizza (ed.), *Women in Italian Renaissance Culture and Society*, pp. 194–208

——, 'Gli italiani e il toscano parlato nel Cinquecento', *Lingua nostra*, 48 (1987), 97–107

——, *Print Culture in Renaissance Italy: The Editor and the Vernacular Text, 1470–1600* (Cambridge: Cambridge University Press, 1994)

——, *Printing, Writers and Readers in Renaissance Italy* (Cambridge: Cambridge University Press, 1999)

ROMEI, GIOVANNA, 'Dolce, Lodovico', in *Dizionario biografico degli italiani* (Rome: Istituto dell'Enciclopedia Italiana, 1960–), 40 (1991), 399–405

SANSON, HELENA, 'Donne che (non) ridono: parola e riso nella precettistica femminile del XVI secolo in Italia', *Italian Studies*, 60 (2005), 6–21

——, *Donne, precettistica e lingua nell'Italia del Cinquecento: un contributo alla storia del pensiero linguistico* (Florence: Accademia della Crusca, 2007)

——, 'Introduzione', in Guasco, *'Ragionamento'*, pp. 61–99

—, 'Ornamentum mulieri breviloquentia: donne, silenzi, parole nell'Italia del Cinquecento', *The Italianist*, 23 (2003), 194–244

—, 'Orsù, non più signora, [...] tornate a segno': Women, Language Games and Debates in Cinquecento Italy', *Modern Language Review*, 105 (2010), 103–21

—, 'Widowhood and Conduct in Late Sixteenth-Century Italy: The "Unusual" Case of *La vedova del Fusco* (1570)', *The Italianist*, 35 (2015), 1–26

—, 'Women and Vernacular Grammars in Sixteenth-Century Italy: The Case of Iparca and Rinaldo Corso's *Fondamenti del parlar Toscano (1549)*', *Letteratura italiana antica*, 6 (2005), 391–431

—, 'Women, Culture and Conduct at Carnival Time in Annibal Guasco's *Tela cangiante* (1605)', *Letteratura italiana antica*, 16 (2015), 551–76

—, *Women, Language and Grammar in Italy, 1500–1900* (Oxford: Oxford University Press for the British Academy, 2011)

—, and Francesco Lucioli (eds), *Conduct Literature for and about Women in Italy, 1470–1900: Prescribing and Describing Life*, ed. by Helena Sanson and Francesco Lucioli (Paris: Classiques Garnier, 2015, forthcoming)

SELMI, ELISABETTA, 'Premessa', in Giazzon, *Venezia in coturno*, pp. 7–8

TELVE, STEFANO, *Ruscelli grammatico e polemista: i 'Tre discorsi a Lodovico Dolce'*, 2 vols (Manziana (Rome): Vecchiarelli, 2011)

TERPENING, RONNIE H., 'Between Ariosto and Tasso: Ludovico Dolce and the Chivalric Romance', *Italian Quarterly*, 27 (1986), 21–37

—, *Lodovico Dolce, Renaissance Man of Letters* (Toronto: University of Toronto Press, 1997)

TIPPELSKIRCH, XENIA VON, '"... si piglino libri che insegnino li buoni costumi ...": la lettura femminile e il suo controllo nella precettistica della prima età moderna', *Schifanoia*, 28–29 (2005), 103–19

—, *Sotto controllo: letture femminili in Italia nella prima età moderna* (Rome: Viella, 2011)

TROVATO, PAOLO, *Con ogni diligenza corretto: la stampa e le revisioni editoriali dei testi letterari italiani (1470–1570)* (Bologna: Il Mulino, 1991)

TURCHINI, ANGELO, 'Dalla disciplina alla "creanza" del matrimonio all'indomani del concilio di Trento', in Zarri (ed.), *Donna, disciplina, creanza cristiana*, pp. 205–14

WAQUET, FRANÇOISE, *Latin or the Empire of a Sign: From the Sixteenth to the Twentieth Centuries* (London and New York: Verso, 2002)

ZAPPELLA, GIUSEPPINA, *Le marche dei tipografi e degli editori del Cinquecento: repertorio di figure, simboli e soggetti e dei relativi motti*, 2 vols (Milan: Editrice Bibliografica, 1986)

ZARRI GABRIELLA, *Donna, disciplina, creanza cristiana dal XV al XVII secolo: studi e testi a stampa* (Rome: Edizioni di Storia e Letteratura, 1996)

—, *Recinti: donne, clausura e matrimonio nella prima età moderna* (Bologna: Il Mulino, 2000)

ZONTA, GIUSEPPE (ed.), *Trattati d'amore del Cinquecento* (Bari: Laterza, 1912)

INDEX OF NAMES

Only names mentioned in the three books of Dolce's *Dialogo* are included. Further information about the biblical, classical, and historical figures listed here is provided in the footnotes. The names are given in the form in which they appear in the original text.

Abraam 167
Adessia (Aedesia, wife of Hermeias) 97
Agamennone 114
Agostino (saint) 99, 105, 155, 167
Agrippa Menenio (Agrippa Menenius Lanatus) 166
Albuzio (Caius Albucius Silus) 144
Alceste (Alcestis, daughter of Pelias, king of Iolcus) 135, 153
Alcinoo (king of the Phaeacians) 126, 144
Alessandro (Lysander, Spartan military leader) 132
Alessandro Magno (king of Macedon) 92
Alighieri, Dante 107, 130, 138
Ambrogio (saint) 99, 105
Amon (son of David) 119
Anchise (father of Hector) 165
Andromaca (wife of Hector) 133
Anna (daughter of Samuel) 168
Anna (prophetess) 160
Anna (wife of Elkhanah) 92
Apollo 97, 98, 166
Archidoro (Acheloadorus, father of the poet Corinna) 97
Aretino, Pietro 156, 160, 162
Aristide (of Locri) 124
Aristotele 82, 95, 104, 112, 151, 152, 163, 170
Artemisia (queen of Caria, wife of Mausolus) 137
Attilio Fusco (Publius Atilius Philiscus) 110
Aulo Gellio 86
Azoto (erroneous biblical figure) 167

Baiarda Beccaria, Ottavia 101
Balaal 108
Ballini, Gasparo 145
Barbara (saint) 98

Barbara (Barbaro), Euridice 100
Barbaro, Ermolao 127
Barbaro, Francesco 81, 127
Baronci (Florentine family) 122
Beccaria, Lodovico 102
Beccaria, Paola 102
Bentivogli (Bentivoglio), Violante de' 177
Bilia (wife of Duellius) 155
Blesilla (Roman matron) 160
Boccaccio, Giovanni 106, 122
Botta (Botti), Brogonzo (Bergonzo) 177
Botta (Botti), Girolamo 100
Bruto (Lucius Junius Brutus) 164
Bruto (Marcus Iunius Brutus) 96, 136

Callide (Callicle) 128
Camilla (Flaminio's wife) 126
Carlo V (emperor) 92, 99
Carretto, Anna del 103
Carretto, Laura del 103
Cassandra (daughter of King Priam of Troy and Hecuba) 97
Caterina (of Alexandria; saint) 98
Caterina da Siena (Caterina Benincasa; saint) 98
Catone (Marcus Porcius Cato Uticensis) 96
Cesare (Caius Iulius Caesar) 98, 136
Cibele (goddess) 109
Cicerone (Marcus Tullius Cicero) 97, 106, 166
Ciro (Cyrus II of Persia, called the Great, emperor) 155
Cleobolina (daughter of Cleobulus of Rhodes) 96
Cleobolo (Cleobulus of Rhodes) 96
Collatino (Lucius Tarquinius Collatinus) 92
Colonna, Vittoria 82, 99, 169, 178
Corinna (poet; daughter of Acheloadorus) 97
Cornelia (mother of the Gracchi; daughter of Publius Cornelius Scipio Africanus Major) 87, 96, 146
Cornelia (last wife of Gnaeus Pompeius Magnus) 136
Costo (king of Alexandria) 98
Crisse (Chryseis, daughter of Chryses) 97

Daifanto (son of Bathyllius, governor of Phocis) 133
dal Pero, Caterina 103
dalla Valle, Pantasilea 102

Dante, *see* Alighieri, Dante
David 119
Debora (prophetess) 160
Demostene 97
Demozione (Leosthenes's father-in-law) 136
Diana (goddess) 109, 137
Didone 88
Diogene (Diogenes the Cynic) 166
Dionigi (Dionysius Minor, tyrant of Syracuse) 124, 146
Diotaro (king of Galatia) 141
Domenichi, Lodovico 102
Dorcade (Dorcas or Tabitha) 160
Druso (Drusus Julius Caesar) 132
Duellio (husband of Bilia) 155

Egisto (Aegisthus, son of Thyestes and cousin of Agamemnon) 114
Egnazia Massimilla Glizione Gallo (Egnatia Maximilla, wife of Gliutius Gallus) 134
Elcane (husband of Hannah and father of Samuel) 92
Elena (of Troy) 122
Elia (prophet) 160
Elisabetta (mother of St John the Baptist) 159
Emilia (Tertia Aemilia, wife of Publius Cornelius Scipio Africanus Major) 149
Enea 88
Ennia (wife of Publius Rubrius Celer) 144
Enrico VIII (king of England) 92
Ercolano Sanese (di Siena) 144–45
Erinna Teia (poetess of Telos) 97
Ettore 133

Faone (of Lesbos) 95–96
Favorino 86
Fedele, Cassandra 99
Femone (daughter of Apollus, priestess at Delphi) 97
Ferdinando (of Aragon, king of Spain) 92
Ferdinando Gonzaglia (Fernán González, count of Castile) 135
Filosseno (Polyxenus, husband of Theste) 146
Flacilla Nonio Prisco (Artoria Flaccilla, wife of Novius Priscus) 134
Francesco II (Sforza), *see* Sforza, Francesco
Fulgenzio (Fabius Claudius Gordianus Fulgentius, bishop of Ruspe; saint) 99

Gabriello (character in Flaminio's anecdote) 131
Galeno 148

Gallarata, Ippolita 101
Galerato, Cateliano 100
Gambara, Veronica 82, 100, 178
Gamma (wife of Sinatus) 137–38
Gellio, *see* Aulo Gellio
Germanico (Julius Ceasar Germanicus) 132
Giacob 167
Giobbe 161
Giovanna (Juana la Loca, queen of Castile) 99
Giovanni Battista (saint) 159
Giove 109, 139
Girolamo (saint) 82, 99, 105, 160, 169, 173
Giudith 82, 159, 173–76
Giulia (daughter of Caesar; wife of Gnaeus Pompeius Magnus) 136
Giunone 97, 147
Giuseppe (saint) 159, 167
Giustina (young Roman matron) 81, 123
Giuvenco (Caius Vettius Aquilinus Juvencus) 106
Gonzaga, Federigo (Federico II, marquis of Mantua) 176
Guglielmo (Guglielmo IX Paleologo, marquis of Monferrato) 176

Imeneo (god of marriage) 163
Ippocrate 148
Ippomene (prince of Athens) 110
Isaac 167
Isabella (queen of Castille) 92, 99
Isicratea (wife of Mithridates VI Eupator Dionysus, king of Pontus) 134

Lanconia, Anna 176
Laodamia (wife of Protesilaus) 136
Lauretta (daughter of Dorotea) 84, 112
Lazaro 167
Lelia (daughter of Caius Laelius and wife of Quintus Mutius Scaevola) 96
Lentulo (Lentulus Cruscellio) 134
Leonzia (philosopher; companion of Metrodorus of Lampsacus) 96
Leostene (Greek commander) 136
Licurgo (founder and legislator of Sparta) 81, 116, 128
Livia (sister of Julius Caesar Germanicus; wife of Drusus Julius Caesar) 132
Livio (Titus Livius) 106
Lollio (Lollius Maximus) 145
Luca (saint) 161
Lucano (Marcus Annaeus Lucanus) 98, 165

Lucio Virginio (Lucius Verginius Rufus) 110
Lucio Volunnio (Lucius Volumnius Flamma Violens) 146
Lucrezia (daughter of Spurius Lucretius and wife of Lucius Tarquinius Collatinus) 92, 111, 132, 164
Lunati, Giovan Maria 102

Marcella (Roman matron) 160
Marco (saint) 161
Marco Emilio Lepido (Marcus Aemilius Lepidus) 166
Mario (Caius Marius) 132
Matteo (saint) 161
Mausoleo (husband of Artemisia, queen of Caria) 137
Mercurio 147
Metrodoro (of Lampsacus, disciple of Epicurus) 96
Mezenzio (Etruscan king) 128
Minerva 104, 109
Mitridate (Mithridates VI Eupator Dionysus, king of Pontus) 134
Montaliere, Lionora 103
Morona Botta (Botti), Eleonora 100, 177
Morona Galerata, Amabilia 100
Morona de' Botti, Leonora, *see* Morona Botta (Botti), Eleonora
Morone (Moroni), Anna 100
Morone (Moroni), Giovanni 100
Morone (Moroni), Girolamo 100
Mosè 159
Muzia (wife of Lucius Licinius Crassus) 96

Nausicaa (daughter of Alcinous, king of the Phaeacians) 144
Nerone (Nero Claudius Caesar Drusus Germanicus) 136
Nicerato (son of Nicias, Athenian general) 132
Noeme (biblical widow) 160

Oloferne 173, 175, 176
Omero 97
Orazio (Quintus Horatius Flaccus) 106, 145
Origene (theologian and philosopher) 98
Ortensia (daughter of Quintus Hortensius Hortalus) 97
Ortensio (Quintus Hortensius Hortalus) 97
Ovidio (Publius Ovidius Naso) 114, 115
Ozia (ancestor of Judith, of the tribe of Reuben) 174, 175

Pallade, *see* Minerva
Paola (Roman matron) 160

Paolina (wife of Seneca) 136
Paolino (Meropius Pontius Paulinus of Bordeaux, bishop of Nola; saint) 106
Paolo (saint) 98, 105, 151, 155, 158, 161, 164, 173
Paris 122
Penelope 92, 123, 153
Penteo (king of Thebes) 124
Petrarca, Francesco 107, 132, 157
Pietro (saint) 160
Pigna, Lodovico 110
Pindaro 97
Pitagora 82, 96, 144
Pittaco (one of the Seven Sages of Greece) 121
Platone 81, 97, 105, 124, 145
Plinio (Caius Plinius Secundus) 163
Plutarco 116
Pola (Polla) Argentaria (wife of Lucan) 98
Poliziano (Angelo Ambrogini) 99
Pomona (goddess) 126
Pompeo (Gnaeus Pompeius Magnus) 98, 136
Ponzio Aufediano (Pontius Aufidianus, Roman knight) 110
Porzia (wife of Marcus Iunius Brutus) 96
Prato, Anna da 177
Prospero d'Aquitania (Prosper Tiro; saint) 106
Protesilao (Greek hero, husband of Laodamia) 136
Prudenzio (Aurelius Clemens Prudentius) 106
Publio Rubrio Cerere (husband of Ennia) 144

Quinto Curzio (Quintus Curtius Rufus) 106

Roberto (Robert Curthose, duke of Normandy, son of William the Conqueror) 135

Saffo 95, 96
Sallustio (Caius Sallustius Crispus) 96, 106
Salomone 144, 163
Salvina (Roman matron) 160, 173
Samuele (prophet) 92
Samuele (Phanuel) 168
San Giorgio, Buona Maria Soarda (Soardi) da, *see* Soarda (Soardi) da San Giorgio, Buona Maria
San Giorgio, Cecilia da 103
San Giorgio, Margherita da 177

San Giorgio, Violante da 78, 102
Sannazaro, Iacopo 106
Sarettina (widow of Sareptah) 160
Saturnino (Fannius Saturninus) 110
Scaramuccia (Scaramuzza) Aicardi Visconti, Carlo, count 101
Scaramuccia (Scaramuzza) Visconti, Giulia 100
Scipione Africano (Publius Cornelius Scipio Africanus Maior) 146
Scozia, Isabetta 103
Seiano (Aelius Sejanus) 132
Sempronia (learned woman, supporter of Catilina) 96
Seneca (Lucius Annaeus Seneca) 98, 105, 136, 166
Sforza, Francesco Maria (Francesco II, duke of Milan) 177
Sforza, Giovan Paolo 177
Sforza, Muzio (Muzio I Sforza, marquis of Caravaggio) 177
Sinato (husband of Camma) 137–38
Sinorige (rival of Sinatus) 137–38
Sisifo (king of Ephyra) 128
Soarda (Soardi) da San Giorgio, Buona Maria 103, 177
Socrate 166
Soliere, Margherita 103
Solone 164
Spira, Fortunio 156
Stampa, Massimiamo 100
Stratonica (wife of Deiotarus, king of Galatia) 141
Stresio, Paolo 162
Sulpizia (wife of Lentulus Cruscellio) 134
Sulpizio (Servius Sulpicius Rufus) 165
Svetonio (Caius Tranquillus Suetonius) 106

Tamar (daughter of David) 119
Tanaquil (Caia Tanaquil, wife of Lucius Tarquinius Priscus, king of Rome; identified here with Gaia Caecilia, Roman matron) 91
Tantalo (mythical king of Lydia or Frigia) 128
Tarquinio Prisco (Lucius Tarquinius Priscus) 91
Teano (daughter of Pythagoras) 97
Tecla (Thecla of Iconium) 98
Temistocle (Athenian general) 121, 141
Teodoro (Theodorus of Cyrene) 166
Terenziana (wife of Caius Albucius Silus) 144
Terenzio (Publius Terentius Afer) 92
Tesia (Theste; sister of Dionysius I) 146
Tiberio (Tiberius Claudius Nero) 132

Tigrane (host of Cyrus of Persia) 155
Timoteo 105, 169
Tiziano, *see* Vecellio, Tiziano
Tobia 167
Torella (Torelli), Alda 102
Turia (wife of Quintus Lucretius) 134

Ulisse 123, 144

Valeria Messalina (wife of Servius Sulpicius Rufus) 165
Valerio Publicola (Publius Valerius Poplicola) 166
Vecellio, Tiziano 115
Venere 139, 147
Vesta (goddess) 109, 132, 159
Vidda (Vida), Marco Girolamo 106
Virginia (wife of Lucius Volumnus) 146
Visconti, Alfonso 101
Visconti, Leonora 177
Visconti Pallavicina, Eufrosina 101

Zenobia (queen of Palmyra) 98

MHRA Critical Texts

This series aims to provide affordable critical editions of lesser-known literary texts that are not in print or are difficult to obtain. The texts will be taken from the following languages: English, French, German, Italian, Portuguese, Russian, and Spanish. Titles will be selected by members of the distinguished Editorial Board and edited by leading academics. The aim is to produce scholarly editions rather than teaching texts, but the potential for crossover to undergraduate reading lists is recognized. The books will appeal both to academic libraries and individual scholars.

Malcolm Cook
Chairman, Editorial Board

Editorial Board

Professor Malcolm Cook (French) (Chairman)
Professor Guido Bonsaver (Italian)
Dr Tyler Fisher (Spanish)
Professor David Gillespie (Slavonic)
Professor Catherine Maxwell (English)
Dr Stephen Parkinson (Portuguese)
Professor Ritchie Robertson (Germanic)

www.criticaltexts.mhra.org.uk

www.ingramcontent.com/pod-product-compliance
Lightning Source LLC
Chambersburg PA
CBHW071229170426
43191CB00032B/1210